넥스트 패러다임

Next
Paradigm
넥스트 패러다임

• 최은수 지음 •

지구촌을 지배하는 미래경영 원리 **힘의 이동 2.0**

eMe Group

Contents

Part 2. 미래경영 방정식, 넥스트 패러다임

5. 미래 패러다임 ④ Passive Income 시대

6. 미래 패러다임 ⑤ Hyper-connectivity 세상

Part 3. 넥스트 패러다임 – 경제와 비즈니스 현장에선

1. 새로운 현실이 열렸다

2. 자본주의의 진화 모델이 등장한다

3. 비즈니스 방식의 대전환이 시작됐다

4. 미래경영 방법이 달라졌다

Part 4. 넥스트 패러다임 – 기술 세계와 사회 현장에선

1. 새로운 표준의 탄생

Part 6. 넥스트 패러다임 – 리스크에서 벗어나려면

1. 인간을 위협하는 불가항력들

2. 지구촌에서 일고 있는 분노를 잠재워야 한다

Part 7. 넥스트 패러다임 – 미래경영, 리더들의 제언

1. 글로벌 리더들의 통찰력

Next Paradigm

왜 넥스트 패러다임인가

이 세상에 영원한 것은 없다. 과거 사회가 수렵채취사회와 농업사회, 산업사회, 지식정보화사회를 거쳐 현재로 진화했듯, 사회는 그 시대를 지배하는 패러다임의 영향을 받는다. 패러다임이란 어떤 한 시대를 사는 사람들의 견해나 사고를 지배하는 이론적 틀이나 개념을 뜻한다. 사람들은 이 패러다임, 즉 생각의 틀 속에서 판단하고 움직인다. 따라서 패러다임의 변화를 읽는다는 것은 남보다 먼저 미래를 내다보는 것과 같다. 자, 그렇다면 이제 우리는 스스로 다음과 같은 질문을 던져보아야 한다. 지금 우리 앞에는 어떤 새로운 패러다임 시대가 열리고 있는 것일까?

패러다임이 사고의 틀을 바꿔놓았다

'패러다임'의 개념을 처음 제시한 사람은 미국의 과학사학자이자 철학자인 토마스 쿤(Thomas S. Kuhn)이다. 그는 《과학혁명의 구조(The Structure of Scientific Revolution)》(2002)에서 패러다임의 변화란 사회가 믿고 있던 가치의 변화라고 설명했다.

예를 들어보자. 사람들에게 당연한 진리로 받아들여지던 천동설은 지동설이 맞다는 과학이론이 등장함에 따라 허물어지고 말았다. 이처럼 당대 사회 전체를 지배하는 신념과 가치체계가 변하는 것을 패러다임 시프트(Paradigm Shift)라고 말한다. 패러다임이 바뀌면 문제에 대한 설명이나 해결방법도 달라진다. 천동설이라는 패러다임의 지배를 받고 있다면 사람들은 모든 천문 현상을 천동설로 설명한다. 하지만 패러다임이 바뀌면 사람들의 설명 방식도 바뀐다.

트렌드 ⇨ 메가트렌드 ⇨ 패러다임 시프트

사회마다 그 시대를 대변하는 시대정신이 사람들의 정신세계를 지배하는데, 이것이 사회를 관통하는 크고 작은 트렌드의 변화를 만들어낸다. 작은 트렌드는 다시 모여서 메가트렌드를 만들어낸다. 이 때문에 패러다임의 변화를 통해 10년 혹은 그 이상의 기간에 개인, 사회, 세계적 삶을 바꿔놓을 메가트렌드의 방향성을 미리 예상하는 것은 매우 의미 있는 일이다.

쿤은 이러한 과학 이론의 변화는 어느 한 이론이 그르고 다른 한 이론은 옳다는 것을 나타내는 것이 아니라, 사회를 지배하는 신념과 가치체계가 변하는 것이라고 설명한다. 문제를 바라보고 해석하는 방법, 문제를 해결하는 방식이 달라진 것이다. 새롭게 등장한 패러다임은 또 다른 패러다임이 등장하기 전까지 사회 구석구석을 지배하게 된다. 현재를 지배하는 패러다임 역시 새로운 패러다임이 등장하면 밀려나게 된다.

예를 들어, 세계적인 투자은행 리먼 브라더스의 파산으로 2008년 9월, 시한폭탄처럼 터진 글로벌 금융위기는 미국이 안전하다는 믿음을 송두리째 흔들어놓았다. 3년 뒤 이어진 미국의 신용강등은 미국이 다시 글로벌 절대권력으로 부상하는 데 커다란 한계가 있을 것이라는 관측을 가능케 했다.

사실상 국가부도 상태를 맞았던 그리스를 시작으로 스페인 등으로 확산된 유럽 국가의 재정위기는 유럽이 심각한 뇌상을 입었고, 쉽게 일어서기 힘들 것이라는 믿음을 전 세계인에게 심어줬다.

글로벌경제에서 이 같은 미국과 유럽, 두 경제 축의 붕괴는 지구촌에 인식의 변화를 가져다줬다. 즉 세계경제가 어떻게 흘러갈 것이냐, 기업경영전략을 어떻게 짤 것이냐, 금융시장이 어떻게 움직일 것이냐 등을 고려할 때 미국과 유럽의 경제변수를 1순위로 고려하는 지구촌 패러다임의 변화를 낳았다.

동시에 미국과 유럽을 이을 지구촌의 절대강자로 중국이 부상할 것이냐, 차세대 성장엔진을 어디에서 찾아야 하느냐 등에 대한 사고의 전환을 촉발시켰다.

 The Collapse of Greece

A Modest Proposal for Transforming Europe - TEDxAcademy - Yanis Varoufakis

'대마'도 망한다

현대사는 우리에게 많은 가르침을 전해주고 있다. 역사상 미국발 위기로 세계경제가 흔들렸던 사례는 모두 4차례였다.

- 1929년 대공황
- 1987년부터 8년간 이어진 저축대부조합(S&L)[a]의 파산
- 20세기 말을 뒤흔든 헤지펀드(Hedge Fund)[b] 롱텀캐피털매니지먼트의 파산 위기
- 2008년 9월, 리먼 브라더스 파산

이들 사건 가운데 가장 오랫동안 세계경제를 수렁에 빠뜨린 것은 대공황이다. 위기 발생 10년 뒤인 1939년에 제2차 세계대전이 일

---

a 저축대부조합(S&L; Savings & Loans Association)
미국에서 조합원들에게 주택구입 또는 주택수리비용을 제공하려고 조합원들의 저축을 이용해 주택저당대출을 하는 협동저축 기관.

b 헤지펀드(Hedge Fund)
국제증권 및 외환시장에 투자해 고수익을 노리는 도박성 고위험 펀드.

어난 뒤 세계경제는 수렁에서 벗어날 수 있었다.

《블랙 스완(The Black Swan)》(2008)의 저자 나심 니콜라스 탈레브(Nassim Nicholas Taleb) 뉴욕대 교수는 "체스경기를 잘 관찰해보면 초보 선수들은 이기려고 애쓰지만 노련한 고수들은 지지 않으려고 애쓰는 것을 알 수 있다"라며 "실수만 피해도 꾸준히 노력하면 일류보다 앞서가는 행운을 누릴 수 있을 것"이라고 말한다.

이런 점에서 탈레브 교수는 기업이 '대마불사(Too Big to Fail)[a]' 상황이 되면 일반적인 통념을 깨뜨릴 만한 사건인 블랙 스완이 닥쳤을 때 위험해질 수 있다고 경고한다. S&P 500 상장 기업들의 흥망성쇠를 봐도 그 사실을 잘 알 수 있다. 미국의 초우량 500대 기업의 평균 수명은 1950년에는 35년이었지만 지금은 15년으로 줄었다. 글로벌 컨설팅회사 맥킨지에 따르면 1930년대 S&P 500대 지수에 등장하는 기업의 평균 수명은 65년 정도였지만, 2000년 이후에는 지수에 계속 머무는 평균 연수가 10년에 불과하다.

세상이 급변하기 때문이다. 시대와 고객, 국민의 변화에 능동적으로 대처하지 못하는 거대 조직, 패러다임 변화를 읽지 못하는 '대마'는 21세기의 승자가 될 수 없다.

복잡한 의사결정 구조를 가진 큰 기업들은 위기 때 곤경에 빠질

---

a **대마불사(大馬不死)**
'큰 말은 죽지 않는다'는 뜻. 바둑을 둘 때 이어진 여러 개의 바둑점은 반드시 살 길이 생겨 죽지 않는다는 말. 기업을 파산시켜야 하지만 기업이 너무 비대해 사회적 파장이 커서 도산시킬 수 없는 상황.

수 있지만 유연성이 뛰어난 작은 기업들은 오히려 좀 더 잘 버텨낸다. 우리 기업, 우리 조직의 유연성은 어느 정도인지 자문해보라.

일주일 만에 무너진 미국

전 세계의 돈줄을 쥐고 움직이던 글로벌 경제권력이 붕괴되는 데는 일주일이 걸리지 않았다. 2008년 9월 14일, 미국에서 네 번째 큰 투자은행 리먼 브라더스가 파산을 신청했다. 몇 시간 후 제3위 투자은행 메릴린치는 500억 달러라는 헐값으로 뱅크 오브 아메리카(Bank of America, BOA)에 팔렸다.

약 6천억 달러($613 billion)에 이르는 부채는 158년 역사의 리먼 브라더스를 맥없이 무너뜨렸다. 리먼 브라더스에서 판매하는 상품에 대한 보증을 서준 세계 최대 보험사 AIG마저 흔들렸다. 이로 인해 미국 증시는 2001년 9·11 테러 이후 최대 폭락을 기록했다. 충격은 세계 증시로 이어졌고, 전 세계 증시의 시가총액이 5~7퍼센트나 날아가는 대폭락을 기록했다.

이 사건은 미국의 대형 투자은행들을 역사 속으로 사라지게 했으며, 사실상 '투자은행ª 시대의 종언'이라는 마침표를 찍었다. 글

---

a **투자은행**(investment bank)
예금, 대출, 펀드 등을 취급하는 시중은행인 상업은행(commercial bank)과 다르게 증권 인수 주선, 기업 인수합병, 헤지펀드 등에 대한 투자, 자기자본투자 등 투자업무에 적극적으로 참여하는 은행.

로벌 금융위기는 호황의 끝에서 최전성기를 누리던 세계경제에 'R(recession, 경기침체 또는 불황) 공포'를 가져다줬다. 2008년까지 세계경제는 골디락스(Goldilocks)[a]의 기쁨에 젖어 있었다. 특히 미국은 1990년 들어 계속된 고성장-저물가로 집약되는 '신경제'의 호황을 18년째 누리는 듯했다.

이로 인해 금융위기 직전 세계경제는 'I(inflation, 물가상승) 공포'를 우려하고 있었다. 하지만 월스트리트에 불어닥친 미국발 금융위기는 세계경제의 관심사를 순식간에 'R 공포'로 돌려놓았다.

---

a 골디락스(Goldilocks)

경제가 높은 성장을 이루고 있더라도 물가상승이 없는 상태, 즉 가장 이상적인 경제 상태를 말한다.
영국의 전래동화 《골디락스와 곰 세 마리(Goldilocks and the Three Bears)》에 등장하는 소녀의 이름에서 유래한 용어다. 소녀의 금발머리를 뜻하는 골드(gold)와 락(lock, 머리카락)을 합쳐 생겨난 말이다.
동화 속의 소녀는 곰이 끓인 세 가지 수프, 뜨거운 것과 차가운 것 그리고 적당한 것 중에서 적당한 것을 먹고 기뻐한다. 이것을 경제 상황에 비유해 뜨겁지도 차갑지도 않은 호황을 의미한다.

자금난으로 기업들이 줄도산하면서 실업자는 늘어났고 가계가 허리띠를 졸라매자 소비도 생산도 힘을 잃었다. 위기의 핵이 월스트리트에서 메인 스트리트로 옮아간 것이다.

1987년부터 무려 20년 가까이 미 연방준비제도이사회 의장을 지낸 앨런 그린스펀(Alan Greenspan)은 "2008년 금융위기는 100년 만에 한 번 올 수 있는 사건"이라고 위기의 심각성을 제기했다.

 Understanding The Financial Crisis: For Kids and Grownups

 The Last Days Of Lehman Brothers [ENG sub] FULL MOVIE

 [용어 – IB](투자은행)

 The end of Investment Banking as we know it

'힘의 이동 2.0'이 시작됐다

'힘의 이동 1.0'에 이어 '힘의 이동 2.0'이 새로운 지구촌의 권력 방정식을 만들어내고 있다. 새로운 힘의 이동 방정식은 경제, 비즈니스, 기술·사회, 국제질서 등에서 새로운 원리, 즉 넥스트 패러다임을 탄생시키고 있다.

우선 19~20세기 번영을 이끌어온 자본주의의 본질 자체가 의심받으면서 시장 만능주의에 대한 확신이 사라지고 있다. 소셜네트워크로 일컬어지는 페이스북, 트위터 등 개인 미디어가 뉴 미디어의 중심으로 부상하면서 개인과 기업은 물론 국가까지 정보를 유통하고 소통하는 방식을 바꾸고 있다.

이 같은 패러다임 변화는 전통 미디어는 물론 IT, 통신, 기업경영 방식의 근본적인 변화를 요구한다. 기술과 과학의 진화는 과거에 불가능했던 것들을 가능하게 만들었고 전통비즈니스의 진화를, 그것도 신속하면서도 급속한 변화를 촉구하고 있다. 이제 국가와 사회, 기업은 '넥스트 패러다임'이 만들어내는 새로운 도전과 경쟁원리를 제대로 이해해야 한다.

어떻게 패러다임의 변화를 받아들일 것인가, 소비자의 정체성과 커뮤니티의 본질을 어떻게 꿰뚫고 기술과 과학의 진화, 인구의 변화에 대처할 것인가 등에 대한 지혜를 모아야 한다. 새로운 패러다임에서 살아남을 생존법칙을 찾아내야 이 시대의 새로운 승자로 떠오를 수 있기 때문이다.

최은수

Next
Paradigm

Part 1

미래의 시작, 힘의 이동 2.0 시대

01 '패러다임 시프트'가 시작되었다

넥스트 패러다임이 생겨났다

20세기 세계경제 = 큰 미국(America)+유럽+일본

이는 20세기를 이끈 세계경제의 방정식이다. 여기에 아시아 국가
는 일본뿐이었다.

힘의 이동 1.0 시대 세계경제 = 신흥시장(중국+인도)+작아지는 미국+
커지는 유럽

하지만 21세기 초 아시아 국가가 부상하면서 글로벌경제의 '힘
의 이동 1.0' 방정식은 이처럼 새롭게 재편됐다. 유로화의 가치 상

승과 유럽경제의 호황이 이어지면서 유로화가 달러화에 맞설 기축통화가 될 것으로까지 간주됐다.

이에 따라 2007년 다보스포럼에 참석한 글로벌 리더들은 '힘의 이동 1.0' 방정식을 '세계경제 = 신흥시장(중국+인도) + 작아지는 미국 + 커지는 유럽'으로 정의했다. 이는 2007년 출간된 '힘의 이동 1.0 보고서'인 《다보스 리포트 힘의 이동》에도 언급돼 있다.

그런데 2008년 글로벌 금융위기에 이어 2009년 10월 유럽 재정위기 문제가 돌출되면서 지구촌의 역학관계는 '힘의 이동 2.0' 시대로 재편되고 있다.

힘의 이동 2.0 시대 세계경제 = 급부상하는 신흥국가(커지는 아시아)+
작아지는 미국+정체의 늪에 빠진 유럽

2006년을 기점으로 글로벌 경제파워는 균열이 생겼다. 이때 신흥국가들은 구매력평가(PPP)[a]에서 전 세계 GDP(국내총생산)의 절반 이상을 차지하는 경이적인 해를 만들었다. 이후 힘의 이동은 좀더 빠르게 선진국에서 신흥국가로 넘어가고 있다.

글로벌 금융위기 이후 가속화되고 있는 '힘의 이동 2.0' 시대를

---

a **구매력평가**(PPP; Purchasing Power Parity)
물가와 환율이 동등하다고 가정할 때 상품을 구매할 수 있는 능력을 나타내는 지표.

맞아 중국과 인도의 경제적 파워와 지정학적 파워가 더욱 거세지고, 아시아와 남미, 아프리카로 힘의 축이 급속히 이동하고 있다.

강한 달러화와 막강한 소비시장을 앞세워 글로벌 파워를 과시하던 '큰 미국'은 쌍둥이적자(무역적자와 재정적자)에 이어 2008년 글로벌 금융위기의 진원지가 되면서 '작은 미국'으로 추락하고 있다. 게다가 2008년 이후 위안화의 부상으로 달러화의 미래마저 불안해졌다.

'힘의 이동 1.0' 시대에 단체나 기관으로부터 커뮤니케이션의 힘을 건네받은 개인과 소그룹들이 '힘의 이동 2.0' 시대를 맞아 더욱 거대한 소셜네트워크서비스(SNS; Social Network Service) 파워가 되어, 집단지성의 위력을 발휘하고 있다.

소비자의 힘은 여전히 맹위를 떨치고 있다. 중요한 것은 이들의 제품에 대한 충성도가 약해지고 '변덕'의 속도가 더욱 빨라지고 있다는 점이다. 나아가 소비자들은 기업과 이들이 생산하는 제품과 서비스에 대해서도 도덕적 잣대를 들이댄다.

과거에 막강한 파워를 행사했던 제조업자의 힘은 약해지고 제조업과 서비스업을 결합해 '서비스 빅뱅'을 일으킨 업체의 파워는 갈수록 거세지고 있다.

• 지구촌 4대 '힘의 이동' •

분야	힘의 이동 1.0	힘의 이동 2.0
경제	북미 · 유럽시장 ⇨ 신흥시장	⇨ 신흥시장
	블루칼라 ⇨ 중류층 근로자	⇨ 프리랜서
	정부투자기관 ⇨ 민간 기업	⇨ 민간 기업
지정학	미국 · 유럽 ⇨ 아시아, 신흥국가	⇨ 아시아, 신흥국가
비즈니스	다국적기업 ⇨ 신흥 기업	⇨ 신흥 챔피언 기업
	사회책임경영 ⇨ 지속가능한 성장	⇨ 공유가치 창출(CSV)
	생산자 ⇨ 소비자	⇨ 소비자
기술과 사회	기관 ⇨ 개인	⇨ 집단지성

 《다보스 리포트 힘의 이동》 저자 인터뷰

 고도성장 신흥국, 원자재 '블랙홀' 됐다

지구촌에 힘의 균열이 생겼다

'팍스 아메리카나(Pax Americana, 미국에 의한 세계평화)[a]'를 표방하며 20세기 글로벌 경제와 정치, 군사력을 지배했던 절대권력 미국은 21세기에 접어들면서 좌초됐다. 이른바 서브프라임 모기지론(Subprime Mortgage Loan)[b] 사태로 금융이 붕괴되면서 글로벌 금융의 본거지인 월스트리트가 무너졌다.

이 충격은 전 세계를 경제위기로 몰아넣었다. 미국의 붕괴는 지구촌에 균열을 가져다줬다. 2009년 1월, 스위스 다보스에서 열린 세계경제포럼(WEF; World Economic Forum, 일명 다보스포럼) 연례총회에서 글로벌 리더들은 지구촌을 움직이는 힘의 축에 균열이 생겼다고 진단했다. 미국과 유럽에 쏠려 있던 파워의 중심이 본격적으로 이동하기 시작했다고 생각한 것이다.

19세기 '팍스 브리태니카(Pax Britannica, 영국이 지배하는 세계패권)' 시대가 20세기 미국이 지배하는 '팍스 아메리카나'에게 밀려났듯이 미국의 글로벌 권력은 21세기 들어 중국에게 그 권력을 넘겨주고 있다. 이른바 중국에 의해 세계평화, 표준이 만들어지는 '팍스

---

a 팍스 아메리카나(Pax Americana)
미국의 지배에 의해 세계의 평화질서가 유지되는 상황을 함축적으로 표현하는 말이다. '팍스(pax)'는 평화를 뜻하는 라틴어로 로마가 지배했던 시대를 '팍스 로마나(Pax Romana)', 19세기 영국의 식민지 통치를 '팍스 브리태니카(Pax Britanica)'라고 한 데서 비롯됐다.

b 서브프라임 모기지론(Sbprime Mortgage Loan)
신용등급이 낮거나 금융기록거래가 없는 사람에게 높은 금리를 받고 주택 자금을 대출해주는 모기지론.

시니카(Pax Sinica)^a' 시대가 오고 있다.

1980년대 일본은 막대한 경제력과 군사력을 바탕으로 '팍스 재 패니카(Pax Japanica)'를 꿈꿨고, 유럽도 21세기 '팍스 유로피나(Pax Europina)'를 노렸지만 권력 이동은 이뤄지지 않았다. 하지만 위기 이후 지구촌은 매우 빠른 권력 이동 현상(힘의 이동 2.0)을 보이고 있다.

· 글로벌 권력 이동 ·

19세기(영국)	⇨	20세기(미국)	⇨	21세기(중국)
〈팍스 브리태니카〉		〈팍스 아메리카나〉		〈팍스 시니카〉

공간적으로 미국과 유럽에서 아시아를 중심으로 한 신흥시장으로, 시장에서는 생산자에서 소비자로, 커뮤니티에서는 기관에서 개인으로, 생산 현장에서는 제조업자에서 부품 · 원재료 공급업자로 힘의 축이 이동했다. 이것이 '힘의 이동 1.0' 버전이다.

이제 이 같은 힘의 이동은 패러다임의 변화를 낳고 있다. 전 세계는 세계경제의 성장을 논할 때 신흥시장의 경제엔진이 얼마나 잘

---

a **팍스 시니카**(Pax Sinica)
평화(pax)와 중국(Sinica)을 결합한 말로 중국이 주도하는 세계평화.

작동할지를 먼저 생각한다. 중국, 인도, 브라질 등 신흥시장은 물론, 기회의 땅 아프리카가 무너진 미국과 유럽을 대신할 새로운 지구촌의 넥스트 패러다임으로 간주되고 있다.

시장에서는 애플, 구글 등을 시작으로 불기 시작한 '창조성 시대'가 지구촌의 새로운 경영 패러다임으로 이미 부상했다. 창조성은 과거 기업이라고 하는 공급자 중심의 시대를 소비자, 즉 고객이라고 하는 수요자 중심으로 바꾸면서 기업의 사고를 전환시켰다. 이는 커다란 관점의 변화다. 기업은 이제 기업의 관점에서 사물을 바라보는 것이 아니라 고객, 즉 소비자와 소비자 니즈(needs) 관점에서 바라본다.

웹 2.0 시대에 이어 언제 어디서든지 웹에 접근할 수 있는 웹 3.0의 유비쿼터스 시대가 열리면서 개인이 힘의 중심으로 등장했다. 스마트폰이나 태블릿PC로 무장한 개인들이 소셜네트워크서비스를 활용해 손쉽게 세력을 규합해내고 여론을 만들어낸다.

이로 인해 과거에 힘의 중심이었던 기업과 기관들이 오히려 새로운 힘의 중심으로 떠오른 트위터, 페이스북 등 개인이 만들어내는 커뮤니티를 겨냥해 새로운 마케팅 전략을 수립하고 있다. 기업경영의 해법을 찾아내는 문제 해결의 패러다임이 개인 중심으로 바뀌어버린 것이다.

생산 현장에서는 기업 자체의 힘으로 연구개발을 하던 '닫힌 혁신(Closed Innovation)' 시대가 종언을 고했다. 대신에 기업은 핵심역량

(Core Competency)을 깊게 파서 다른 기업의 역량과 연결(connect)해 새로운 것을 창조(create)해내거나 새로운 것을 개발(develop)해내는 C&C, C&D의 패러다임이 자리 잡고 있다. UC버클리대의 헨리 체스브로(Henry Chesbrough) 교수는 이를 '열린 혁신(Open Innovation)'[a]이라고 말한다.

이처럼 힘의 이동에 의해 새롭게 형성된 권력관계는 사람들이 세상을 바라보는 해법을 찾는 패러다임 자체를 바꿔놓았다. 사회를 지배하고 있는 새로운 변화상 속에서 문제 해결의 열쇠를 찾고 있다.

'블랙 스완의 법칙'이 세상을 지배한다

칠면조 한 마리가 있었다. 푸줏간 주인이 1,000일 동안 매일 맛있는 먹이를 주고 정성껏 돌봐주자 칠면조는 주인이 자기를 끔찍이 사랑한다고 착각하게 됐다. 그러나 추수감사절을 앞두고 1,001일이 되는 날 주인은 추수감사절용으로 칠면조의 목을 땄다. 칠면조에게 있어 그날 아침까지 먹이를 주는 주인은 마냥 고마운 천사였다.

하지만 목이 날아간 순간 칠면조는 '아차, 속았다'고 생각했다. 영

---

a **열린 혁신(Open Innovation)**
회사나 조직 밖 외부 기술과 지식을 활용해 혁신하는 경영전략으로, 개방형 혁신이라고도 한다. 한 기관의 모든 비용으로 연구·개발(R&D)하는 '닫힌 혁신'과 반대되는 개념이다. 기업이 열린 혁신을 하게 되면 핵심역량 개발에만 전념할 수 있는 장점이 있다.

원할 것 같은 일들을 한순간의 공염불로 끝나게 만드는 리스크가 우리의 삶을 지배하고 있음을 단적으로 보여주는 이야기이다.

나심 니콜라스 탈레브 뉴욕대 교수는 그의 저서 《블랙 스완》에서 "전혀 발생할 것 같지 않았던 극단적 상황이 개인은 물론 기업의 운명을 지배할 수 있음을 경계하라"고 강조한다.

극단적으로 예외적이어서 발생 가능성이 없어 보이지만 일단 발생하면 엄청난 충격과 파급효과를 가져오는 일들이 21세기를 지배하고 있다. 따라서 그는 뜻하지 않았던 일, 즉 예상치 못했던 리스크들이 개인은 물론 기업과 국가의 운명을 바꿀 수 있다며 이를 '블랙 스완(검은 백조)'이라고 말한다.

그가 말하는 '블랙 스완'이란 서구인들이 17세기 말 호주에 진출했을 때 검은색 백조를 처음 발견한 사건에서 따온 은유적 표현이다. 유럽인들은 1697년 호주에서 검은색 백조(흑고니)를 처음 발견할 때까지 모든 백조는 흰색이라고 믿었다. 검은색 백조가 발견되기 전까지 '백조가 희다'라는 경험상의 법칙이 사회의 정설, 즉 패러다임으로 작용했다.

사람들은 백조를 생각할 때 흰색을 떠올렸다. 아이들도 백조는 무조건 하얗게 그렸다. 하지만 세상엔 하얀 백조만 있는 게 아니었다. 검은 백조의 등장은 생각의 패러다임을 바꿔놓았다. 탈레브 교수는 "블랙 스완의 등장은 과거 경험과 데이터를 바탕으로 미래를 예측하는 것이 거의 불가능해졌음을 의미한다"라고 진단했다.

과거의 데이터와 통계를 기초로 한 평균에 의존해 미래를 내다보는 것은 어리석은 일이 됐다는 분석이다. 왜냐하면, 예상치 못한 극단적 사태가 지배하는 '블랙 스완'의 상황이 우리 생활 곳곳을 지배하기 때문이다. 따라서 그는 '블랙 스완의 법칙'이 우리의 일상생활은 물론 기업경영 현장 곳곳에 나타날 수 있음을 예상할 수 있어야 한다고 강조한다.

그는 "극단이 지배하는 사회에서 살아남으려면 과거 역사나 데이터 모델보다는 스스로의 직관과 경험을 믿어야 한다"라며 "무엇을 예측하기보다는 '이렇게 하면 안 된다'는 부정적인 질문을 던져 실수를 줄이는 것이 최선의 방책"이라고 조언한다.

현대인과 현대 기업이 저지르는 가장 큰 오류 중 하나는 통계의 늪에 빠져 그 통계를 절대적으로 신뢰한다는 것이다. 하지만 그 통계란 어디에서 나왔는가? 대개 과거에서 나왔고 과거의 시대 상황에 적합했던 것들이다.

미래에도 그 통계가 절대적으로 맞을 것인가? 지금까지 존재하지 않았던 블랙 스완이 나타날 가능성은 없을까? 이제 우리는 이런 질문을 던지는 쪽으로 관점의 패러다임을 옮겨야 한다.

증거 ① 100년 만의 금융위기

2008년 9월, 글로벌 금융위기가 발생하자 세계경제는 충격에 빠졌다. 앨런 그린스펀 전 연방준비제도이사회 의장 등 전문가들은

"100년 만에 한 번 올까 말까 한 위기"라는 표현을 썼다.

문제는 어느 누구도 월스트리트와 금융자본주의의 붕괴를 정확히 예측하지 못했다는 점이다. 누리엘 루비니(Nouriel Roubini) 뉴욕대 교수는 금융위기를 예견했다고 주장했지만 사실 그는 항상 비관론을 내놓았을 뿐이다. 왜 아무도 이 같은 메가톤급 사건을 예견하지 못했을까?

탈레브 교수는 "인간이 세상을 다 알고 세상을 통제한다는 오만과 착각 속에서 살고 있기 때문"이라고 진단했다. 사람이란 존재는 마치 부처님 손바닥 안에 갇혀 있는 손오공 신세에 불과하다는 사실을 깨닫지 못한다는 것이다. 그는 "실제로 금융위기 때 1만 년 만의 위기라고 호들갑을 떨었지만 100년도 채 못 사는 인간이 1만 년 만의 위기라는 것을 어찌 검증할 수 있겠느냐?"라고 반문했다.

탈레브 교수는 2008년 글로벌 금융위기는 금융회사들이 마치 1,000일 동안 착각 속에 살았던 칠면조처럼 그들의 생각과 구상이 영원할 것처럼 굴었기 때문에 발생했다고 진단했다.

하루아침에 기업이 망하고 안식처가 사라질 수 있다는 블랙 스완의 극단적인 가설은 그들 사고의 패러다임 속에는 없었던 것이다. 글로벌 금융위기는 생각의 패러다임을 바꿔놓았고, 극단적인 사례를 예상할 수 있는 기회를 가져다줬다. 도처에 놓인 엄청난 위험이 나와 우리에게 닥칠 수 있다는 쪽으로 인식의 폭을 넓혔다. 이로 인해 "나의 생각 혹은 우리의 결정이 잘못되지 않았을까?"라는 넥스트 패러다임이 태동했다.

 [블랙 스완] 전 세계적으로 문제가 되고 있는 화이트 스완 위기

증거 ② 일본을 뒤흔든 대지진

지난 2011년 3월 11일, 일본 미야기 현 근해에서 진도 9.0의 대지진이 발생했다. 이 지진은 안전대국 일본의 원전을 송두리째 무너뜨렸고 2만 명이 넘는 인명피해를 냈다. 일본 산업 전반은 뿌리부터 흔들렸고 25조 엔이 넘는 막대한 피해를 입었다.

안전대국으로 알려진 일본이 왜 이 같은 사태를 미리 예견하지 못했을까? 이는 과거 수년간 축적된 경험과 데이터만으로 대지진을 바라봤기 때문이다. 특히 세계에서 가장 튼튼한 방파제로 알려진 해저방파제 '가마이시 방파제'에 대한 믿음이 컸다. 2009년 3월, 가마이시 앞바다에 설치된 이 방파제는 공사기간만 31년이 걸릴 정도로 안전하게 지어져서 기네스북에도 등재됐다.

바닷속 63미터 깊이에 설치된 방파제는 가마이시의 자랑이었고, 쓰나미로부터 시민의 안전을 지켜주는 든든한 보루로 간주됐다. 그러나 제방은 쓰나미의 공격 앞에 한낱 종잇장과 같았다. 제방은 대지진 9.0의 강도 앞에 맥없이 무너졌고 자랑거리였던 방파제는 공포의 대상으로 변해버렸다.

대지진과 쓰나미는 가장 안전한 에너지원으로 여겼던 원전에도 치명상을 입혔다. 후쿠시마 원전 폭발에 따른 '방사능 유출' 공포는 아비규환을 만들어냈다. 출입이 금지된 원전 반경 20km 안쪽은 출입이 금지된 채 죽음의 땅이 되고 있다.

더 나아가 구소련의 체르노빌 원전사고가 부른 방사선 피폭의 공포를 상기시켰고, 원전의 위험성 논란은 한층 가열되었다. 이는 '절대 안전'에 대한 사람들의 믿음을 흔들어놓았다. 전 세계는 원전 건설을 다시 한 번 고려하게 됐고 원전의 안전에 대한 관심을 집중시켰다. 안전에 대한 사고의 패러다임을 바꿔놓은 것이다.

 Nouriel Roubini on the 2010 Economy: NEWSWEEK & YouTube

증거 ③ 북아프리카와 중동을 뒤흔든 SNS 재스민혁명

아프리카 튀니지의 나라꽃은 재스민으로 튀니지의 보통사람들이 가장 쉽게 접할 수 있다. 2010년 12월 18일, 재스민의 나라 튀니지에서 23년간 유지된 독재정권을 무너뜨리는 시민혁명이 일어났다. 이른바 재스민혁명으로 일컬어지는 대규모 반정부 민주화시위였다.

재스민혁명은 한 사건에서 비롯됐다. 과일 노점상을 하던 청년이 가난과 독재, 인권유린을 비관하며 분신자살을 한 사건이 튀니지 국민의 분노를 촉발시켰다. 이로 인해 벤 알리 대통령의 독재정권이 무너졌고 재스민 향기가 아프리카를 넘어 주변 중동 국가로 전파되었다. 충격파는 요르단, 알제리, 수단, 이집트, 리비아까지 이어졌다. 이로 인해 이집트를 호령한 무바라크의 철권통치, 리비아의 카다피 독재정권이 무너졌다.

영원할 것 같던 독재정권은 어떻게 맥없이 무너진 것일까? 커다란 변화의 패러다임을 만들어낸 소셜네트워크서비스, 즉 'SNS 웨이브(wave)'의 역할에서 그 원인을 찾아낼 수 있다. SNS는 군사력만으로는 통제하기 힘든 대상이었다.

2010년 12월, 당시 26세였던 과일 노점상 모하메드 부아지지는 정부의 노점상 단속에 항의해 분신자살을 감행한다. 독재정권의 실체를 전 국민이 깨닫는 순간이었다. 그런데 이 사건을 알린 주체는 전통적인 미디어인 방송과 신문이 아니었다. 그것은 바로 '개인 미디어'였다. 모하메드의 사촌형 알리 부아지지는 페이스북을 통해 이 비극을 전 세계에 알렸다.

이를 접한 튀니지 시민은 봉기했다. 중동 지역 국가의 네티즌은 강력한 정부의 통제에도 불구하고 트위터와 페이스북 등 소셜 미디어를 활용해 자신들의 신념과 정부의 탄압을 전 세계로 알렸다. 이는 미디어 권력의 주체가 이미 전통 미디어 권력인 신문과 방송에서 개인으로 옮겨갔음을 증명해 보였다.

24년 동안 지탱해온 독재국가에서 어떻게 이 같은 일이 가능했을까. 국회 입법조사처는 〈튀니지 재스민혁명과 SNS 역할〉이라는 보고서를 통해 재스민혁명을 'SNS혁명'으로 정의했다. 소셜네트워킹이 혁명에 결정적인 영향을 미쳤다고 분석한 것이다.

전체 인구 1,040만 명인 튀니지는 60%가 25세 이하의 젊은이들이며, 350만 명 이상이 인터넷 사용자다. 페이스북 가입자는 200만 명에 이른다.

튀니지 국민들은 페이스북과 트위터를 활용해 시위를 조직화하고 새로운 소식을 전달하는 소셜네트워킹의 패러다임 속에서 전 세계와 소통했다. 수백 명의 시위대가 구호를 외치며 경찰과 대치하는 장면 등 시위 관련 동영상을 유튜브에 3,000개 이상 올렸다.

이에 반해 튀니지 정부는 군사력으로 시민을 억압했다. 즉 전통 방식을 고수하며, 군사력이라는 과거의 패러다임으로 대응했던 것이다. 군사력은 신무기로 등장한 SNS 앞에서 무기력했다.

독재정권은 새로운 패러다임, 즉 SNS로 세상을 움직인 재스민의 혁명세력을 결코 이길 수 없었다. 핵심 블로그인 '나와트'에서 벤 알리 대통령 일가의 부패와 무능을 폭로했고, 이를 읽은 튀니지 군부마저 등을 돌렸다. 시민의 마음을 움직였기 때문이다.

패러다임의 변화 속에 가능할 것 같지 않았던 일들이 가능해지고 그동안 진리로 받아들여졌던 믿음이 송두리째 깨지고 있다. 넥스트 패러다임의 중요한 특징들이 우리 주변에서 일어나고 있는 것이다.

변화의 열풍 Clay Shirky: How Social Media can Make History | Video on TED.com

 More Deaths in Tunisia Violence - 튀니지 시위 동영상

 중동 독재자 쓰러뜨리는 'SNS혁명'

02 '패러다임 이동 방정식'의 비밀을 말한다

과거 패러다임으론 생존할 수 없다

미국을 대표하는 미래학자 앨빈 토플러(Alvin Toffler)는 1980년에 출판된 대표작《제3의 물결(The Third Waves)》에서 시대의 패러다임 변화를 세 가지로 나눴다.

그에 따르면 수천 년 동안 진행된 제1의 물결인 '농업혁명'이 지구촌을 이끈 첫 번째 패러다임이다. 이어서 지구촌은 사람이 물건을 생산하던 시대에서 기계가 사람을 대신해 물건을 생산하는 제2의 물결에 휩싸인다. 이른바 300년 동안 계속된 산업혁명의 시대가 열렸다.

산업혁명은 이어서 등장한 제3의 물결인 '정보화혁명'에 길을 내주었다. 컴퓨터와 인터넷으로 대표되는 정보화 물결은 기업은 물론 개인의 행동 패러다임을 완전히 바꿔놓았다.

아날로그 시대가 종언을 고하고 디지털 시대가 열려 모든 산업에 IT(정보통신기술)가 접목되는 융·복합 시대를 탄생시켰다.

디지털혁명은 과거에 토지, 노동, 자본이 지배하던 부(富)의 창조 시대를 창조성과 지식이 지배하는 시대로 바꿔놓았다. 즉 패러다임이 변한 것이다.

지식의 힘이 갈수록 커지자 토플러는 1991년《권력 이동(Power Shift)》이라는 저서를 통해 21세기는 지식이 지배하는 '지식의 시대'가 열릴 것이라고 갈파했다. 그는 이 책에서 권력의 세 가지 원천을 '폭력, 부, 지식'으로 규정했다.

그는 여기에서 폭력을 저품질 권력으로, 부를 중품질 권력으로, 지식을 고품질 권력으로 묘사하면서 21세기 전 세계 권력투쟁의 핵심은 '지식 장악'에 있다고 설명했다.

지식이란 약자나 가난한 사람도 소유할 수 있고 결코 닳는 법이 없다. 그렇기 때문에 지식의 권력을 가진 사람은 파괴적이고 편향적인 '폭력과 부'가 가진 권력의 횡포를 유일하게 제어할 수 있다고 예견했다.

그의 말대로 우리는 현재 '지식=힘', '지식=경쟁력'인 패러다임 속에 살고 있다. 지식의 시대를 넘어 디지털과 아날로그가 결합되고 융·복합되어 새로운 것을 탄생시키는 창조성의 시대가 펼쳐지고 있다. 그런데 창조란 과거에도 존재했다.

하지만 지금의 창조는 다르다. 과거에 상상력 속에서만 존재했던 것들, 불가능하다고 간주했던 것들의 현재화란 측면에서 사람들을 놀라게 하고 있다.

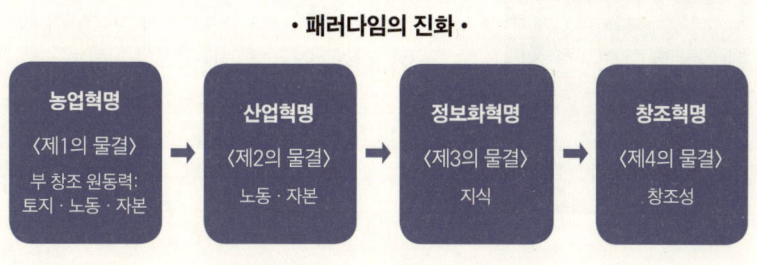

· 패러다임의 진화 ·

농업혁명
〈제1의 물결〉
부 창조 원동력:
토지 · 노동 · 자본

산업혁명
〈제2의 물결〉
노동 · 자본

정보화혁명
〈제3의 물결〉
지식

창조혁명
〈제4의 물결〉
창조성

새로운 패러다임의 시대가 열렸다

그렇다면 지금 우리에게 다가온 제3의 물결 이후 넥스트 패러다임은 무엇일까. 1980년에 '제3의 물결'을 예고했던 토플러 박사는 '제4의 물결'로 생물학과 우주의 결합을 제시했다. 융 · 복합의 화두를 던진 것이다.

그의 예견대로 세상은 융 · 복합 시대를 맞고 있다. 전통 산업에 IT가 접목되고 생물학에서 건축의 기초 이론을 찾아내기도 한다.

앨 고어 전 미국 부통령의 수석대변인을 지낸 다니엘 핑크(Daniel H. Pink)는 그의 저서 《새로운 미래가 온다(A Whole New Mind)》(2012)에서 넥스트 패러다임으로 '완전히 새로운 사고방식-육감', 즉 식스 센스(Six Senses)를 제시했다. 육감이란 디자인(design), 스토리(story), 조화(symphony), 공감(emparthy), 놀이(play), 의미

(meaning)의 6가지를 이야기한다.

이성(logic)으로 세상을 지배하던 시대를 감성적인 요소들이 이기는 시대가 됐음을 갈파한 것이다. 핑크는 "21세기는 콘셉트(high-concept)와 감성(high-touch)이 중요한 시대"이며 "성공을 꿈꾸는 개인이나 조직은 이 같은 역량을 배양해야 한다"고 조언한다.

실제로 세계적인 디자인 컨설팅회사 아이디오(IDEO)는 육감 중 하나인 디자인을 무기로 '디자인 싱킹(Design Thinking)' 개념을 고안해 디자인 혁신의 선구자가 된 기업이다.

디자인 싱킹을 고안한 사람은 아이디오의 CEO 팀 브라운이다. 그가 말하는 '디자인 싱킹'이란 디자이너의 관점에서 제품을 바라보고 디자이너처럼 생각해 제품은 물론 서비스, 공정, 전략을 창조적으로 새롭게 디자인해내는 '디자이너적 사고'를 말한다. 그는 이를 위해 "사람들의 행동을 직접 관찰해 이들의 니즈와 선호도를 파악하고 이를 바탕으로 혁신을 추구하라"고 조언한다.

연인원 2,000만 명이 넘는 전 세계 환자가 찾는 병원이 있다. 바로 미국 미네소타 주 로체스터 시에 있는 '메이요 클리닉(Mayo Clinic)'이다. 이 병원은 존스홉킨스병원과 쌍벽을 이루며 세계에서 환자 만족도가 가장 높은 병원으로 명성이 높다.

어떻게 이 같은 명성을 얻게 됐을까. '디자인 싱킹' 전략 때문이다. 메이요는 2008년 7월, 디자이너 10여 명을 핵심 인재로 한 '혁신센터(Center for Innovation)'를 출범시켰다. 이어 모든 의료 서비스 체계를 메이요의 '환자 중심' 철학에 맞춰 개선했다.

메이요에선 병원 로비를 들어서는 순간부터 진료가 시작된다는 '환자 중심' 철학에 따라 환자가 최대한 안락한 느낌을 갖도록 모든 시설물을 재디자인했다.

로비는 고급 호텔처럼 꾸몄고 대기실은 모두 쿠션이 달린 편안한 의자를 배치했다. 복도 모퉁이에는 세계적 미술가의 그림과 조각을 전시했다. 의사는 초진 환자를 최소 45분 동안 진료하도록 했다. 환자가 병원을 옮기면 모든 의사는 72시간 이내에 환자의 진료 경과와 회복 상태를 상대방 의사에게 알려줘야 한다.

병원의 모든 일을 환자 중심으로 생각한 뒤 문제를 찾아내고 모든 것을 환자 중심으로 새롭게 디자인하는 '디자인 싱킹'을 전략으로 받아들여 실천했던 것이다.

1980년대까지 스포츠계의 제왕 브랜드는 아디다스였다. 그런데 미국의 나이키가 혜성처럼 나타나 아디다스의 아성을 무너뜨렸다.

나이키가 사용한 전략은 바로 육감의 하나였던 '스토리'였다. 나이키는 농구스타 마이클 조던에 주목했다. 디자이너 30명으로 구성된 '이노베이션 키친(혁신팀)'을 꾸려 '에어 조던'이라는 걸작을 탄생시켰다. 당시 NBA(미국 프로농구) 사무국은 색이 들어간 농구화를 신을 수 없도록 규정하고 있었다. 하지만 나이키는 매 경기 1,000달러의 벌금을 대신 내주며 검은색과 빨간색이 들어간 에어 조던을 신겼다. 이 자체가 스토리를 만들어냈다. 농구화가 불티나게 팔렸다. 이 신발을 신으면 조던과 같은 농구스타가 될 수 있다는 환상을 심어줬다.

나이키는 골프 천재 타이거 우즈, 테니스 황제 존 매켄로 등을 앞세워 승리, 열정, 도전의 스토리를 만들어냈다. 1988년, 슬로건 '저스트 두 잇(Just Do it)'을 만들어 나이키 정신을 전파했다. 캠페인을 통해 고객에게 꿈과 희망의 스토리를 심어줬다. 이 같은 '스토리' 전략은 흔해 빠진 운동화를 도전과 열정의 상징으로 바꿔냈고 매출 증가로 이어졌다. 스토리는 고객의 마음을 움직이는 제3의 감성이 됐고 구전 마케팅(word of mouth marketing)[a]의 위력을 발휘했다.

---

a 구전 마케팅(word of mouth marketing)
소비자의 입에서 입으로 전달되는 제품, 서비스, 기업 이미지 등에 대한 마케팅을 뜻한다. 구전 마케팅의 기본 원칙은 전체 10%에 달하는 특정인에 대한 공략으로, 90%의 다수 소비자는 10%의 특정인에 의해 영향을 받게 되므로 10%의 특정인에게 무료 샘플을 보내거나 무료체험, 시공, 시음과 같이 소비자에게 상품을 실제 써보게 하고 품질, 성능을 직접 파악하도록 하는 체험형 판촉 등으로 마케팅 효과를 노린다.

육감에서 조화(symphony)란 사람들의 관계를 이해해 전체적인 조화를 창출해내는 능력으로 이른바 패턴, 즉 유형을 인식하고 (pattern recognition) 시스템적 사고를 가능하게 한다. 또한 이질적인 것들을 연결하고 결합해 새로운 전체를 구성할 수 있도록 도와준다.

공감과 관련해 데브 팻나이크(Dev Patnaik) 스탠포드대 교수는 "21세기 경영 키워드는 공감(empathy)이다"며 "공감능력이 개인과 기업의 성공을 보장한다"고 단언한다.

나이키와 애플의 성공요인 중 하나가 '공감'이다. 나이키는 경영자뿐만 아니라 직원 모두가 운동을 즐기는 사람들이다. 이들은 자신들이 뛰고 느끼고 숨 쉬며 자신들의 고객이 원하는 사항을 정확히 찾아낸다. 이를 통해 자신과 고객 사이에 일치된 '공감'을 찾아내 소신 있게 이를 제품에 반영한다.

애플이 아이폰과 아이패드 열풍을 일으킨 것도 공감의 결과였다.

애플은 고객이 필요로 하는 시장의 공감을 찾아내 고객의 공감을 정확히 끌어냈던 것이다.

반면에 잘나가던 도요타는 2010년 자동차 부품 결함에 대한 리콜에 잘 대처하지 못함으로써 이미지가 추락했다. 하청업체에 대한 지나친 쥐어짜기로 부품의 품질을 떨어뜨림으로써 '고품질 제품'이라는 공감대를 이어가는 데 실패했다.

팻나이크 교수는 "기업은 고객과의 공감을 이끌어내는 데 에너지를 쏟고, 조직 내 공감대를 형성하는 전략을 구사해야 한다"고 강조한다. 그러기 위해서는 놀이를 즐기는 사람의 속성인 '호모 루덴스(유희하는 인간)'를 이해해야 한다. 구글의 미국 본사는 사무실이 마치 '놀이공원' 같다. 천장에는 형형색색의 풍선들이 띄워져 있고, 헬스클럽과 당구장, 이발소, 24시간 유기농 식당 등이 마련돼 있다.

스위스 취리히의 구글 사무실은 미끄럼틀을 이용해 사무실을 옮겨 다니고 봉을 타고 각층을 오르내리기도 한다. 탈의실에는 욕조와 배, 비행기 등이 아기자기하게 놓여 있다. 직원들은 욕조에서 낮잠을 자기도 하고 배 위에서 회의도 한다.

《The Play Ethic》(2004)의 저자 팻 케인(Pat Kane)은 "21세기에 놀이는 지난 300년에 걸친 산업사회에서 일(work)이 우리의 사고와 행동, 그리고 가치 창조에서 차지했던 것과 같은 무게를 갖고 있다"고 평가한다.

그리고 '의미'의 가치도 중요해지고 있다. '의미'는 기업이 어떤

'가치'를 창출해내고 어떤 '가치'를 사회에 구현하고 있느냐에 관한 것이다. 소비자들이 '의미' 있는 활동을 하는 착한 기업을 선호하면서 한국 기업의 사회공헌 지출액도 2004년 1조 2,284억 원에서 2010년 2조 8,735억 원으로 6년 새 두 배 넘게 증가했다.

기업경영 키워드도 사회공헌, 나눔경영, 공정사회, 윤리경영, 친환경경영, 사회적 기업, 메세나(mecenat)[a] 등 사회 가치를 중시하는 쪽으로 무게 중심을 옮기고 있다. '잘 베푸는 기업이 돈도 잘 번다'는 기부철학을 행동으로 옮기고 있는 것이다.

미국 포드자동차는 사명을 '돈 잘 버는 기업'을 넘어 '사회를 풍요롭게 만드는 기업'으로 바꿨다. 아웃도어 기업 팀버랜드는 분기별 경영실적을 공개할 때마다 봉사실적을 발표한다. 2001년부터 '안식휴가 봉사프로그램'을 도입해 3~6개월간 비영리단체에서 유급 봉사활동을 하도록 하고 있다.

'의미'가 새로운 가치로 떠오르면서 '착한 소비'도 부상하고 있다. 일부 소비자들은 커피, 카카오, 바나나, 설탕 등 공정무역 상품만을 구입한다. 공정무역은 생산자에게 국제공정무역인증기구가 정한 가격을 보장해주는 것으로 가격이 상승하면 시세대로, 떨어진다 해도 최저가격은 보장해주며 사회발전기금 성격의 웃돈도 얹어준다.

---

a 메세나(mecenat)
문화예술 · 스포츠 등에 대한 원조 및 사회적 · 인도적 입장에서 공익사업 등에 지원하는 기업들의 지원 활동을 총칭하는 용어.

부자 나라의 소비자들이 공정무역 상품을 구입하면 아프리카 등 저소득 국민들이 '착한 소비'의 혜택을 받는 것이다.

긍정 심리학 운동을 주창한 마틴 셀리그만(Martin Seligman)은 "인간이 불가항력적으로 추구할 수밖에 없는 세 번째 형태의 행복은 의미의 추구다"라고 말한다.

 나이키 이노베이션 키친

 [용어-메세나]

 Daniel Pink: a Whole New Mind

물질에서 영성 시대로 진화한다

21세기는 꿈과 감성이 지배하는 '드림 소사이어티(Dream Society)' 가 된다고 갈파했던 덴마크의 미래학자 롤프 옌센(Rolf Jensen)은 꿈과 상상력, 창조성이 지배하는 하트스토밍(Heartstorming), 즉 사람의 마음을 움직이는 시대를 넥스트 패러다임이라고 예견했다.

이제 개인과 기업이 생존하려면 어떻게 사람들의 마음을 얻을 것인지를 알아야 한다는 주장이다. 개인이 좋은 평판을 얻으려면 주변 사람들의 마음에 들어야 하는 것처럼 기업도 고객의 마음을 얻을 수 있을 때 성공하는 기업을 만들 수 있다는 조언이다.

앨빈 토플러와 함께 미래학의 양대 산맥으로 손꼽히는 《메가트렌드 2000(Megatrend 2000)》(2006)의 저자 존 나이스비트(John Naisbitt)[a]는 현대 사회에서 일어나고 있는 거대한 시대적 조류를 '메가트렌드'라고 규정하고, 탈공업화 사회, 정보화사회, 글로벌경제, 분권화, 네트워크형 조직을 그 특징으로 제시했다. 그의 예견대로 이 같은 패러다임은 우리를 지배하고 이미 사회의 전형으로 자리 잡았다.

《메가트렌드 2000》의 공저자로 포브스 기자를 지냈던 패트리셔 애버딘(Patricia Aburdene)은 정보화경제는 이미 끝났다고 주장하며, 자본주의가 어떻게 진화해야 할지를 이야기한다.

그는 자본주의가 더욱 발전하려면 기업의 리더들은 사회공헌 철학, 즉 영성(spirit)을 가져야 한다고 주장한다. 이윤 추구만을 목표로 삼지 말고 사회에 봉사하고 조직원들과 소통하는 데 관심을 기울이는 기업가나 리더가 돼야 한다는 이야기다. 물질만능주의를 양산하고 인성을 배제했던 사회문화가 기존 시스템이었다면, 행복,

---

a 존 나이스비트(John Naisbitt)
앨빈 토플러와 함께 미래학의 양대 산맥으로 군림해온 금세기 최고의 세계적인 미래학자이다. 여러 나라를 여행하면서 세상을 관찰하며 독학으로 공부했고, 그 후 하버드대, 코넬대, 유타대 등에서 수학했다. 정치학과 인문학, 공학, 과학 등 15개 분야에서 학위를 받았다.

사랑, 가치, 공헌, 감사, 봉사, 기부, 윤리, 환경 등 무형의 가치를 중시하는 개인과 조직이 살아남는다는 진단이다.

또 사회가 이윤 극대화를 추구하던 1차원적 자본주의에서 '깨어있는 자본주의(Conscious Capitalism)'로 패러다임이 바뀌고 있다고 말한다. 그의 예견대로 사회는 빠른 속도로 새로운 자본주의가 출현되기를 갈망하고 있다. 자본주의의 번영을 일으켰던 탐욕(greed)이 글로벌 금융위기의 원인이 됐다는 진단이 나오면서 자본주의는 심각한 비판에 직면해 있다.

샤란 버로우(Sharan Burrow) 국제노동조합총연맹(ITUC) 사무총장은 "자본주의가 '도덕적 나침반'을 잃어버렸다"라며 "새로운 자본주의 모델을 디자인해야 한다"라고 주장한다. 그는 자본주의, 특히 금융회사들의 탐욕과 횡포가 세계경제를 위기로 내몰았다고 진단한다. 앙헬 구리아(Angel Gurria) 경제협력개발기구(OECD) 사무총장은 "자본주의의 어두운 면을 없앨 필요가 있다"라면서 "기존 자본주의 체제에 대한 개선이 시급하다"라고 강조한다.

자본주의는 인간에게 물질문명의 발달과 풍요를 가져다줬다. 하지만 동시에 탐욕과 부정부패, 부의 편중과 물질만능주의 등과 같은 수많은 부정적인 요소와 문제점을 노출했다. 이에 대한 처방책은 무엇일까? 석학들은 바로 물질문명의 발전에 걸맞은 정신세계를 성숙시키는 것이라고 말한다. 세상의 패러다임을 물질 추구에서 정신세계 추구의 시대로 바꿔야 할 때인 것이다.

미래학자 앨빈 토플러와 패트리셔 애버딘은 21세기가 제5의 물결인 '영성 시대'로 패러다임이 바뀌고 있다고 진단했다. 일찍이 마이크로소프트의 창업자 빌 게이츠는 21세기 자본주의는 창조적 자본주의(Creative Capitalism)가 돼야 한다며 전통적 자본주의의 패러다임에 대한 변화를 촉구했다.

"나는 소프트웨어의 발전에 흥분하는 사람을 사랑합니다. 그러나 왜 우리는 가난과 질병에 허덕이는 (저개발 국가의) 생명을 구하는 일에는 더 흥분하지 않는 것입니까? 혜택을 받은 사람들이 사랑과 헌신으로 세상을 바꿔봅시다."

2007년 6월, 빌 게이츠는 하버드대에서 명예졸업장을 받으며 이 같은 화두를 처음으로 세상에 던졌다. 이어 그는 2008년 1월에 열린 세계경제포럼 연차총회에서 또다시 '창조적 자본주의'의 실행을 촉구했다. 그리고 그해 6월, 마이크로소프트사를 은퇴하고 '빌&멜린다 게이츠 재단'에서 새로운 삶을 시작했다.

게이츠는 나머지 인생을 자본시장의 힘과 작동원리를 활용해 사회적 약자를 보호하고 자본주의의 폐해를 치료해내는 '착한 자본주의'의 실행에 앞장서기로 한 것이다. 이른바 '따뜻한 자본주의'를 앞장서서 실천하고 있는 것이다.

하버드대 경제학 교수인 마이클 크레머(Michael Kremer)는 "자본

> 따라서 시장에 정의를
> 구현하려면 시장원리를 적용할
> 부분과 적용해선 안 될 부분을
> 구분해야 한다

마이클 샌델

주의의 창조성을 활용한다면 기업의 이익을 극대화하면서도 빈곤층의 '니즈'를 충족시킬 수 있다"며 창조적 자본주의를 옹호한다.

《정의란 무엇인가(Justice)》(2010)의 저자 마이클 샌델(Michael Sandel)[a] 미국 하버드대 교수는 월스트리트 등 전 세계 젊은이들과 시민이 경제위기 때문에 사회에 분노하는 현상에 주목하라고 말한다.

과연 시민을 분노하게 만든 것은 무엇일까. 샌델 교수는 비(非)시장 영역에까지 시장주의를 도입해 문제를 해결하려 했던 '시장 만능주의(Market Triumphalism)'가 실패하면서 시민의 분노를 불러일으켰다고 진단했다. 그는 세계경제는 지난 30년간 교육, 법률, 보

---

a **마이클 샌델(Michael Sandel)**
미국의 정치학자이자 존 롤스 이후 정의 분야에서 세계적 학자로 꼽힌다. 알레스데어 매킨타이어, 마이클 월저, 찰스 테일러 교수 등과 함께 공동체주의의 4대 이론가이다. 그의 정의 수업은 현재까지 20여 년 동안 하버드대 학생들 사이에서 최고의 명강의로 손꼽힌다.

건, 환경 등 비시장적 가치 영역까지 시장원리를 도입하는 오류를
범했다고 강조했다.

"따라서 시장에 정의(justice)를 구현하려면 시장원리를 적용할 부
분과 적용해선 안 될 부분을 구분해야 한다." 행복, 사랑 등 돈으로
살 수 없는 가치를 돈으로 사도록 해서는 안 된다는 것이다. 결국
그는 시장 자본주의의 변화와 진화를 촉구한다.

경영전략의 대가 마이클 포터(Michael E. Porter) 하버드대 교수
또한 〈자본주의 다시 생각하기(Rethinking Capitalism)〉를 통해 미
래 자본주의의 새로운 패러다임을 제시한다. 그가 말하는 기업경영
의 새로운 패러다임은 기업의 사회책임경영(CSR; Corporate Social
Responsibility)이다. 포터는 "많은 기업들이 수익 창출을 향한 좁은
시야를 갖고 일하고 있지만 앞으로의 경영은 경제적 수익창출의 차
원을 넘어 사회구성원들의 고용, 환경, 정치적인 문제까지 해결하

는 경영이 돼야 한다"라고 갈파한다.

예를 들어, 환경을 중시하면서 수익을 창출해내는 '올바른 성장' 방법이 얼마든지 있다는 것이다. 정유공장의 직원들이 해변에서 쓰레기를 줍는 봉사활동을 하는 차원의 봉사가 아니라 기업경영전략 측면에서 공해물질이 배출되지 않는 생산 시스템을 구축하는 '올바른 성장'이 건강한 사회로 이끄는 것이다.

포터 교수는 "따라서 기업은 단지 돈을 기부하는 책임경영만 강조할 것이 아니라 기업의 구조 자체가 사회책임경영을 지향하도록 디자인해야 한다"라고 강조한다. 기업경영과 연계된 모든 사람들의 삶에 혜택이 고루 돌아가는 기업경영의 틀을 짜야 한다.

그는 이 같은 생각을 담은 〈빅 아이디어: 공유가치 창조(The Big Idea: Creating Shared Value)〉라는 논문을 통해 "21세기 기업은 사회와 공유할 수 있는 공동의 '공유가치'를 창출할 수 있도록 기업 본연의 책무를 재정립하라"라고 말한다.

어떤 경영방식을 '공유가치경영(CSV; Corporate Shared Value)'이라고 할까? 마이클 포터와 마크 크레이머(Mark Kramer) 하버드대 교수는 CSV란 핵심 비즈니스의 성장과 사회문제 해결을 동시에 추구하는 전략이라고 말한다. 즉 사회적 가치(Social Value)와 경제적 가치(Economic Value)를 동시에 지향하는 경영방식이다. 이런 점에서 '공유가치'는 기업들이 일반적으로 생각하는 사회적 책임, 또는 도덕적 관점에서 이뤄지는 자선행위와는 근본적으로 차이가 있다.

사회적 가치와 경제적 가치를 동시에 달성한 '공유가치경영'의 사례를 보자. 영국의 종합생활용품회사인 유니레버는 저소득층이 많고 불결해 설사병이 많이 발생하는 인도 북부에서 비누 사업을 시작했다. 무려 30만 명이 넘는 여성을 고용해 비누와 위생용품을 팔기 시작했다.

이를 통해 유니레버는 일반 유통방식으로는 접근하기 힘든 지역에 물건을 팔아 경제적 가치를 창출한다. 나아가 수많은 아이들의 목숨을 앗아가는 설사병의 확산을 막고 고용을 창출해 저개발국 국민의 소득을 높여주는 사회적 가치를 동시에 구현하고 있다.

'창조적 자본주의'나 '공유가치 창조' 등 용어의 차이는 있지만 21세기 기업경영의 패러다임은 사회문제를 비즈니스를 통해 지혜롭게 해결한다는 공통점이 있다. 물론 비즈니스 수익 모델을 통해 사회문제를 해결하는 것이 만능이라고 할 수 없지만 자본주의 모델을 사회문제 해결에 접목한다면 다양한 사회문제를 효과적으로 해결할 수 있고 건강한 성장을 모색할 수 있다.

 Alvin Toffler to Address 'The Future of Digital Media'

 [독서경영] 드림 소사이어티 – 프레시안

 짐 데이토 소장 "정보화 사회 다음은 드림 소사이어티"

Bill Gates Speech on Creative Capitalism

 Morality and the Free Market - Michael Sandel

 Rethinking Capitalism

'공유' 경제 모델이 제3차 산업혁명을 이끈다

세계적 베스트셀러 저자인 제러미 리프킨(Jeremy Rifkin)은 저서《3차 산업혁명(The Third Industrial Revolution)》(2012)에서 "21세기는 '소유경제' 시대가 종언을 고하고 '공유경제' 시대가 열린다"라고 예견했다. 역사상 위대한 경제 변혁은 새로운 커뮤니케이션 기술이 등장했을 때와 새로운 에너지 체계가 탄생했을 때, 이 두 가지가 접점을 이루면서 변혁을 이끌어낸다고 말한다.

19세기 제1차 산업혁명 때는 증기기관과 석탄이란 에너지 체계가 대량 인쇄기술과 만나 공장생산 시대를 탄생시켰다. 20세기에는 석유자원이 전기를 활용한 커뮤니케이션, 즉 전화, 라디오, 텔레비전 매체와 접목되어 자동차, 석유, 전자 등 대기업을 등장시켰다.

그렇다면 지금의 상황은 어떤가? 화석연료를 기반으로 한 제1, 2차 산업혁명의 수명은 끝난 것일까? 제러미 리프킨은 새로운 에너

지인 재생에너지, 새로운 커뮤니케이션 기술인 인터넷의 결합이 제
3차 산업혁명을 일으켜 인류를 구원해줄 것으로 내다본다.

우선 재생에너지로 전환되면 모든 건물은 재생에너지를 생산할
수 있는 미니 발전소로 바뀌고, 시설물은 불규칙적으로 생성되는
에너지를 저장할 보존장치를 갖추게 된다. 인터넷 기술을 활용해
모든 대륙은 '동력 그리드'를 구축할 수 있게 된다. 교통수단은 연
료전지 차량으로 바뀌게 된다. 제3차 산업혁명 시대에는 재생에너
지와 인터넷 네트워크를 토대로 무수히 많은 소규모 기업들이 연결
되어 협업 관계를 맺게 된다.

결국 현재의 수직적 자본주의는 협력적 네트워크에 밀려나 '분산
자본주의(Distributed Capitalism)'에 자리를 내주게 된다는 게 제러
미 리프킨의 주장이다. 한마디로 무엇인가를 '소유'하기 위한 경제
모델이 아닌 '공유'를 위한 경제 모델이 활성화될 것이다.

위기 이후의 변화에 주목하라

위기 이후 ① 미국이 저축을 시작했다

미국 국민이 저축을 시작했다. 위기 이후 미국을 바꾼 커다란 변화
는 '소비' 대신 '저축'을 선택한 시민이 늘고 있다는 점이다. 지금
까지 미국을 성장시킨 파워는 소비에 있었다. 미국 국내총생산의
70% 이상이 소비에서 창출됐다.

최근 30여 년 사이에 미국 사람들은 1980년대와 1990년대 초 주택대부조합 위기, 2000년대 초 벤처 거품 붕괴, 2001년 9·11 테러를 겪었다. 이때마다 미국인들은 세금 삭감, 주가·집값 상승의 힘에 의지해 지갑을 열고 쇼핑을 즐겼다. 특히 미국인들은 부동산을 현금입출기(ATM)처럼 인식했다. 18년간 부동산값이 상승했기 때문에 미국인들의 인식 패러다임 속에서 주택은 '최고의 재테크 수단'으로 간주되었다. 부동산 투자 '불패 신화'가 미국인을 지배하고 있었던 것이다.

그러나 2008년 글로벌 금융위기와 2009년 10월 유럽 재정위기가 가져다준 충격은 미국을 바꿔놓고 있다. 부동산 가격의 추락, 주가 하락, 실업률 급상승, 강화되는 대출기준으로 미국 소비자들은 당황 하고 있다.

아무도 예상하지 못한 아이러니한 상황이 연출되고 있는 것이다. 소비가 추락하고 '제로(0%)' 수준으로 떨어졌던 저축률이 '제로(0) 금리'임에도 급증하고 있다. 이 같은 상황은 오히려 미국 내수시장의 회복을 둔화시키는 부작용을 낳고 있다.

특히 미국은 국채를 중국 등에 팔아 수출 부진에 따른 국가 재정 부족을 지속해서 메워왔다. 이 결과 외국 전체가 소유한 미국 국채는 모두 5조 1,600억 달러에 달하고, 중국은 세계 최대의 미국 채권 보유국(2위 일본 1조 700억 달러, 브라질 2,467억 달러)이 됐다. 2012년 2월, 현재 중국의 미국 국채 보유량은 1조 1,789억 달러 규모로 미국경제를 쥐락펴락할 수 있는 위치에 서 있다. 만일 중국이 국채를 팔면 미국의 장기 금리는 곧바로 급등한다. 미국이 위안화에 대한 평가절상을 요구하고 있지만 중국이 최대 채권국인데다 국채를 대량 매각할 위험이 있기 때문에 두 국가의 관계는 간단히 해결될 일이 아니다.

 美 1월 저축률 5%로 상승 '14년 이래 최고'

위기 이후 ② 소유사회의 종언

위기 이후 신경제는 '소유사회(Ownership Society)'의 종말을 예고하고 있다. 미국의 경우 1980년대는 정부와 기업이 리스크를 개인에게 떠넘기는 시대였다. 소득과 자본이득에 대한 세금 감면정책으로 미국은 개인들이 주식에 투자하고 집을 사도록 하는 한편 창업을 부추겼다. 이러한 활동은 미국을 소유사회로 안내했다.

쉴라 베어(Sheila Bair) 미국 연방예금보험공사(FDIC) 의장은 "연방정부 정책은 25년 동안 주택 소유 촉진에 초점을 맞췄으며, 이는 민주당과 공화당을 가리지 않았다"라고 말한다.

실제로 빌 클린턴 정부 때는 800만 세대가, 조지 W. 부시 정부 때는 550만 세대가 새로 집주인이 됐다. 부시 전 대통령은 "집을 소유하면 아메리칸 드림을 실현하는 것이다"라며 주택 소유를 장려했다.

이 같은 소유를 촉진하는 정책에 힘입어 유동자금은 부동산으로 몰렸고 18년간 집값이 쉼 없이 폭등했다. 소유 욕구를 정당화해온 자본주의가 절대 정의로 자리 잡았다. 소유욕을 부추기는 정책의 영향으로 주택, 의료, 교육, 연금 등 전 분야에 걸쳐 소비를 촉발시켰고, 그 결과 미국경제를 전후 최대의 호황경제로 만들어줬다.

문제는 여력이 없는 상당수 소비자들까지 소유욕이 발동해 대출에 의존하는 '빚의 경제'를 만들어냈다는 점이다. 운 좋게 집값이 올라 중도에 팔고 시세 차익을 얻으면 문제가 없지만 갑작스런 집값 하락은 개인들을 부채의 늪에 빠지게 만들었다.

글로벌 금융위기는 주택담보 대출자 10명 중 1명이 차압당하는 위기를 안겨줬다. 이 결과 70%였던 주택보급률은 50%로 떨어졌다. 소유사회는 개인들이 리스크와 책임을 떠안도록 했고 '승자독식경제(Winner-take-all Economy)'를 만들어낸 것이다.

〈CNN머니(http://money.cnn.com)〉는 이럴 때는 값의 하락이 심하기 때문에 양질의 자산(주식·부동산)을 구입하는 가치투자를 하라고 조언한다.

Home Ownership and President Bush

미국 중산층 20년 쌓은 부 금융위기 3년 만에 날렸다

위기 이후 ③ 프리랜서 국가가 시작됐다

신경제는 개인들을 비정규직 프리랜서로 내몰고 있다. 이로 인해 미국은 '프리랜서 국가'가 되고 있다. 정규직 사회에서 계약직 사회로 급진적인 변화를 겪지는 않겠지만 미국은 향후 2019년까지 자영업자, 프리랜서, 계약직과 같은 비정규직 종사자가 2009년 현재 31%(4,200만 명)에서 40%까지 늘어날 전망이다. 기업들이 치열해지는 경쟁과 변덕스런 세계경제에 익숙해지기 위해 노동력의 유연성을 필요로 하기 때문이다.

이로 인해 미국에는 독립 노동자, 독립 경영자, 컨설턴트, 자영업자, 임시직 등으로 불리는 '프리랜서'들이 산업현장에서 새로운 세력으로 부상하고 있다. 이들은 특정 직장에 얽매이지 않은 채 자신의 재능을 살려 자유롭게 일한다. 미국에서는 이 같은 현상을 '임시직 경제(Gig Economy)', '프리랜스 국가', '창의 계층의 부상' 등으로 일컫는다.

〈CNN머니〉는 이 같은 상황에서 개인이 살아남으려면 홀로 살아남는 프리랜서 기업, 1인 기업가가 되는 전략을 강구하라고 조언한다. 경제경영서 출판사인 맥그로힐의 국장을 지냈던 데이비드는 외양과 직위가 근사한 일 대신 자신의 역량을 발휘할 수 있는 새로운 일을 찾아 사표를 내고, 프리 에이전트 마케팅 전략가이자 카피라이터로 변신했다.

프리 에이전트(Free Agent)란 무엇일까? 자신의 지식과 재능을 앞세워 초소형 사업가로 자유를 누리며 능력을 펴는 사람이다. 이들은 전통사회에서 통용됐던 직장의 구속에서 벗어나 1인 사업가로서 스스로 있는 그대로를 드러내고 표현해낸다.

조직 내에서 무능해질 때까지 승진할 것인가, 아니면 내 역량을 최고로 발휘할 수 있는 일을 찾아 프리 에이전트가 될 것인가를 고민해야 하는 시대가 됐다. 바야흐로 프리 에이전트 시대가 오고 있는 것이다. 한국 사회도 '1인 기업', '프리 에이전트'들의 등장을 예고하고 있다.

 美 '프리랜서 전성시대' 산업현장 新세력 떠올라

 The rise of freelance nation

위기 이후 ④ 새로운 규제 시대가 열린다

정부가 위기의 원인을 치유하는 과정에서 새로운 규제가 사회를 지배하게 될 전망이다. 지난 30년간 사람들은 "시장(market)이 가장 효율적인 결과를 가져다준다"고 믿었다. 이 믿음은 시장이 모든 문제를 자율적으로 해결해줄 것이라는 '시장 만능주의'를 만들어냈다. 이 때문에 정부는 규제 철폐와 혁신에 앞장섰다. 시장자율을 만능으로 간주했던 것이다. 하지만 세계 금융위기가 발생하자 사람들은 정부기능이 제대로 작동하지 못했음을 지적하게 되었다. 정부가 적절히 시장기능의 오작동에 대응하지 못해 사태를 키웠다는 것이다.

그러자 유럽은 금융회사와 구조적 리스크를 감독할 지구촌 규제기구를 만들자고 제안했고, 오바마 미국 대통령도 2009년 5월에 신용카드사 수수료율 인상을 제한하는 입법안에 서명했다.

바젤은행감독위원회(BCBS)는 2013년 바젤III[a]를 시행한다. 은행의 기본자본비율[b]을 기본자본(Tier-1)[c] 기준으로 7%로 높인다. 또한 자기자본 충당금은 오는 2016년 1월부터 2019년 1월까지 단계적으로 시행한다.

이 같은 세계 각국의 움직임은 시장을 감시, 감독하는 정부기능이 부활하고 있음을 암시하고 있다. 금융회사들의 경영 건전성을

---

a 바젤 III (Basel III, 은행자본 건전화방안)
바젤은행 감독위원회에서 금융위기 재발을 막기 위해 내놓은 개혁안. 국제결제은행(BIS) 기준 자본 규제를 세분화하고 항목별 기준치를 상향 조정하는 한편 완충자본 등의 규제를 신설한 것이 주된 내용으로, 2004년 발표된 '바젤 II'에 이어 6년 만의 새로운 기준이다.

b 기본자본비율
은행의 실질 자본건전성을 판단할 수 있도록 자기자본비율에서 보완자본을 제외하고 산출한 지표. 자기자본비율은 국제결제은행이 나서서 만든 것이다. 이런 국제결제은행은 한국은행을 포함해 44개국 중앙은행이 회원으로 참여하고 있다. 국제결제은행은 국제사회에서 어느 한 나라에 금융위기가 생기면 해외 금융업계에도 연쇄적으로 타격이 미칠 수 있는데, 그런 일을 예방하고자 만든 것이다.

c 기본자본(Tier-1)
자기자본비율의 분자인 자기자본의 핵심이 되는 자본이다. 우리나라의 경우 자본금, 자본준비금, 이익잉여금 등이 이에 해당된다.

감독하는 금융감독원과 시장 질서를 바로잡기 위한 공정거래위원회의 권한과 감독이 강화될 것이다.

게다가 금융감독과 경제정책 당국, 기업인들의 부정함에 대한 시민의 비판과 견제 또한 거세질 것임을 시사하고 있다. 한마디로 '정부 규제'와 '시민 규제'의 새로운 규제가 시장기능을 통제하고 간섭하게 될 것이다.

이 같은 규제 변화에 맞춰 기업들은 더욱 투명하게 경영해서 고객과 정부의 규제 대상이 되지 않도록 해야 한다.

 Keeping His Word: Credit Card Reform

위기 이후 ⑤ 변동성 경제가 돌아온다

경제의 불확실성이 커지면서 변동성의 주기가 빨라지고 있다. 80년대와 90년대의 투자는 매우 단순했다. 경제에 대한 변동성 주기가 길었기 때문이다. 경제와 주식시장이 빠른 속도로 성장했고 경기침체도 이따금 왔으며 약세장도 오래가지 않았다.

하지만 위기 후 경제는 금리, 주가, 환율의 급등락이 심해지고 변동성이 심한 인플레이션(화폐가치가 하락해 물가가 지속적으로 상승하는 현상) 경제가 예상된다. 예를 들어 2014년을 기점으로 위기가 진정되고 경제회복 신호가 나타나면 세계 각국은 경제를 살려내기 위해 쏟아 부은 재정고갈 문제를 해결하기 위해 세금 인상, 재정 긴축 정책을 펼 것이다. 게다가 물가상승을 막기 위해 금리 인상을 서두르게 될 것이다.

이렇게 되면 상당기간 한국은 물론 글로벌경제는 저성장의 늪에 빠지며, 그 악순환으로 각국 정부는 재정 건전성을 회복하는 데 장시간을 소비해야 한다. 동시에 가계부채 문제가 수면 위로 떠올라 사회불안이 심화되고 빈부격차가 심해진다.

따라서 글로벌 리더들은 위기의 장기화에 대비해 긴 호흡을 갖고 정책을 수립하라고 조언한다. 미국 시카고옵션거래소(CBOE)[a]는 S&P 500 지수옵션을 토대로 변동성지수(VIX; Volatility Index)를 발표한다. 주가가 급락할 때 변동성지수는 급등하는 역상관관계를 보이고 있어 '공포지수(Fear Index)'라고 불린다.

변동성지수는 시황변동의 위험을 감지하는 중요한 투자지표로 활용되는데, 위기 이후 이 지수의 변동성이 커지고 있다. 한국은 이 지수를 벤치마킹해 2009년 4월, 한국형 공포지수 VKOSPI(Volatility Index of KOSPI 200)를 발표하고 있다.

한국경제는 민간 소비가 국내 GDP의 절반가량을 차지하기 때

---

a **시카고옵션거래소**(CBOE; Chicago Board of Options Exchange)
1973년에 상장주식 옵션거래를 위해 시카고상품거래소 회원들의 출자로 설립된 옵션만을 거래하는 증권거래소이다. 1960년대 후반의 선물거래의 부진을 타개하고자 상품 다양화를 모색하던 중 도입하게 되었다.

문에 수출마저 둔화되면 경제가 충격을 받는다. 여기에 수출 둔화, 물가 급등, 가계부채, 금융 불안 등이 겹치면 내수가 급속히 위축된다.

이로 인해 국내 민간 소비의 변동성이 미국보다 2배 이상, 유럽연합(EU)에 비해서는 4배 가까이 높다. 2000년대 국내 경제의 민간소비 평균 변동성은 미국이 1.9%, 유럽연합이 1.1%에 그쳤지만, 한국은 4.0%로 변동성이 크다. 한국 국민은 경제 위축이 예상되면 지갑을 닫아버리는 성향이 선진국보다 크기 때문이다.

이는 눈덩이처럼 늘고 있는 한국경제의 가계부채가 소비의 발목을 잡고 있기 때문이다. 2011년 말 현재 한국의 가계신용은 금융권 가계대출이 858조 1,000억 원, 카드사 및 할부금융사의 외상판매(판매신용) 54조 8,000억 원을 합쳐 총 912조 9,000억 원으로 최근 10년 사이에 약 2배가 증가했다. 외환카드, 여신 등을 합하면 1,000조 원을 이미 넘어섰다는 분석도 나온다.

대한상공회의소가 2012년 6월 14일에 발표한 〈가계부채 현황과 정책과제 보고서〉에 따르면, 2010년 한국의 가계부채 비율은 GDP 대비 81%로 OECD 평균(73%)보다 높다. 구제금융을 받은 그리스의 61%보다 20% 포인트나 높은 수치다.

이 같은 가계부채 증가는 '소비 주체의 채무부담 증가 ⇨ 내수 위축 ⇨ 소득축소 ⇨ 채무부담 증가'의 악순환으로 이어져 실물경제를 위축시킨다. 한국증시의 변동성을 키우게 하는 또 다른 요인은 외국인 투자 자금이다. 외국인 투자 자본 중 주식이나 채권 등 수시 유출입성 자본의 유입 속도가 신흥국 평균보다 1.4~2배 정도 빠르다. 이로 인해 경제가 취약해질 것으로 예상되면 '자본 엑소더스(유출)'가 일어난다.

위기 이후 변화된 시장환경, 즉 세계경제가 대폭락할지도 모르는 '애프터 쇼크(After Shock)' 상황에서 승자가 되려면 기업과 조직은 시장의 변동성과 리스크에 주도적으로 대처하는 능력이 있어야 한다.

2007년 세계경제포럼은 변동성 시대에 살아남으려면 기업은 위험관리 최고책임자(CRO; Chief Risk Officer)를, 국가는 국가위험관리 책임자(CRO; Country Risk Officer)를 임명해 다양한 리스크에 대비하라고 조언한다.

03 지금, 시크릿을 알아야 미래의 승자가 된다

거대한 대변혁이 다가온다

세상은 이제 대전환기, 거대 변혁기를 맞고 있다. 2012년 열린 세계경제포럼은 2008년 금융위기에 이어 2009년 10월 유럽 재정위기가 야기하는 변화를 대변혁(The Great Transformation)이라고 규정했다. 고든 브라운(Gordon Brown) 전 영국 총리도 "지금이 세계화 이후 진정한 의미의 첫 번째 위기이자 제1차 산업혁명 이후 가장 중요한 대변혁의 시점"이라고 진단한다. 지금까지 세계경제의 호황을 향해 질주해왔던 정부, 기업, 사회, 가계, 개인 등 모든 경제주체들이 위기 이전까지 표준으로 간주했던 모델 자체가 흔들리면서 패러다임이 바뀌고 있기 때문이다.

다보스포럼은 이제 경제 주체들이 앞장서서 새로운 모델을 만들어내고 새로운 성장을 주도해야 한다고 주장한다. 진행 중인 변화

의 물결이 현재의 기업경영, 소비자 트렌드, 경제 원리, 기술 세계, 사회, 글로벌 역학관계, 문화 등을 어떻게 바꿔놓을지 '시크릿'을 알아야 미래의 승자가 될 수 있다.

세계경제에 어떤 변화가 나타나고 있을까? 다보스포럼은 두 가지를 제시한다. 하나는 선진국 대 신흥국 간의 골이 깊어진 경제의 균형 잡기(Rebalancing)이며, 다른 하나는 부채 줄이기(Deleveraging)이다.

글로벌 금융위기는 선진국과 신흥국 간, 역내 국가 간, 사회 계층 간, 세대 간, 기업 간의 불균형을 부각시키며 그 실체를 인식시키는 계기를 만들었다. 특히 글로벌 불균형의 핵심으로 G2(Group of 2) 국가, 즉 미국과 중국 간의 경제 불균형이 이슈로 떠올랐다.

이에 미국은 아시아 지역, 특히 중국의 고통분담을 압박하고 있다. 대표적인 압박이 위안화 절상이다. 미국의 심각한 대(對)중국

무역적자 문제를 해소하려면 위안화의 가치가 올라야 미국 제품의 가격이 하락하는 효과가 생겨 미국산의 수출개선효과가 생기기 때문이다.

유로화를 사용하고 있는 유로존 17개국은 국가별 디폴트(Default, 채무불이행) 예방과 경제 불균형 해소를 위해 새로운 '유로존 모델'을 만들어내야 한다.

복지 천국으로 부러움을 샀던 유럽 국가들은 재정이 고갈되고 있어 허리띠를 졸라매고 있다. 재정 긴축, 소비 축소, 임금 삭감, 복지 감축 등이 중요 과제가 됐다. 하지만 '균형 잡기' 해법을 놓고 의견이 충돌하고 있으며, 그러는 와중에 사회 격차가 커지면서 이것이 시민의 '분노'로 이어져 사회적 갈등이 번지고 있다.

다보스포럼이 제시한 또 다른 제안인 부채 줄이기는 말 그대로 빚을 줄이는 일이다. 과다한 부채경제가 만들어낸 버블이 붕괴되어 글로벌 금융위기가 불거졌기 때문이다. 그 중심에는 미국이 있다. 2000년대에 미국경제는 대출규제가 완화되어 주택가격이 상승되었다. 하지만 부동산 버블이 붕괴되면서 가계부채가 남았고, 국가부채가 급증하게 됐다. 따라서 미국이 부채를 줄이지 않으면 경제 불안과 혼란은 결코 진정되기 힘들다. 문제는 급격하게 부채를 축소해 경제하강이 일어나지 않도록 하는 일이다. 급격한 부채 축소는 소비여력을 떨어뜨려 경기위축을 심화시킬 우려가 있기 때문이다.

이처럼 향후 글로벌경제의 저성장이 예상되는 이유는 바로 부채 줄이기에 있다. 미국과 유럽 국가들이 과다한 빚 의존형 경제를 개선하지 않으면 안 되기 때문이다. 동시에 신흥국가들은 인플레이션을 차단하고 나아가 장차 발생할 버블의 위험을 줄이기 위해 노력해야 한다.

또 다른 대변혁은 '연결사회'의 탄생이다. 장기적으로 상호 독립적으로 존재했던 전 세계 70억 명의 인구는 정보기술의 발달에 힘입어 역사상 최대 규모로 서로 연결되는 대변화를 맞게 된다. 이러한 상호 연결성은 문화 유통, 정보 교류, 커뮤니케이션, 사회적 가치, 기술적 진화 면에서 과거에 경험하지 못했던 본질적인 변화를 초래한다.

이 같은 대변혁기를 맞아 리더들은 지구촌의 패러다임이 어떤 방향으로 변하고 있는지, 미래의 모습이 어떻게 바뀔지, 삶의 모습을 어떻게 진화 및 발전시킬 것인지에 대해 궁극적으로 새롭게 요구되는 지구촌의 표준 모델을 예견하고 만들어내야 한다.

 The Great Transformation: Shaping New Models - Davos 2012

역사에서 배운다

칼 폴라니(Karl Polanyi)는 자신의 저서 《거대한 전환(The Great Transformation)》(2009)에서 경제질서의 붕괴는 안보에 대한 불안을 초래할 수 있으며 시장의 자율적 기능을 위축시키고 자유주의에 대한 신념을 왜곡시킬 수 있다고 강조했다. 그는 19~20세기 근대세계 역사에서 우리가 가야 할 길을 찾아야 한다고 말한다. 1815년에서 1914년까지 100년간이나 평화와 번영을 누렸던 유럽이 왜 갑자기 세계대전에 빠져들게 됐을까? 이어 경제가 붕괴되고 세계대공황, 유럽 파시즘의 발흥, 뉴딜정책, 구소련의 5개년 경제개발 등 일련의 대변혁은 어떻게 일어나게 된 것일까?

폴라니는 "시장경제란 전혀 도달할 수 없는 유토피아"라고 주장한다. 인간, 자연, 화폐를 모두 상품으로 보고 '시장'에 맡겨둔다면 결국 비극만 남고 모두 실패할 수밖에 없다는 것이다. 한마디로 당시의 자유주의적 자본주의를 신랄하게 비판한다. 마치 2008년 글로벌 금융위기의 원인으로 지목받은 신자유주의자들을 비판하고 있는 듯하다.

폴라니는 유럽의 부흥을 이끌었던 중요한 파워를 세 가지로 제시한다.

산업혁명, 식민주의, 국제무역

당시 자유민주주의에 기반을 뒀던 유럽의 국가들은 시장 자본주의의 토대 위에 막강한 부를 창출해낼 수 있었다. 시장경제의 위력에 힘입어 유럽은 1815년 비엔나회의부터 1914년 제1차 세계대전이 발발하기 전까지 평화를 구가했다. '유럽협조체제(Concert of Europe)'라고 불리는 이 100여 년 동안 영국, 프랑스, 프러시아, 오스트리아, 이탈리아, 러시아 등 당시의 유럽 열강들이 서로 전쟁을 벌인 기간은 통틀어 18개월에 불과할 정도로 평화로운 시대였다.

19세기에 문명이 누렸던 100년간의 평화는 역사상 유례가 없는 일로 간주될 정도다. 근대 최고의 경제석학 폴라니는 이 같은 '100년 평화'는 다음의 네 가지에서 비롯됐다고 분석한다.

세력균형, 금본위제, 자기 조정적 시장, 자유주의 국가체제

폴라니는 이 제도적 메커니즘 가운데 핵심을 '자기 조정적 시장'으로 본다. 그는 "19세기 제도체제를 푸는 열쇠는 시장경제를 지배하는 법칙에 있다"라고 말한다.

폴라니는 시장을 '일반적 의미의 시장'과 '자기 조정적 시장'으로 구분한다. 일반적 의미의 시장은 교역이나 매매를 목적으로 만나는 장소이다. 이 시장은 줄곧 인류와 함께 존재했다. 이곳에서는 재화생산과 분배활동이 관습, 종교, 폭력과 같은 비(非)시장원리에 따라 이루어졌다. 반면, 19세기적 시장경제체제인 자기 조정적 시장은

일반적 시장과 다르다. 외부의 도움이나 간섭 없이 오직 시장가격에 따라 생산, 교환, 분배의 모든 활동이 일어난다.

하지만 시장 자본주의 국가 체계는 1800년대 후반부터 경기침체의 늪에 빠져 흔들리기 시작한다. 급기야 제1차 세계대전이 일어나고 이어 제2차 세계대전이 발발하면서 지구촌은 사상 최대의 위기에 직면한다.

위기를 종식시킨 것은 미국을 주축으로 한 연합국의 승리였다. 미국이 세계 권력의 승자로 부상하면서 유럽형 민주주의와 고전형 시장 민주주의는 새로운 패러다임을 맞았다.

지구촌 문명의 패권이 미국에 넘어가면서 지구촌의 권력구도가 새롭게 짜였기 때문이다. 1929년에 발생한 대공황 이후 자본주의의 여러 모순을 국가가 개입해 완화하려는 수정자본주의 시대가 열렸다. 케인즈[a] 이론을 도입한 국가개입주의와 복지국가가 새로운 패러다임이 됐다. 하지만 1970년대 석유파동과 함께 나타난 스태그플레이션(불황 속에서 물가상승이 발생하는 상태)으로 정부가 모든 경제문제를 해결해줄 것이라는 환상은 깨지고 말았다.

케인즈적 개입주의는 공격을 받았고 '작은 국가'와 '시장 경쟁 확

---

a 케인즈(John Maynard Keynes)
수정자본주의 시대를 연 영국의 경제학자. 기존의 고전경제학자들의 '자유방임 자본주의(Laissez-faire Capitalism)'에 반대하는 주장을 펼쳤다. 즉 애덤 스미스의 '시장은 보이지 않는 손에 의해 스스로 조정된다'는 주장에 반박한 것이다. 그는 정부가 경제에 개입해 조정해야 한다고 보았다.

대'를 표방하는 신자유주의 패러다임이 세상을 지배하게 됐다. 자유무역을 기치로 세계무역기구(WTO; World Trade Organization)를 출범시켜 세계시장 단일화까지 시도했다. 신자유주의 패러다임에 힘입어 미국은 호황을 구가하며 세계의 정치, 경제, 군사, 문화 권력을 만들어냈다.

하지만 2008년에 월스트리트가 세계 금융위기의 진원지가 되면서 세계경제를 지구촌 최악의 위기상황으로 내몰았다. 마치 '시장경제'를 맹종하던 유럽경제가 붕괴됐던 것처럼 '시장만능 신자유주의' 패러다임이 도전을 받고 있다. 대신에 정부의 역할이 커지면서 규제의 카드를 들고 각국 정부가 경제회복을 진두지휘하고 있다. 여기에 복지국가를 표방했던 유럽의 국가 재정이 바닥나면서 재정위기가 제2차 위기상황을 연출해냈다.

도대체 무엇이 잘못되었는가? 지구촌은 어디로 가고 있는가?

글로벌 문화융합 시대가 왔다

한 국가와 지역을 중심으로 형성되었던 로컬 문화 시대가 끝났다. 글로벌 교역에서 시작된 세계화 물결은 CNN 등 전파의 네트워크, 트위터, 유튜브, 페이스북 등 소셜네트워크가 글로벌사회를 하나로 만들어버렸다. 이로 인해 지구촌에 문화 차이(Culture Gap)가 사라지고 있다. 글로벌화와 정보혁명이 인간을 '디지털 노마드(Digital

Nomad, 정보통신기기를 가지고 시공간을 넘나드는 21세기형 신인류)',
'트랜스 휴먼(Trans Human)', '포스트 휴먼(Post Human)'으로 진화
시키고 있기 때문이다.

한국인 어머니와 미국인 아버지 사이에서 태어난 '피터'를 한국
인으로 불러야 할까? 아니면 미국인으로 불러야 할까? 그가 한국인
인지 미국인인지 구분하라고 하면 대답하기 어려워진다. 생김새는
한국인이지만 여권을 보기 전까지 그의 국적은 아무도 알 수 없다.
그의 여권에 적힌 게 실제 국적이기 때문이다. 이미 사람 얼굴을 보
고 그가 미국인인지 한국인인지 판단하기 힘든 시대가 됐다. 사람
을 인식하는 패러다임이 바뀐 것이다. 또 글로벌화가 다문화사회,
글로벌 혼혈사회를 만들어내고 있다. 순혈주의가 종언을 고하고 있
는 것이다.

제품의 생산기지도 글로벌화하고 있다. 브랜드만 미국, 일본, 한
국 기업의 것이지 실제 제품이 만들어지는 생산기지는 여러 국
가로 흩어지고 있다. 미국산 제품 상담에 대한 미국인의 전화상
담도 미국이 아닌 필리핀, 중국 등 아시아 국가에서 이뤄진다.
GE(General Electric)의 소프트웨어 가운데 48%가 인도에서 개발되
고 있으며, 미국 고객이 전화를 걸면 인도 콜센터에서 24시간 전화
를 받아 고객 상담에 응한다.

정보기술 발달과 글로벌화는 전 세계를 하나의 생활권으로 바꿔
놓았다. '프랑스의 지성'인 자크 아탈리(Jacques Attali)는 "정보기술

의 발달로 21세기형 신인류 '디지털 노마드족'이 등장하고 있다"며 "인터넷, 모바일 컴퓨터, 휴대폰 등 디지털기기가 인류를 한 곳에 정착할 필요가 없도록 만들었다"고 진단한다.

디지털 노마드는 특정한 삶의 방식에 매달리지 않고 끊임없이 자신을 바꾸어가며 글로벌 세계와 호흡하며 창조적인 행위를 즐긴다. 아탈리는 동시대인의 운명에 대해 깊은 이해심을 갖고 아픔을 함께 하는 이타적인 시민을 '트랜스 휴먼'이라 칭했다. 트랜스 휴먼은 남을 돕고 이해하며 자손들에게 보다 나은 세계를 물려주려고 애쓰는 사람들을 일컫는 말로 '빌&멜린다 게이츠 재단'을 만들어 운용하는 게이츠 부부를 포함한다.

아탈리는 트랜스 휴먼들이 서로가 지닌 재능을 무료로 교환하거나 대중을 위해 공공 서비스를 무료로 제공하는 '이타적 경제'가 자리 잡게 될 것이라고 예견한다. 또 이처럼 경쟁과 이익만을 추구하는 경제가 아니라 기업의 이익이 사회에 환원되어 공동선을 이루어 가는 경제를 '관계의 경제'라고 명명한다. 마이클 포터 하버드대 교수의 말처럼 21세기에는 '공유가치경영'으로 대변되는 사회적 가치 창출, 이타적 경제, 관계의 경제가 기업경영에서 매우 중요한 역할을 하게 된다는 의미다.

트랜스 휴먼은 기술을 통해 지적, 육체적 능력이 진화된 인간으로 포스트 휴먼으로 가는 중간 단계다. 이에 비해 포스트 휴먼은 기계, 기술과 융합된 인간을 말한다. 이 시대에는 인간과 기계의 경계가 해체된다.

'지혜 있는 인간'을 의미하는 호모 사피엔스가 정말 트랜스 휴먼으로, 포스트 휴먼으로 진화하게 될까? 2003년 인간 게놈(genome) 지도를 완성한 과학자들의 주장대로 인공장기를 사용할 수 있고, 뇌의 기억을 다운받아 다른 신체에 저장할 수 있게 될까?

미래학자인 호세 코르데이로(Jose Cordeiro) MIT 교수는 "10년 안에 모든 장기를 교체할 수 있게 될 것이다"라며 "우리가 살아 있는 동안 영생에 도달하게 될 것이다"라고 예측한다.

포스트 휴먼 시대의 글로벌화는 언어의 글로벌화도 촉발시킨다. 영국영어는 미국 인구 3억 명 가운데 2억 명이 사용하는 미국영어에게 공용어 자리를 양보했다. 이제 미국영어도 인도경제의 부상과 함께 4억 명이 사용하는 인도영어에게 자리를 내줄 전망이다. 이렇게 되면 아시아인들이 사용하는 아싱글리시(아시아-잉글리시의 준말)도 바뀔 가능성이 높다.

 2020년 '아싱글리시'가 세상을 지배한다

Next
Paradigm

Part 2

미래경영 방정식, 넥스트 패러다임

01 미래 패러다임의 열쇠,
경영의 생존 모델을 말하다

패러다임 시프트를 말하는 신조어들

G20, 팍스 시니카(Pax Sinica), 아시아나이제이션(Asianization), 차이
메리카(Chimerica), 원아시아(One Asia), 에코시크(Eco Chic), 그리노
믹스(Greenomics), 초연결세대(Hyper-connection), 트라이벌리즘
(Tribalism)…

전 세계가 신조어 전성시대를 맞고 있다. 그만큼 현재를 지배하는
지구촌의 권력 메커니즘 자체가 큰 변화에 직면해 있다는 반증이
다. 그 변화는 위기 후 지구촌의 새로운 '힘의 이동 방정식'을 대변
한다. '힘의 이동 방정식'은 지구촌을 지배하는 질서의 변화와 정치,
경제, 사회, 비즈니스를 지배하는 새로운 패러다임이 탄생할 것을

예고하고 있다.

우선 선진 7~8개국으로 대표되던 G7 또는 G8이란 용어를 G20
이 대신하고 있다. G20는 미국 · 일본 · 독일 · 프랑스 · 영국 · 이탈
리아 · 캐나다 · 러시아 등 기존 G8에다 중국 · 브라질 · 인도와 같
은 브릭스(BRICs) 국가, 한국 · 호주 · 멕시코 · 터키 · 인도네시아 ·
사우디아라비아 · 아르헨티나 · 남아프리카공화국 · 유럽연합 의장
국을 합한 국가 집단이다.

G20의 핵심은 역시 중국이다. 중국은 신흥경제국의 대표가 돼
미국과 힘겨루기를 하고 있다. 이로써 향후 30년간 세계 권력을 놓
고 패권 경쟁을 벌일 것이라는 측면에서 G2(미국과 중국), 즉 차이
메리카(차이나+아메리카)라는 용어가 태어났다. 나아가 21세기는 중
국 중심의 시대, 중국에 의한 세계평화 시대가 열릴 것이라는 의미
를 담고 있는 팍스 시니카를 보통명사로 만들었다. 결국 아시아의
파워가 거세지면서 세계 권력은 서에서 동으로 이동하고 있다.

미국국가정보위원회(NIC; National Intelligence Council)는 〈글로벌
트렌드 2025(Global Trends 2025)〉에서 "지금 지구촌은 서에서 동
으로 부와 권력이 이동하고 있다"면서 "미국의 상대적 영향력이 근
대 이후 전례 없이 감퇴하고 있다"라고 진단한다.

이를 대표하는 신조어가 바로 아시아나이제이션(Asianization)이
다. 그동안의 세계화가 서구 주도의 서구화(Westernization)였다면
앞으로는 아시아 국가들이 주도하는 아시아화가 세계적인 트렌드

를 만들어낼 것이다.

아시아는 전 세계 인구(70억 명)의 약 60%(42억 명)를 차지하고 있지만 전체 무역액의 26%, 국내총생산의 21%에 그치고 있어 그만큼 성장 가능성이 높다. 이로써 위기 이후에는 신흥시장과 선진시장 간의 역학관계가 180도 변하는 리버스 글로벌라이제이션(Reverse Globalization), 즉 '역(逆)세계화' 현상이 연출될 것이다.

이렇게 되면 아시아는 세계 권력의 중심으로 부상한다. 글로벌 리더들은 아시아 국가들이 이 같은 지위를 더 빨리 확보하려면 아시아를 하나의 단일 경제권으로 묶는 원아시아(One Asia) 전략을 서둘러야 한다고 목소리를 높인다. 1992년에 체결된 북미자유무역협정(NAFTA)과 같은 단일 경제권을 만들어야 한다는 주문이다.

지구촌의 또 다른 현상은 세계경제가 하나의 네트워크 경제로 급변하고 있다는 점이다. 사회는 이미 월드와이드웹(www)을 중심으로 거미줄처럼 긴밀하게 연결돼 있다. 이런 의미에서 영국 BBC뉴스는 현대사회를 '초연결(Hyper-connection)' 시대로 묘사한다. 이 사회에서는 정보의 이동 속도가 매우 빠르다. 또한 정보망이 창출해낼 결과를 예측하기 힘들다.

또한, 환경이 갈수록 중요해지면서 환경(Green)과 경제(Economics)를 결합한 그리노믹스(Greenomics)가 일상용어로 자리 잡았다. 그리노믹스는 환경을 파괴하지 않으면서 성장을 이뤄가는 친환경 경제개발 전략을 의미한다. 그린이 중요한 사회적 키워드가 되면서

에코시크(Eco Chic)[a]라는 신조어까지 등장했다.

세계화에 대한 반작용으로 트라이벌리즘(Tribalism)이 강화되는 점 역시 새로운 추세로 떠오르고 있다. 트라이벌리즘은 특정 지역의 부족(tribe), 즉 이해관계가 동일한 집단을 뜻한다. 이처럼 동질성 그룹(Identity-based Group)의 영향력이 점점 커지고 있다. 인터넷 카페, 동호회, 페이스북과 트위터 친구 모임 등이 트라이벌리즘의 대표적인 사례다. 기업들은 이 트라이벌리즘 현상을 충성고객을 창출해내는 기회로 활용해야 한다. 기업과 이해관계를 함께하는 마니아 그룹을 지원함으로써 제품에 대한 아이디어를 얻고 기업에 대한 평판을 관리해나갈 필요가 있기 때문이다.

앞으로 다가올 위기의 형태는 '복합 도전(Complex Challenges)'이 될 전망이다. 위기 진원지를 파악하기 힘든데다 해결책을 찾기도 어렵다는 뜻이다. 신조어는 시대상을 대변하는 용어다. 신조어를 통해 세계경제의 패러다임을 읽고 지혜로운 미래경영 전략을 짜야 한다. 미래는 패러다임을 읽어내는 사람이 선점하는 것이니까.

 에코시크: 나는 스마트하게 세련됐다

---

a 에코시크(Eco Chic)
자연 친화적 제품 또는 친환경 소비를 즐기는 고객.

'힘의 이동 1.0' ⇨ '힘의 이동 2.0' 그리고 '넥스트 패러다임'

2007년 세계경제포럼에 참석한 글로벌 리더들은 '힘의 이동(Power Shift)'을 지구촌의 새로운 화두로 던지며 다음과 같이 힘의 축이 이동하고 있다고 진단했다.

공간	미국과 유럽		아시아의 중국, 인도
시장	생산자	⇨	소비자
커뮤니티	기관		개인
생산 현장	제조업자		부품 · 원재료 공급업자

이 같은 대예측은 적중했다. 이어 2008년 글로벌 금융위기와 2009년 10월 유럽 재정위기를 거치면서 이 같은 변화가 새로운 원칙, 이른바 '뉴 노멀(New Normal)'을 만들어내고 있다. 위기 이후 재정립되고 있는 '새로운 표준', '새로운 질서', '새로운 지배구조', '새로운 역학관계'를 말하는 것이다. 21세기 초의 10년을 경험한 글로벌 리더들은 '뉴 노멀'이 과거와 전혀 다른 넥스트 패러다임을 만들고 있다고 말한다.

'힘의 이동 1.0'은 미국과 유럽의 파워에 균열을 가져다줬고 20세기에 성공한 아날로그형 대기업, 국제기구, 즉 기득권 세력의 무력화를 초래했다. '힘의 이동'이 기존 자본주의 질서의 붕괴, 기술의 진화, SNS 세상의 도래, 신흥 거부들의 등장, '블랙 스완'의 출현, 기존 경제·경영학의 침몰 등의 핵폭탄을 몰고 오면서 새로운 '힘의 이동 2.0' 시대를 열었기 때문이다.

'힘의 이동 1.0'에 이어 더 강력해진 '힘의 이동 2.0'은 부의 이동, 권력 이동, 정보 이동의 속도를 더욱 가속화하고 있다. '힘의 이동 2.0'은 '힘의 이동 1.0'의 징후가 보다 분명해지고 뚜렷해지면서 경제, 경영, 사회, 정치, 기술, 문화, 지정학 등의 전 분야에 걸쳐 새로운 표준이 만들어지고 하나의 패러다임으로 정착되는 현상을 말한다.

지금 지구촌에는 기존 질서가 깨지고 신(新)질서가 생겨나고, '힘의 이동 2.0' 시대에는 다음과 같이 부와 권력이 이동하고 있다.

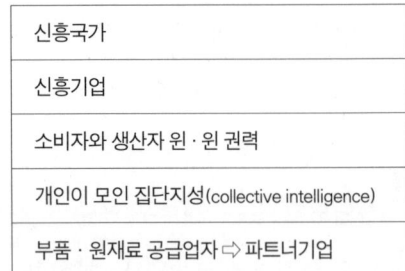

공간	미국과 유럽	신흥국가
	기존 대기업	신흥기업
시장	소비자 중심	소비자와 생산자 윈·윈 권력
커뮤니티	기관	개인이 모인 집단지성(collective intelligence)
생산 현장	제조업자	부품·원재료 공급업자 ⇨ 파트너기업

'힘의 이동(Power Shift)' : The Shifting Power Equation – Davos Annual Meeting 2007

힘의 이동 : Twelve Power Shifts that are Changing the World – Davos

5대 '빅 체인지'가
넥스트 패러다임을 탄생시켰다

지금 지구촌에는 어떤 일이 벌어지는 것일까?

'힘의 이동 2.0'과 같은 거센 권력 이동이 20세기와는 전혀 다른 새로운 권력지도를 만들어내고 있다. 우리 사회에 이른바 새로운 '대전환'이 일어나고 있다. '대전환'은 거대한 변화를 몰고 오고, 이 변화는 '새로운 패러다임'을 지구촌 곳곳에 안착시키고 있다.

그렇다면 과연 어떤 대전환이 일어나는 것일까?

빅 체인지 1	조직의 넥스트 패러다임
	수직사회(One-way, 일방형) ⇨ 수평사회(Two-way, 쌍방향)

빅 체인지 2	공급자의 넥스트 패러다임
	푸시(Push, 공급자 중심) 방식 ⇨ 풀(Pull, 수요자 중심) 방식

빅 체인지 3	감성과 감동 중시 넥스트 패러다임
	좌뇌(Brainstroming)사회 ⇨ 우뇌(Heartstroming)사회

빅 체인지 4	부(富) 창조 방정식의 넥스트 패러다임
	액티브 인컴(Active Income) ⇨ 패시브 인컴(Passive Income)

21세기 들어 나타난 사회현상들은 5대 '빅 체인지(Big Change, 거대 변화)'를 야기하고 있으며, 이것은 다섯 가지 넥스트 패러다임을 탄생시켰다.

첫 번째 넥스트 패러다임은 수평사회의 탄생이다. 연공서열의 일방형·수직형 조직 시대가 끝나고 소통이 중시되는 쌍방향(two-way)의 수평형 조직이 힘을 얻었다. 사회가 수직사회에서 수평사회로 대전환을 한 것이다.

이로 인해 지난 200~300년 동안 산업화 시대를 지배했던 수직형 조직인 관료제 중심의 조직이 힘을 잃고 있다. 사회는 위계질서, 명령과 복종, 서열 대신에 창조성과 혁신이 살아 숨 쉬는 유연한 조직, 수평 조직으로 빠르게 리모델링을 하고 있다.

두 번째 넥스트 패러다임은 수요자(pull) 중심 사회의 탄생이다. 20세기는 정보를 공급자가 쥐고 자신들의 목적에 맞는 정보만 일반에게 공개하고 자신들의 방식을 강요하는 푸시(push) 방식을 사용했다. 하지만 21세기가 되면서 정보를 생산하고 유통하는 주체가 기업이나 조직, 정부와 같은 공급자가 아니라 정보를 공급받던 개인, 즉 수요자로 변했다.

개인은 정보를 생산하고 유통하는 1인 미디어 시대를 열었으며, 개인 미디어는 기존의 방송국과 신문사가 갖고 있던 전통 미디어의 파워를 압도하는 권력을 발휘하기도 한다. 튀니지에서 일어났던 '재스민혁명'은 전통 미디어로는 할 수 없던 혁명이었다.

이 같은 공급자에서 수요자로의 '힘의 이동 1.0'은 수요자가 파워를 발휘하는 '힘의 이동 2.0'의 패러다임을 탄생시켰다. 이 결과 정부든, 기업이든 공급자가 어떤 의사결정을 내릴 때 수요자의 의견을 먼저 청취하는 풀(pull)의 넥스트 패러다임을 만들어냈다. '힘의 이동 1.0'은 "파워의 주체가 기관에서 개인으로 이동했다"고 규정했다. 정부는 물론 기업, 기관, 조직이 주요 결정을 내릴 때 의사결정의 중심에 '수요자'를 두게 됐다. 이것이 우리 사회에 일어나고 있는 두 번째 넥스트 패러다임이다.

세 번째 넥스트 패러다임은 우뇌사회의 탄생이다. 20세기 산업화 시대는 이성, 합리성, 합리적 기대 가설이 경제학과 경영학의 토대를 제공했다. 제품과 서비스의 수요자인 소비자들이 합리적 판단에 근거해 값싸고 품질 좋은 제품을 살 것이라는 강한 믿음을 갖고 있었다. 하지만 21세기 들어 소비자들은 합리적인 행동을 하지 않는다. 과거에는 물건을 필요해서(need) 샀지만 지금은 좋아서(like) 또는 원해서(want) 구입하는 시대다. 논리성을 관장하던 '좌뇌'가 지배하던 사회를 이제 감성(感性)이 지배하는 '우뇌' 시대로 패러다임이 바뀐 것이다.

경영의 구루 톰 피터스(Tom Peters)는 "20세기 산업화 시대의 기업경영전략은 이성적, 합리적 판단을 이끌어내는 브레인스토밍 전략이었지만 21세기는 사람들의 마음을 흔드는 하트스토밍 전략에 있다"고 단정한다. 21세기의 승자가 되려면 기업이든, 어떤 조직이든, 아니면 개인이든 수요자를 이성으로 굴복시키는 게 아니라 상대의 마음을 얻어야 더욱 큰 가치를 창출시킬 수 있다.

이런 점에서 다니엘 골먼(Daniel Goleman)은 저서 《The New Leaders》(2002)에서 "위대한 리더란 전략이나 비전, 아이디어가 풍부한 사람이 아니라 사람들의 마음을 움직이고 열정을 깨우며 영감을 불어넣는 사람이다"라고 말한다.

이 같은 넥스트 패러다임은 기업과 조직경영에 있어 디자인, 브랜드, 스토리텔링과 같은 비(非)가격적인 요소를 더욱 중시하는 새로운 패러다임을 탄생시키고 있다.

네 번째 넥스트 패러다임은 '패시브 인컴'사회의 탄생이다. 20세기 근로자들은 자신의 노동력을 팔아 부를 창조했다. 하루 8시간 이상 일을 해야 했다. 일을 하지 않으면 그에 따른 보상이 뒤따르지 않는다. 이처럼 일을 해서 창출한 소득을 우리는 '액티브 인컴'이라고 한다.

하지만 21세기가 되면서 개인과 기업의 부(富) 창조 방정식이 바뀌고 있다. 일을 하지 않고도 막대한 부를 창출할 수 있는 방법들이 등장한 것이다. 어떻게 일을 하지 않고 돈을 벌 수 있단 말인가? 내가 직접 일을 해서 돈을 버는 게 아니라 나(I)를 대신할 수 있는 분신, 즉 아바타(avatar)가 일을 하도록 하는 방식이다.

나를 대신할 수 있는 아바타에는 어떤 것들이 있을까? 대표적인 것이 돈(money)과 시스템(system)이다. 돈과 시스템이 나를 대신해서 일할 수 있는 메커니즘, 즉 머니 워킹 메커니즘(Money Working Mechanism)을 만들면 누구든지 일을 하지 않고 고소득을 창출할 수 있다.

돈이 일하게 하는 방식이 투자(investment)다. 주식, 채권과 같은 금융상품, 부동산 투자나 적금, 예금, 보험, 연금, 펀드 등에 가입해 돈이 돈을 벌도록 하는 방식이다. 이렇게 되면 돈이 나를 위해 돈을 벌어주는 아바타 역할을 한다.

만일 부동산 투자를 해서 건물을 소유할 경우 건물은 매달 임대소득을 가져다준다. 내가 일하지 않고 내가 투자한 건물이 나를 위해 일하는 아바타 역할을 하는 것이다.

나는 열심히 일을 해서 액티브 인컴을 창출하면서 삶의 보람과 성취감을 느끼고, 돈은 여러 곳에 투자되어 부를 창출할 수 있도록 해야 한다. 그래야 많은 부를 창출해낼 수 있다.

21세기 기업들은 거대한 시스템을 만들어 패시브 인컴을 창출하고 있다. 페이스북, 아마존, 애플, 구글, 화웨이 등 세계 최고의 혁신적인 기업들이 만들어낸 비즈니스 모델이 바로 패시브 인컴 창조 모델이다.

온라인 서점으로 시작해 세계 최대 온라인 유통 상점이 된 아마존은 '온라인 장터'라는 돈 버는 시스템을 만들어 매년 340억 달러 이상을 벌어들인다. 이 장터에는 100만 판매자들이 다양한 제품을 올려 아마존의 부를 창조해낸다.

다섯 번째 넥스트 패러다임은 초연결사회의 탄생이다. 아날로그 시대를 이어받은 디지털 시대는 개인을 전파 네트워크 세계로 이끌어내고 있다. 시간과 공간을 초월해 전 세계 어디에 있든지, 서로 연결되는 초연결사회를 탄생시켰다. 트위터에서 빌 게이츠의 팔로워(follower)가 되어 그의 의견을 받아볼 수도 있다.

빌 게이츠는 지난 2008년 세계경제포럼에 참석할 예정인 기자들을 상대로 사이버 기자회견을 했다. 그가 기자회견을 한 곳은 가상현실세계 '세컨드 라이프(http://secondlife.com)'였다. 전 세계 기자들은 자신의 아바타를 만들어 기자회견장에 몰려들었다. 기자들은 실제로 시간과 공간이 전혀 다른 곳에 흩어져 있었지만 인터넷의 가상세계를 통해 한 장소에서 만나 게이츠의 기자회견을 같은 시간에 청취할 수 있었다. 세컨드 라이프를 통해 전혀 모르는 사람들이 게이츠를 중심으로 연결됐다.

개인이나 기업들도 각국에 흩어진 사람들이 다양한 소셜 미디어와 비디오 컨퍼런스를 통해 연결되고 있다. 스마트폰으로 정보와 연결돼 있고 전화번호 하나로 지인은 물론 낯선 사람과도 손쉽게 연결된다. 페이스북과 트위터와 같은 소셜네트워크서비스에 연결된 사람은 친구들의 일거수일투족을 들여다볼 수도 있고 여론 형성에 동참할 수도 있다.

디지털 시대의 넥스트 패러다임이 된 초연결사회는 조직과 기업 경영의 많은 원칙을 바꾸고 있다. '초연결성'의 영향력은 막대하다. 초연결사회가 만들어내는 정보의 전파속도와 파괴력은 마케팅은 물론 기업과 개인의 평판에 막대한 영향을 준다.

초연결성의 또 다른 파워는 쌍방향 커뮤니케이션을 가능하게 만들었다. 기업이나 정부, 개인은 수요자가 무엇을 원하는지, 즉시 피드백을 끌어낼 수 있다. 하지만 초연결성의 반작용에 대한 우려의 목소리도 높다. 개인정보가 노출될 위험이 높고 잘못된 정보가 기업을 망하게 할 수도 있기 때문이다. 기업들의 무차별적인 불법 및 과장 광고, 스팸메일이 수요자들을 피곤하게 할 수도 있고 잘못된 사이버 만남으로 문제를 일으키기도 한다.

02 미래 패러다임
① Two-way의 수평 시대

수직사회가 수평사회로 변했다

20세기 산업화 시대를 규정하는 가장 큰 사회구조의 특징은 '수직 사회'였다. 사회 시스템은 물론 기업조직, 국가조직이 관등이나 직책의 상하관계, 차례와 순서, 상하질서, 즉 수직적 계급조직으로 짜여 있다. 수직사회 패러다임은 지난 1760년부터 계속된 산업혁명 이래 250년 넘게 지구촌을 지배하는 조직구조로 자리 잡아왔다.

'현대 사회학의 아버지'로 불리는 막스 베버(Max Weber)는 수직 사회의 조직구조를 관료제(bureaucracy)로 규정하고 관료제라는 단어와 개념을 만들어냈다. 그는 《사회 및 경제조직 이론(The Theory of Social and Economic Organization)》(1947)에서 "관료제가 조직의 능률과 합리성을 높일 수 있는 최고 조직제도"라고 주장한다.

베버는 당시 프로이센 군대의 조직구성을 분석해 관료제의 개념을 만들어냈다. 그래서 최고경영자를 뜻하는 CEO(Chief Executive Officer)에 장교라는 의미의 'Officer'가 들어 있다. 관료제에 속하는 모든 구성원은 군대처럼 직위와 서열, 역할에 따라 권한의 크기와 책임이 정해진다. 직위를 부여받은 조직원은 그 범위 내에서 생각하고 행동해야 한다.

피라미드 형태의 조직구조를 가진 관료제는 지난 세기 조직의 합리성과 전문성, 효율성을 살릴 수 있는 최고 제도로 많은 조직에서 사용됐다. 정부, 회사, 학교, 군대 등 거의 모든 기관에서는 계급에 따라 역할과 책임을 나눠 일을 처리해왔다. 다수협의체에 비해 상대적으로 매우 빠르게 내리는 의사결정 덕분에 산업화 시대에 매우 효율적인 조직구조로 각광받았다.

그 결과 급변하고 다양한 조직구조가 출현했고 21세기 사회가 산업사회와는 전혀 다른 조직구조를 요구하고 있음에도 사회는 여전히 산업화 시대에 만들어진 수직형 조직구조의 틀 속에 갇혀 있다. CEO-임원-부장-차장-과장-대리-사원, 장관-차관-국장-과장-일반 공무원 등으로 연결된 위계질서 속에서 생활하고 있는 것이다.

수평사회의 키워드는 '소통'이다

산업사회가 탄생시킨 관료제 조직구조는 조직의 구성원들이 서로 협동하면서 끊임없는 상호작용을 통해 조직이 원하는 목표를 달성하는 데 가장 효과적인 툴로 검증된 것들이다.

산업 시대에는 조직이 한 지휘자 또는 몇몇 지휘자의 카리스마와 절대권력을 토대로 일사분란하게 움직이면서 큰 성과를 만들어냈다. 이 때문에 관료형·수직형 조직은 산업화 시대였던 지난 200~300년 동안 조직과 사회, 국가, 기업의 뼈대를 구성하는 핵심 역할을 해왔고 지금도 그 위력을 발휘하고 있다.

그럼에도 관료제는 하급자가 상급자의 명령에 무조건 복종해야 하는 특성 때문에 상급자의 불합리하거나 잘못된 결정까지 따라야 하는 부작용을 일으켰다.

게다가 사회가 발전하면서 엄격했던 계급의식이 점차 사라지게 됐다. 나이나 계급에 상관없이 많은 사람들이 자신이 하고 싶은 말을 할 수 있는 사회분위기가 형성되면서 계급 간, 직급 간, 세대 간의 '소통'이 중요한 화두가 되기 시작했다. 연공서열이 파괴됐고 직책이나 나이보다 성과를 만들어내는 창조적 역량이 더 중요해졌다.

특히 인터넷이 등장하면서 사회는 본격적으로 '쌍방향' 시대를 맞게 됐고, 트위터, 페이스북과 같은 SNS의 등장은 수직사회를 수평사회로 전환시키는 기폭제 역할을 하게 됐다. 나아가 권위와 위계질서, 관료제, 카리스마가 지배하던 '수직사회 패러다임'을 흔들어놓았다. 권위보다 겸손, 고객·직원과의 소통 등 부드러움과 유연성이 CEO를 비롯한 리더들에게 중요한 리더십으로 떠오른 것이다.

이 결과 21세기 들어 수직사회의 일방형 시스템이 수평사회의 쌍방형 소통 시대로 급속히 패러다임이 바뀌었다. 특히 1990년 이래 수직사회는 소통이 키워드인 수평사회로의 대전환을 재촉하고 있다. 이른바 소통(communication)이 최고 가치로 떠오른 것이다.

기업과 조직을 이끄는 리더들은 소통이 중시되는 새로운 넥스트 패러다임, 즉 '수평형 조직', '수평사회'에 맞도록 조직을 리모델링해야 한다. 산업화 시대의 수직형 조직과 21세기가 요구하는 수평형 조직의 특성을 잘 접목해 조직과 회사에 적합한 최적의 조직 모델을 만들어내야 한다.

21세기는 20세기와는 달리, 카리스마보다는 부드러움, 명령보다는 설득과 공감, 지시보다는 설명, 연공서열보다는 창조적 역량, 이성적 요구보다는 감성적 호소가 더욱 큰 파워를 발휘할 것이다.

특히 21세기 사회는 기업과 고객, 상사와 직원, CEO와 임원, 직원과 직원, 기업과 시민단체, 국가와 국민 사이에 정보가 흐르는 '소통 시대'를 요구하고 있다.

수평권력이 수직권력을 대체하다

미래학자 제러미 리프킨은 《3차 산업혁명》에서 "제1, 2차 산업혁명은 수직적이어서 모든 권력관계가 피라미드 형태로 짜였지만 인터넷이 지배하는 21세기는 수평관계로 권력이 재편된다"고 예견하며, "따라서 수평권력이 수직권력을 대체하기 때문에 무한경쟁 시대에는 협력적 네트워크를 효율적으로 구축하는 리더나 조직이 성공 가능성이 높다"고 말한다.

지금까지 사회는 자본주의, 사회주의, 생산의 소유 등이 권력의 질서를 만들어냈지만, 인터넷 세대는 중앙집권화되어 있느냐, 하향식이냐, 독점화되어 있느냐, 폐쇄적이냐 등의 수직적 관점에서 세상을 보지 않는다.

대신에 분산형이냐, 협업에 기반해 있느냐, 투명하냐, 개방적이냐, 소통형이냐 등의 수평적 관점에서 바라본다. 이는 인터넷이 중앙집중적 권력구도를 수평적으로 바꿔놓았기 때문이다. 트위터나 페이스북에서 맺어지는 인간관계도 직급, 나이, 직업, 세대 등 수직적 질서와 무관하게 관심사 중심으로 질서가 만들어진다.

제러미 리프킨은 "제3차 산업혁명은 산업 시대의 마지막 편이자 앞으로 다가올 협업 시대의 첫 편이 될 것"이며 "사람들의 관점을 옮겨놓을 것이다"라고 말한다.

산업 시대에는 엄격한 규율, 근면한 노동, 상명하달식(上命下達式) 권위적 체제, 금융 자본과 소유권이 중시됐다. 하지만 수평 시대에는 협업, 창의성, 피어투피어(peer to peer) 상호작용, 사회적 자본, 개방형 공유체제, 글로벌 네트워크 등이 더욱 중요해진다.

수평사회가 창의성과 변화를 이끈다

· 수직사회와 수평사회의 특징 ·

항목	수직사회	수평사회
커뮤니케이션	일방형 · 직렬형(line)	쌍방형 · 병렬형(parallel)
조직구조	피라미드형	네트워크형
가치관	일 중심(실적 · 결과)	사람 중심(과정 · 내용)
능력평가	연공서열(경험 · 경력)	실력(혁신 · 창의력)
관리	명령 · 복종 · 통제	정보통합 · 협업
조직원	경쟁 · 충성	협조 · 대화
의사결정	품의제도	단위 완결형
정보유통	비공개	공개
권력구조	중앙집권	분권

'수평사회'로 바뀐 넥스트 패러다임은 우리 사회에 많은 변화를 안겨주고 있다. 특히 사용자가 직접 데이터를 인터넷상에서 생산하고 공유하도록 만든 인터넷 공간인 웹 2.0 시대가 열리면서 커뮤니케이션 방식을 일방형에서 쌍방형으로 바꿔놓았다. 명령과 복종, 딱딱한 위계질서가 만들어냈던 하이어라키(hierarchy 상하 · 서열관계), 권위주의는 소통을 중요하게 여기는 쌍방향 커뮤니케이션에게 주연 자리를 양보하게 되었다. 엄격한 서열과 위계질서를 토대로 일

사분란하게 움직여야 했던 조직은 평등이 중시되는 개방형 조직으로 변하고 있다.

획일성을 요구하던 사회는 다양성을 추구하고 명령과 복종에 의해 움직이던 사회는 개인의 창조적 역량, 개성이 중시되는 사회로 진화하고 있다. 중앙, 본사로 집중됐던 정치, 사회 권력은 지방, 팀 중심으로 분산되고 있다. 경험과 경력이 중시됐던 사회는 개개인의 혁신 마인드, 창조성이 강조되는 사회로 변화를 촉구하고 있다. 실적과 결과를 지나치게 강조하던 세상은 과정과 내용이 강조되는 사람 중심의 사회로 전환하도록 요구하고 있다. 또 소수의 권력층이 독점하던 비공개 정보는 이제 힘을 잃고 핵심 기밀까지 모두 공개되는 '열린 세상'이 되었다.

수평사회의 넥스트 패러다임이 커뮤니케이션의 메커니즘을 수직에서 수평으로 바꿔놓았기 때문이다. 즉 수평사회 패러다임의 변화와 창조가 수평사회의 새로운 질서로 혁명을 일으켰기 때문이다. 이 결과 세상을 지배해온 수직사회의 커다란 패러다임이 힘을 잃었으며 일방통행식 리더십이 자취를 감추었다. 권력은 상생 없이 존재하기 힘들어졌고, 수평으로 '납작한(flat)' 네트워크형 조직이 되었다.

쌍방향 수평조직을 만드는 기업이 성공한다

기업조직을 수평형으로 전환한 기업들이 뜨고 있다. '고어텍스(Go-re-tex)'라는 기능성 의류 생산업체인 미국 고어(W.L. Gore & Asso-ciates)사는 직원 수 9,000명, 31년 이상 연속 흑자를 낸 부채 제로 (0)의 초일류회사다. 그런데 이곳에는 일을 시키는 '보스'가 없다.

이 회사는 중간 매개체 없이 전 직원 간에 직접 의사소통이 이뤄지는 수평조직 '격자형(lattice) 경영구조'가 특징이다. 창립자인 빌 고어(W.L. Gore)가 고안해낸 이 구조는 직원들이 고용주와 종업원 간의 상하관계로 연결된 것이 아니라 동등한 수평관계인 '완전 수평형 매트릭스 조직'이다.

직급이나 직원별 직무기술서는 물론 관리 범위, 보고 체계, 조직도 등이 없다. 직속상사 개념도 '보스'도 없다. 직원들에 대해서는 종업원(employee)이라는 말 대신 동업자(associate)라고 부른다. 직원들이 자신의 직책도 스스로 정한다. 이 때문에 고어사에는 '고객만족 최고사령관'이란 직책이 자연스럽게 사용되고 있다.

업무는 프로젝트마다 소규모 팀이 결성됐다가 해체되는 식으로 진행되며, 동업자들은 지위에 상관없이 팀원 채용 결정권을 가진다. 마찬가지로 조직원들이 리더도 선정하고 선택한다. 팔로워에 의해 리더가 선택돼야 한다고 믿기 때문이다. 현재 CEO인 테리 켈리(Terri Kelly) 역시 2005년 동료들에 의해 선출되었다.

조직원은 누구든지 아이디어를 낸다. 만일 A씨가 아이디어를 내서 채택되면 아이디어를 낸 A씨가 프로젝트를 직접 설명해 참여할 사람을 모집한다.

미국의 홀푸드마켓(Whole Foods Market), 구글, 애플, 스타벅스, 시스코(Cisco), 브라질의 셈코(Semco) 등도 마찬가지다. 스타벅스는 직원들을 종업원이 아닌 '동업자(partner)'라 부르고, 셈코사에서는 직원들이 자신의 근무시간을 스스로 결정한다. 평일에 휴가를 내고 해수욕을 하든, 주말에 근무를 하든 모두 직원의 권리다. 세계적 네트워크 기업인 시스코는 수평적 의사소통형 조직구조를 만들어 직원들의 도전적이고 창의적인 아이디어를 끌어낸다.

이들 기업은 20세기 경영학의 유산을 그대로 따르지 않는다. 팀장은 감시하고 팀원은 감시당한다는 고정관념을 완전히 깨버렸다. 자율적인 조직, 소통하는 조직, 창조성이 살아 숨 쉬는 조직구조로 협업하는 메커니즘을 만들어 실천하고 있다.

기업들은 두터운 조직 계층이 개인의 창의성을 억누른다고 판단해 상호 소통하는 수평형 조직, 수시로 필요한 조직을 만들고 해체하는 아메바형 조직, 생각이 흐르는 조직으로 리모델링을 서두르고 있다.

세계적인 경영전략의 대가 게리 하멜(Gary Hamel)은 저서 《경영의 미래(The Future of Management)》(2008)에서 "기업 내의 복잡한 절차는 까다롭고 자유분방한 인간의 본성을 기준과 규칙에 순응하도록 강요해왔다"며 "인간의 상상력과 창조성을 살릴 수 있는 새로

> 66
>
> 인간의 상상력과 창조성을
> 살릴 수 있는 새로운 형태의 조직을
> 고민해야 한다
>
> 99
>
> 게리 하멜

운 형태의 조직을 고민해야 한다"고 강조한다. 톰 피터스 또한 "창
조성이나 혁신이 숨 쉬게 하려면 조직을 수평형으로 리모델링하는
게 좋다"고 말한다.

 [Weekly BIZ] 딜로이트가 제시하는 조직 전략 '애즈원'

 TEDxGrandRapids – Michael Strong – Innovate: Experience

글로벌 플랫폼 기업이 뜬다

애플, 구글, 페이스북, 트위터 등 떠오르는 기업들의 공통점은 무엇
인가? 그것은 바로 '소셜'을 토대로 거대한 활동무대, 기차를 타고

내릴 때 사용하는 공간과 같은 플랫폼을 만들어 고객들이 수시로 만날 수 있는 '쌍방향'을 구현하고 있다는 점이다. 플랫폼이란 다양한 제품이나 서비스가 창출되는 공간을 말한다.

GM은 1920년대에 업계 1위였던 포드자동차를 따라잡기 위해 플랫폼 전략을 처음으로 사용했으며, 다양한 모델을 개발하기 위해 여러 모델에 공통적으로 사용할 수 있는 기본 플랫폼을 만들어 경쟁력을 높일 수 있었다. 1980년대에 소니도 3개의 워크맨 생산 플랫폼을 만들어 250종 이상의 다양한 모델을 만들어낼 수 있었다. 세계 최대 온라인 상점인 아마존은 글로벌 온라인 마켓을 만들어 물건을 저렴하게 사고 싶은 사람들을 몰려들게 만들었다.

애플은 '아이튠즈', '앱스토어'의 두 플랫폼으로 고객과 기업을 쌍방향으로 연결하고 있다. 애플이 만들어낸 플랫폼은 앱 개발자와 사용자를 연결하는 운영체제와 앱스토어를 결합해 폭발적인 위력을 발휘했다.

구글은 인터넷이란 웹 포털과 모바일 웹을 토대로 사용자들을 플랫폼 속에 머물도록 붙들고 있다. 특히 검색 서비스를 제공하고 이들 서비스를 이용하기 위해 플랫폼에 몰려든 네티즌들을 비즈니스 대상으로 활용했다. 나아가 광고주와 네티즌들을 연결하는 알고리즘으로 이익을 창출했다.

페이스북이 '글로벌 플랫폼' 기업인 애플과 구글에 도전장을 내밀었다. 페이스북은 내 꽃과 같은 버추얼 아이템 구매 기능, 전용

결제 수단 제공 등의 기능을 통해 외부 개발자들에게 비즈니스 활동을 할 수 있게 하는 플랫폼 역할을 하고 있다. 글로벌 플랫폼의 선두주자인 애플과 구글을 맹추격하고 있다. 또한 페이스북 친구끼리 무료로 통화하거나 방송 콘텐츠를 볼 수 있는 '페이스북 폰', '페이스북 TV' 등의 플랫폼을 만들어 쌍방향을 구현할 방침이다.

플랫폼 기업에 입점해 성공신화를 만든 대표적인 기업은 미국의 소셜 게임업체 징가(http://zynga.com)와 음악 스트링업체 스포티파이(http://www.spotify.com)다. 징가는 페이스북에 '팜빌'과 '시티빌'이라는 게임을 시작해 미국 상장기업으로 발전했고, 별도의 사이트를 만들어 사업하던 스포티파이는 페이스북에 입점한 이후 사용자가 700만 명이나 늘면서 쾌속성장하고 있다. 페이스북이 만들어놓은 플랫폼의 힘을 활용해 성공신화를 만들어낸 것이다.

플랫폼은 이처럼 개발자와 사용자, 판매자와 구매자가 만날 수 있는 공간으로 수요자와 공급자가 쌍방향으로 상호작용을 할 수 있도록 함으로써 매출을 일으킨다.

 Zynga Reveals New Platform

 Inside Zynga

 Spotify. The soundtrack to Your Social Life

기업 성장의 신무기는 '오픈 소스'이다

캐나다 토론토에 소재한 금광회사 골드코프(Goldcorp)는 1999년에 파업과 금광산의 고갈로 파산에 임박했다. 급기야 회사는 채굴업에 아무 경험이 없는 뮤추얼펀드매니저 롭 맥이웬(Rob McEwen)에게 넘어갔다. 회사를 인수한 맥이웬 사장은 "금광 개발만이 살길"이라며 1,000만 달러를 지원해 전방위적으로 탐사 프로젝트를 시작했다. 대부분의 직원들은 사장이 미쳤다고 생각했다.

하지만 탐사는 계속됐고 깊은 땅속까지 시굴했다. 놀랍게도 몇 주 후 지질학자들은 골드코프가 채굴하는 현재 금광의 약 30배나 되는 새로운 금광이 개발될 수 있다고 보고했다. 하지만 그 후 수년간 계속된 탐사에도 아무런 성과가 없었다.

좌절감에 빠진 맥이웬 사장은 해결점을 찾던 중, 리눅스 개발자들이 소프트웨어의 코드를 공개해 수천 명의 전문 프로그래머들을 끌어들여 새로운 컴퓨터 운영체제를 완성한 사례에 주목하고, 금광 탐사 과정을 모두 공개하기로 결정한다. 어디서 금을 찾아낼 수 있을지 전 세계 지질학자들에게 공개적으로 묻기로 한 것이다. 이를 위해 직원들이 1948년부터 수집한 모든 자료를 공개하기로 했다. 하지만 사내 지질학자들의 반대가 심했다. 광산업은 은밀한 산업이므로 지질 자료를 공개하는 것은 어리석다는 논리였다.

맥이웬 사장은 흔들리지 않았고 드디어 2003년 3월에 총 57만 5,000달러의 상금이 걸린 '골드코프 챌린지' 콘테스트를 열었다. 골드코프가 개발 중인 약 2만 2,248m²(6,730만 평) 광산에 대한 모든 정보를 홈페이지에 올렸다. 효과는 컸다. 50여 개국에 흩어졌던 전문가 천여 명이 몰려 110곳의 후보지를 찾아냈다. 새로운 후보지의 80% 이상에서 무려 220톤의 금이 쏟아졌다. 매출 1억 달러의 회사는 90억 달러의 거물기업이 됐다.

맥이웬 사장은 "회사 내부의 직원들만 매달렸다면 불가능했던 금광 탐사가 외부 세계와의 대규모 협업 전략 덕분에 탐사기간을 2~3년 단축할 수 있었다"고 강조한다.

기업 밖의 자원을 회사 안의 자원처럼 활용하는 '오픈 소스(Open Source)[a]' 전략이 기업 성장의 새로운 무기가 되고 있다.《위키노믹스(Wikinomics)》(2006)의 저자 돈 탭스코트(Don Tapscott)는 "수십억 명을 네트워크로 연결하는 대규모 협업이 혁신이나 부의 생성은 물론 사회 발전까지 이끌고 있다"고 말한다. 대규모 협업이란 기업이 혼자 힘으로 문제를 해결하는 게 아니라 회사 밖 자원(인재와 생산시설)을 효율적으로 활용해 가치를 창출하는 방법을 말한다.

이 같은 성공은 기업이 혼자의 힘으로 해법을 찾은 게 아니라 IT를 활용해 쌍방향을 구현했기 때문에 가능한 일이었다.

---

a 오픈 소스(Open Source)
기업 밖의 자원을 회사 안의 자원처럼 활용하는 경영전략. 인력과 생산시설의 한계를 극복할 수 있다.

One Company: Thousands of Stories

쌍방향 윈윈 모델을 찾아라

온라인 최대 백과사전 위키피디아도 협업의 산물이었다. 50개국의 네티즌들이 5년 만에 200년 역사의 브리태니커사전의 정보량을 능가하는 인터넷 백과사전을 탄생시켰다. 능력이 뛰어난 '집단지성'이 대거 참여해 백과사전의 패러다임을 바꾼 것이다.

인텔은 2001년 봄, 버클리 캘리포니아대와 시애틀 워싱턴 근처에 연구소를 설립했다. 산학협업의 시너지 효과를 낼 수 있는 최고 대학을 선택해 그 대학 교직원들의 두뇌를 활용하기 위해서였다. 연구소는 대학교 연구원들에게 연구비를 지급해 공동연구를 진행한다. 예상보다 성과가 좋아 카네기멜론대와 영국 케임브리지대 근처에도 연구소를 추가해 '협업 연구소'를 만들었다.

'오픈 소스'를 기반으로 한 윈윈 협업 모델이 기업경영의 새로운 모델이 되고 있다. 이베이와 아마존의 성공도 협업 모델에서 비롯됐다. 두 회사는 다른 쇼핑몰과 연계할 수 있는 'SW 개발자 생태계'를 만들었다. 원하는 기업은 누구든지 이베이와 아마존 사이트의 제품 데이터베이스에 연결할 수 있게 했다.

두 회사는 다수의 기업과 쌍방향으로 연결될 수 있는 플랫폼을 만들어 이 플랫폼으로 상생할 수 있는 '쌍방향의 넥스트 패러다임'을 구현한 것이다. 이 때문에 두 회사를 정보기술 플랫폼 회사라고도 부른다.

아마존은 2012년 7월, 클라우드 컴퓨팅[a]을 앞세워 한국시장 공략에 나섰다. 아마존의 서비스 모델은 '아마존 웹 서비스(AWS; Amazon Web Services)'다. 기업이 서버 컴퓨터 같은 값비싼 장비를 직접 구입하는 대신 아마존이 만들어놓은 플랫폼, 즉 AWS를 싼 값에 빌려 쓸 수 있도록 한 것이다.

예를 들어, 온라인 게임을 개발하는 회사는 지금까지 게임을 서비스하기 위해 값비싼 서버 컴퓨터를 사야 했다. 하지만 게임 이용자가 예상보다 적으면 투자비 손실이 발생한다. AWS를 이용할 경우 게임회사는 실제 이용자의 수만큼 사용료를 지불하기 때문에 과잉투자를 하지 않아도 된다.

이 같은 이베이와 아마존의 쌍방향 플랫폼 덕분에 외부 SW 개발자들은 저렴하게 비즈니스를 시작할 수 있고 큰 이익을 창출해낼 수 있었으며, 나아가 이베이와 아마존을 효율적으로 쇼핑할 수 있는 SW를 만들어낼 수도 있었다. 이 결과 외부 매출이 급증했고 아

---

a **클라우드 컴퓨팅**(Cloud Computing)
인터넷을 이용한 정보기술(IT) 자원의 주문형 아웃소싱 서비스. 클라우드(Cloud)로 표현되는 인터넷상의 서버에서 데이터 저장과 처리, 네트워크, 콘텐츠 사용 등 IT 관련 서비스를 한 번에 제공하는 혁신적인 컴퓨팅 기술이다.

마존과 이베이의 전자상거래 동력은 더욱 강력해졌다.

이제 기업들에는 핵심역량을 강화하기 위해 전 세계 두뇌와 생산시설에 대한 오픈 소스의 지혜가 필요하다. 오픈 소스는 서로에게 필요한 지식을 쌍방향으로 연결해주는 핵심기능을 제공하기 때문이다.

쌍방향 리더가 돼라

기술이 진화하고 소셜 미디어가 등장하자 리더들은 리더십의 변화를 요구받고 있다. 가장 중요한 변화 중 하나는 이해관계자들의 목소리가 소셜 미디어를 매개로 높아졌다는 점이다.

이에 따라 기업인과 정부 관계자, 정치인들의 의사결정을 갈수록 어렵게 하고 있다. 페이스북과 트위터와 같은 소셜 미디어 사용자들이 다양한 의견을 표출하면서 사회변화에 막강한 영향력을 행사하고 있기 때문이다.

아랍세계에서 2011년 진행된 '재스민혁명'과 같은 정치 변화, 영국과 미국에서 시작된 분노 시위 등은 소셜 미디어의 영향이 컸다.

'아랍의 봄'이라 불리는 혁명 과정에서 트위터와 페이스북은 일반 국민들을 연결했을 뿐만 아니라 국민들과 세계를 연결하는 미디어 역할을 했다. 기존 미디어가 정해진 방송시간에만 제한적으로 정제된 정보를 제공한다면 소셜 미디어는 실시간으로 거의 모든 정

보를 있는 그대로 내보냄으로써 전통 미디어보다 더 흥미진진한 생중계가 가능하다. 이 같은 파괴력을 앞세워 SNS가 온라인 공간뿐만 아니라 현대 사회의 정치, 경제, 사회, 문화, 환경을 근본적으로 바꾸고 있다.

소셜 미디어가 이 같은 영향력을 갖게 된 원동력은 기존의 전통 미디어가 해결해주지 못했던 쌍방향성에서 찾을 수 있다. 기존 미디어가 신문사나 방송사에서 생각했던 아이디어나 정보를 일방향으로 푸시했다면 소셜 미디어는 쌍방향의 소통채널로 그 역할이 확대됐기 때문이다.

《세계는 평평하다(The World is Flat)》(2006)의 저자인 토머스 프리드먼(Thomas L. Friedman)은 "당신이 CEO이든, 대통령이든, 일방형 대화(one-way conversation)가 통용되던 시대는 끝났다"고 단언한다. 과거처럼 CEO나 리더가 직책이 제공하는 권위와 카리스마,

권력을 활용해 조직을 통솔하던 시대는 끝났다는 지적이다. 조직원들과 국민의 목소리에 경청하지 않고 일방적으로 자신의 생각을 강요하거나 지시하는 리더십은 끝났다는 의미다.

그렇다면 어떤 리더십이 필요할까? 프리드먼은 리더와 조직원, 국민 사이에 대화가 통하고 이야기가 되는, 소통이 이뤄지는 리더십이 해법이라며 "따라서 우리는 모두 쌍방향 대화(two-way conversation)로 소통하는 리더가 되어야 한다"라고 말한다.

강연도 쌍방향식으로 바뀌고 있다

'일방형 커뮤니케이션'의 대표적인 사례 중 하나가 학교 강의다. 교사가 수많은 학생들 앞에서 자신의 의견을 일방적으로 제공한다. 대중 연설도 마찬가지다. 한 명의 연사가 다수의 청중을 대상으로 자신의 생각을 일방적으로 전달한다. 강의 내용이 SNS를 통해 실시간으로 다수의 네티즌들에게 중계되기도 하지만 이제 '일방형 강의'는 설자리를 잃고 있다.

대신에 관객이 마이크를 잡고 질문을 던지고 연사는 관객과 소통하는 토론식 쌍방향이 더욱 각광을 받고 있다. 이제 강사라면, 일방적으로 콘텐츠를 던지는 것이 아니라 청중이 듣고 싶은 이야기를 제공하는 쌍방향 연사가 되어야 한다. 기업은 고객이 원하는 제품과 서비스를 내놓기 위해 고객과 쌍방향으로 소통해야 한다.

학교 교육의 모델도 변하고 있다. 산업화 시대의 교육 모델은 교수 중심의 학습(push)이었지만 21세기는 학습자 중심의 학습(pull)을 요구하고 있다.

산업화 시대는 대량생산이 사회의 패러다임이었기 때문에 학교 교육도 사회가 요구하는 생산성 높은 인재를 키워내야 했다. 이에 따라 동일한 내용의 획일적 교육으로 인간을 공산품 찍어내듯이 키워냈다.

이 과정에서 주입식 교육이 교육 모델이 됐고 자연스럽게 창의력이나 비판력을 기르는 토론식, 탐구식 학습은 뒷전으로 밀렸다. 교사는 지식의 전달자(push)로, 학생은 수동적으로 전달받는 역할에 머물렀다.

그러나 21세기 초경쟁사회가 되면서 사회는 다양성과 창조성을 요구하고 있다. 사회의 다양한 요구를 충족시킬 인재교육을 기대하고 있다. 이른바 사회와 학생이 요구하는 '풀 교육', 즉 '쌍방향 교육'을 요구하고 있는 것이다.

과거의 텔레비전과 사이버 강의는 일방형의 모델이었다. 이 모델 또한 쌍방향이 가능한 IPTV, 스마트TV 등으로 진화하고 있다.

TED(http://www.ted.com)는 '18'분이라는 짧은 시간 안에 핵심지식을 강연하는 지식나눔 강좌다. 미국의 비영리 재단 TED가 '퍼뜨릴 만한 가치가 있는 아이디어(Ideas worth spreading)'를 표방하며 1984년에 시작했다. '기술(technology)', '엔터테인먼트

(entertainment)', '디자인(design)' 분야를 주축으로 심리학, 철학, 과학, 음악, 미술, 운동, 종교, 교육 등 전 분야의 지식을 고루 전해준다.

이러한 재능기부를 통해 무료로 강연되는 TED 강의는 영상파일 '테드토크'를 통해 인터넷으로 무료로 배포되어 조회 수가 10억 회를 넘는 대히트를 쳤다.

TED는 어떻게 성공을 거둘 수 있었을까? 모든 강의와 자료들이 인터넷을 통해 공개되었기 때문이다. 매력적인 강의를 만들기 위해 청중과 쌍방향 소통채널을 만들고 청중들이 다양한 아이디어를 공유할 수 있도록 아이디어, 질문, 토론 등의 'TED 대화' 코너를 만들어 TED 홈페이지를 쌍방향 플랫폼으로 만들었다. 회원 가입 시 청중이 꼭 듣고 싶어 하는 콘텐츠, 확산될 가치가 있는 아이디어 등을 받아들여 그들이 원하는 내용을 정확히 강의로 만들어 제공한다.

듣고 싶은 강의가 있으면 키워드 검색을 통해 수많은 전문가들이 제공하는 다양한 아이디어를 맞춤형으로 청취할 수 있다. 강의는 콘텐츠의 질에 초점이 맞춰져 있어 감동을 자아내고 인터넷과 네티즌들의 인적 네트워크를 통해 급속도로 확산된다. 영어로 된 동영상은 자원 번역가들이 해당 국가의 언어로 번역해 동영상을 널리 배포하는 데 동참한다.

청중이 듣고 싶은 내용을 받아들여(pull) 쌍방향으로 그들이 원하는 내용을 그대로 제공(push)했다. 이른바 고객과 쌍방향으로 소통하는 의견청취-제공, 즉 '풀&푸시의 법칙'을 작동시켰던 것이다.

Mike Matas: A next-generation digital book

 Marco Tempest: The magic of truth and lies (and iPods)

 Lucy McRae: How can technology transform the human body?

03 미래 패러다임
② Pull 시대

글로벌라이제이션 3.0 시대가 열리다

〈뉴욕타임스〉의 칼럼리스트 토머스 프리드먼은《The World is Flat 3.0》에서 우리가 사는 현재의 세상을 '세계화 3.0 시대'로 규정하고 있다.

15세기 말에서 18세기 말 사이는 국가 중심의 '세계화 1.0' 시대였다. 국가가 힘을 앞세워 중상주의 시대를 열면서 세계화의 포문을 열었다.

이어 산업혁명 이후 19~20세기 말까지 기업들이 세계화의 첨병 역할을 했다. 다국적기업들이 전 세계로 시장 확대에 나섰던 때가 바로 '세계화 2.0' 시대였다. 기업들의 활동영역이 세계무대로 넓어지면서 세계를 연결하는 운송수단과 정보통신기술이 획기적으로 발달하게 됐다. 세계화 2.0의 영향으로 세계는 더욱 좁아졌다.

지금은 개인들이 세계화를 주도하는 '세계화 3.0' 시대에 살고 있다. 네트워크로 연결된 개인들이 전 세계적으로 아이디어를 공유하고 정보를 유포시킨다. 개인은 글로벌 시민이 되어 전 세계를 무대로 활동하며 원하는 나라의 대학에서 공부하고 원하는 도시에서 거주한다.

개인은 한 지역이나 국가 안에서 제품과 서비스를 구입하는 게 아니라 아마존닷컴과 애플의 앱스토어에서 필요한 상품을 구입하는 글로벌시장의 고객으로 활동한다. 세계화가 진화 중인 것이다.

세계화 주체의 넥스트 패러다임

국가(세계화 1.0) ⇨ 기업(세계화 2.0) ⇨ 개인(세계화 3.0)

20세기 글로벌 다국적기업들은 글로벌 표준화를 지상과제로 간주했다. 본국에서의 성공 모델을 그대로 해외 진출 전략에 활용했다. 한마디로 기존의 경영전략과 생산설비를 현지 진출 기업에 단순히 '복사해 붙이는(cut & paste)' 전략으로, 기존 성공 모델을 제3의 장소에 일방적으로 접목하는 '푸시'의 일방통행식 경영이었다. 세계화 1.0과 세계화 2.0의 주체는 국가와 기업으로 이러한 기관들이 파워의 중심에 있었기 때문이다. 이들 기관은 말 그대로 공급자였기 때문에 공급자 중심의 사고(push, 기관의 생각을 강요)를 시장에 대입하려 했다.

하지만 21세기에 들어 개인의 목소리가 높아지면서 개인이 파워의 중심세력으로 부상했다. 이에 따라 고객이 기업경영의 최우선 고려대상으로 떠오른 것이다.

실제로 '푸시경영'은 21세기를 앞두고 대실패를 거듭했다. 1995년 브라질에 진출해 대실패를 경험했던 월마트의 사례가 대표적이다. 월마트는 미국 소매시장을 석권했던 방식대로 브라질 상파울루의 가장 목 좋은 자리에 창고형 대형 할인매장을 개설했다.

판매하는 제품도 미국 내에서의 인기품목인 야구와 골프용품이 대부분이었다. 결과는 참패였다. 적자를 내고 철수해야 했다. 현지 국민의 선호도 차이가 만들어낸 결과였다.

전략을 바꾼 월마트가 2000년대 중반에 선택한 방식은 '풀경영'이었다. 상대가 무엇을 원하는지를 최우선 사항으로 고려하고 현지인들의 의견을 쌍방향(interactive)으로 듣기 시작했다. 월마트라는 이름 대신 '또도 디아(Todo Dia, '날마다'라는 뜻)'라는 브랜드를 채택해 브라질 고객들에게 친근하게 다가갔고, 매장 용품도 브라질 전통 음식재료 등 현지인의 기호에 맞췄다. 대형 매장 대신 소규모의 점포 위주로 진출하는 등 현지인들의 입장을 먼저 생각한 이 같은 '풀 전략'은 성공으로 이어졌다.

경영 원칙의 넥스트 패러다임

- 푸시 전략 ⇨ 풀 전략

- 일방형 전략 ⇨ 쌍방향 전략
- 공급자 중심 전략 ⇨ 수요자 중심 전략

이렇듯 경영의 원칙이 달라지고 있다. 이미 검증되고 성공한 경영전략과 생산설비, 제품, 서비스를 단순히 다른 시장에 적용하는 일방통행식 전략은 이제 생명력을 잃었다. 지역별, 고객별 시장 참여자의 요구사항을 서비스와 제품 개발에 반영하지 않으면 안 된다. 특히 고객의 요구를 찾아내 이를 충족시키는 쌍방향식 경영은 넥스트 패러다임의 핵심이다.

 세계화 3.0 시대

푸시 시대의 쇠퇴, 풀 시대가 시작되다

푸시와 풀의 두 가지 전략은 물류와 공급망 관리 전략에서 유래했지만 요즘은 마케팅 용어로도 널리 사용된다. 고객들은 일반적으로 시장에서 자신들이 필요한 제품이나 서비스에 대한 정보를 당겨간다(pull). 백화점을 방문하거나 인터넷 검색, 방송 · 신문 · 잡지, 소셜 미디어 등이 정보를 얻는 중요한 원천이 된다. 반면에 기업은 고객들에게 그들의 제품과 서비스에 대한 정보를 푸시한다. 광고를 하거나 이벤트, 뉴스 생산, 영업사원, 사보 등을 통해 다양한 정보를 제공한다.

산업화 시대에는 '푸시 제품'이 주로 만들어졌다. 공급자인 기업이 고객의 요구를 예상해 기업의 생각대로 제품을 만들어 시장에 내놓았다. 특히 폐쇄형 개발 모델인 독자적인 연구개발(R&D; Research and Development)을 통해 시장을 놀라게 하는 전략을 구사했다.

하지만 이렇게 탄생한 제품이 고객의 니즈를 충족시키지 못했을 때 투자비에 대한 기업의 출혈이 컸다. 이에 따라 시장에서 실패하지 않는, 고객이 실제 원하는 제품이 무엇인가를 먼저 생각하게 됐다. 제품을 만들기 전에 고객의 생각을 먼저 읽을 수는 없을까를 고민하게 된 것이다. 시장에 나오면 팔릴 수 있는 '검증된 제품'을 만들기 위해서다.

이렇게 탄생한 제품이 바로 '풀 제품'이다. 이 제품은 개발 전에 고객의 요구사항을 모두 반영해 수요에 대한 전망을 토대로 탄생한다. 따라서 실패확률이 상대적으로 낮다. 제품을 개발할 때 개발자가 모든 비용을 떠안는 폐쇄형 개발을 하는 것이 아니라 개발자가 잘할 수 있는 핵심역량에만 집중하고 나머지는 다른 기업의 역량을 활용하기 때문이다. 연구개발과 전혀 다른 연결과 개발(C&D; Connect & Develop) 또는 연결과 창조(Connect & Create) 전략을 사용한다.

내가 가진 역량을 다른 사람의 것과 연결시켜 새로운 것을 개발하고 창조해냄으로써 개발 비용과 실패 비용을 크게 줄이는 것이다.

푸시-풀 전략(Push-Pull Strategy)[a]은 홍보에서도 널리 사용된다. 만일 광고주가 텔레비전이나 라디오를 통해 홍보를 하면 수요자는 광고주가 푸시하는 일방적인 광고만을 접하게 된다. 이에 비해 전화나 인터넷을 통해 커뮤니케이션이 이뤄지면 광고주는 수요자와 쌍방향으로 소통할 수 있다. 다시 말해 공급자는 수요자가 무엇을 원하고 있는지, 이에 대한 정보를 얻을 수 있다.

아이튠즈의 등장은 풀 시대를 앞당겼다. 과거의 음악 애호가들은 푸시 시대에 살았다. 음반 제작 업체들이 일방적으로 CD나 카세트테이프에 푸시해서 넣어놓은 음악을 들어야 했다. 이 때문에 CD나 카세트테이프에 담겨 있는 노래 가운데 듣기 싫은 것은 잠자코 들어야 하거나 뛰어넘어야만 했다. 하지만 푸시 시대에서 풀 시대로 바뀌면서 음악 애호가들은 자신이 듣고 싶은 음악만 골라들을 수 있는 시대를 맞게 됐다. 넥스트 패러다임인 '풀 전략'은 공급자가 아닌 수요자의 니즈 중심으로, 내가 아닌 상대방 중심으로, 세상을 바라보는 관점을 바꿔놓았다.

---

a **푸시-풀 전략(Push-Pull Strategy)**
경영 용어인 푸시(push)와 풀(pull)은 마케팅과 광고 영역으로부터 시작되었다. 그러나 온라인 콘텐츠와 체인 관리 등에도 적용할 수 있다. 푸시-풀은 상품 또는 정보와 그것을 옮기고자 하는 자의 관계이다. 생산자가 고객을 향해 상품을 '푸시'하는 동안 고객은 '풀'하여 상품을 자신에게 가져온다.

왜 이 같은 패러다임의 변화가 불가피하게 일어났을까. 경영의 구루 프라할라드(Coimbatore Krishnarao Prahalad)가 제시한 것처럼 21세기는 'N=1(고객 수=1)'이라는 개인별 맞춤형 서비스를 요구하고 있기 때문이다. 고객과 시장은 100마일의 속도로 변하고 있는데, 기업이 70~80마일의 속도로 고객과 시장을 뒤따라가면 결코 성공할 수 없다. 기업(공급자)은 고객과 시장이 원하는 생각의 속도와 같거나 한발 앞서가야 한다.

기업과 공급자의 생각을 먼저 강요하는 '푸시 시대'가 저물고 고객과 시장의 생각을 먼저 읽어내야 하는 '풀 시대'가 넥스트 패러다임이 된 것이다.

개인과 쌍방향 소통, 풀 시대가 이끈다

21세기 모든 기업은 기본적으로 '풀 전략'을 구사한다. 기업이 어떤 의사결정을 내릴 때 고객의 니즈와 생각을 먼저 읽는 것이 핵심 전략이 됐기 때문이다. 이에 따라 21세기 기업들은 인터넷이나 소셜 미디어의 쌍방향성을 활용해 소비자의 생각을 먼저 읽는 소통의 시대를 열고 있다.

이탈리아 자동차회사인 피아트(Fiat)는 불황에 오히려 잘나가는 회사가 됐다. '대화형 광고'를 통해 고객과 소통하면서 제품의 우수성을 알리고 고객의 의견을 제품 개발과 개선에 적극적으로 반영하기 때문이다.

이 회사는 고객에게 '가상 쇼핑'의 즐거움을 제공한다. 인터넷 홈페이지에 엔진에서부터 휠까지 모든 옵션을 가상으로 장착해볼 수 있어 클릭 몇 번이면 자신이 갖고 싶은 차량을 맞춤형으로 조립해볼 수 있다. 조립이 끝나면 자동차 가격도 자동으로 산출된다.

나이키는 고객이 원하는 '나만의 맞춤형 신발'을 디자인해보고 주문할 수 있는 웹사이트(www.nikeid.com)를 운영한다. 온라인을 통해 소비자들이 직접 색상과 소재를 선택할 수 있도록 함으로써 고객이 디자인한 신발을 만들어 배달해주고 있다. 하나밖에 없는 '나만의 신발'을 만들어주는 전략으로 곧 대박을 터트렸다.

1995년 단돈 300달러를 투자해 인터넷 서점으로 시작한 아마존(amazon.com)은 어떻게 오프라인 최대 서점인 '반스앤노블(barnes & noble)'을 압도하며 인터넷 최대 기업이 될 수 있었을까? 온라인 서점에서 이룬 성과를 토대로 티파니 보석상품, 휴대전화, 글로벌 명품, 자동차까지 판매하는 일류 회사로 진화할 수 있었던 전략은 무엇일까?

여기에는 '소비자 참여', 알고 보면 고객을 직원처럼 이용하는 풀 전략이 숨어 있다. 21세기 고객들은 매우 적극적이다. 제품이 좋으면 사진을 찍어 개인 블로그나 소셜 미디어를 통해 이 사실을 알린다. 음식점을 찾은 고객은 음식이 맛있고 서비스가 만족스러우면 그 식당을 추천하고 메뉴를 인터넷에 소개한다.

기업이 고객에게 단 한 푼의 수고비를 주지 않는데도, 고객이 직원처럼 자발적으로 제품 사용에 대한 후기를 올리는 것이 특징이다. 이는 스마트폰과 소셜 미디어가 등장해 쌍방향 세상을 탄생시킨 데 따른 고객들의 참여정신이 만들어낸 결과다. 고객들의 이러한 특성에 기업들은 주목해야 한다. 고객들이 제품과 서비스를 마케팅하는 영업사원처럼 활동할 수 있도록 해야 한다.

이 같은 소비자의 참여를 이끄는 풀 전략을 이용해 쌍방향 시대를 연 주인공은 아마존의 창업자 제프리 베조스(Jeffrey Bezos) 회장이다. 제품의 품질은 어떤지, 회사의 서비스 만족도는 어떤지 등 '고객 평가(customer review)' 란을 만들어 별(★) 표시를 하도록 했다. 동시에 제품 사용에 대한 의견까지 간단히 적을 수 있도록 했다. 고객의 참여를 이끌어낸 이 방식은 놀라운 위력을 발휘했고, 세계 최초의 인터넷 서점은 난공불락의 인터넷 종합쇼핑몰로 도약했다. 나아가 새로운 유통혁명을 일으켰다.

베조스 회장은 "고객들은 구매 결정에 도움을 줄 의견을 필요로 한다"며 "소비자들이 만나서 의견을 교환할 수 있는 인터넷 커뮤니티가 바로 구매 결정을 도와주는 이웃과 같은 존재"라고 말한다. 제품 사용자의 의견은 어떤 제품에 문제가 있는지 구매자들의 판단을 도와주기 때문이다.

 Design my own nike's

Jeff Bezos: After the gold rush, there's innovation ahead

고객과의 다접점 '축구공조직'을 만들라

경영컨설팅회사 노스 리버 벤처스(North River Ventures)의 창업자 프랜시스 매키너리(Francis McInerney)는 21세기 조직은 '축구공조직'이 돼야 한다고 강조한다.

'축구공조직'이란 고객과의 접점을 최대한 넓혀 그것을 통해 고객의 정보를 최대한 많이 받아들이고 고객과 소통하는 조직을 말한다. 결국 고객과 쌍방향으로 통하는 '다(多)접점'을 구축할 때 기업과 조직의 미래가 밝아진다는 이야기다.

한때 표류하던 일본의 거대기업 마쓰시타를 살려낸 경영기법도 축구공형 조직을 만든 데 있었다. 내쇼날, 파나소닉 등의 수많은 브랜드를 앞세워 '시대를 대표하는 초일류기업'으로 도약했던 마쓰시타는 1990년대 들어 조직이 비대해지면서 위기를 맞았는데, 이때 매키너리의 권고에 따라 축구공경영을 도입했다.

이는 모든 권력은 고객으로부터 나온다는 기본 신념을 토대로 하고 있다. 축구공조직을 만들기 위해 마쓰시타는 포괄적인 사업부제를 파괴해 '도메인 컴퍼니제'를 도입했다. 회사의 초점을 좁혀 구체적인 업무 중심으로 사업부를 '도메인(업무영역)'으로 분할하고 전원에게 '하나의 시장에는 한 개의 도메인'이라는 메시지를 실천하도록 했다. 업무영역과 책임의 중복성을 없애고 4개의 사업영역으로 재편해 책임소재와 지휘계통을 분명히 했다.

마쓰시타는 고객 중심으로 경영의 초점을 전환했다. IT를 활용해 관료적인 체제를 해체했으며, IT에 근거해 의사결정을 신속히 했다. 그 결과 조달, 생산, 판매 속도 등 경영의 의사결정을 앞당겨 세계 동시 생산, 발매의 효용성을 추구했다. 인터넷을 통해 기업과 고객, 공급업체, 기업 내부가 원활하게 소통하면서 분권화된 평면조직, 즉 축구공조직을 구현했던 것이다. 확보된 고객 정보를 신속하게 받아들여 이를 성과 창출에 연결했다.

이를 통해 현금화 속도(재고일수+외상판매대금 일수-외상구매대금 일수)를 5일 이하로 앞당기고 자본수익성(총자본 대비 영업이익률)을 20% 이상으로 높이는 두 가지 목표를 달성할 수 있었다.

매키너리는 "축구공조직을 만드는 것은 고객과의 접점을 최대한 늘리는 경영"이며 "기업들은 그 접점을 통해 고객의 정보를 받아들이고 고객과 소통(two-way)하는 시스템을 구축해야 한다"고 강조한다. 고객과의 접점이 많고 짧을수록 기업은 더 많은 가치를 창출할 수 있기 때문이다.

특히 기업은 고객과의 접점을 확대하는 방법을 고민하고, 접점을 통해 확보된 고객 정보와 니즈를 회사경영에 바로바로 반영하는 사내 매커니즘을 만들어야 한다. 그렇다면 어떤 방식으로 고객과의 접점을 확대할 것인가? 어떻게 조직을 개편해야 고객과의 접점이 늘어날까? 접점이 많은 '축구공조직'은 어떻게 구축할 것인가? 매키너리는 네 가지를 제시한다.

- 조직을 평면적으로 만들라
- 조직을 분권화하라
- 조직 계층 구조를 넷 이하로 줄여라
- 민원에 민첩한 조직을 만들라

속이 빈 축구공은 모든 표면이 땅바닥과 접한다. 기업조직도 땅바닥, 즉 고객과 직접적으로 접할 수 있도록 단순하게 만들 필요가 있다. 그렇게 해야 고객의 니즈를 읽어 신속하게 대응함으로써 수익성을 유지하고 시장점유율을 확대할 수 있다.

축구공조직은 구조가 단순하기 때문에 기업 안팎에서 정보를 원활히 소통시킬 수 있다는 게 가장 큰 장점이다. 또한 커뮤니케이션 경로가 단축되기 때문에 조직 내 정보공유가 빨라진다.

열림이 닫힘을 이겼다

SNS의 선구자였던 싸이월드가 왜 페이스북 앞에서 무력해졌을까? 전문가들은 그 이유로 페이스북의 '개방성(openness)'을 들고 있다.

> 페이스북의 성공요인은 소셜네트워크
> 서비스의 특징인 개방성과
> 사회적 가치를 증진시킨 데 있다

마크 주커버그

페이스북은 각종 개발환경을 일반 모두에게 공개해 모든 앱과 게임이 페이스북 플랫폼과 연동할 수 있는 길을 활짝 열어주었다. 나아가 뉴스와 방송, 다른 SNS에 올라온 글까지 모두 옮겨와 다양한 정보를 교류할 수 있도록 무대를 만들었다.

이 결과 네티즌들은 플랫폼을 효율적으로 활용하기 위해 창의성을 발휘해냈다. 한마디로 페이스북의 개방성은 플랫폼을 무한대로 확장하도록 하는 기폭제가 됐다. 개방성이 네티즌들의 창조적인 발상을 자극했고, 페이스북은 네티즌들이 내놓은 창조적인 아이디어를 받아들여 SNS의 제왕이 될 수 있었던 것이다.

반면에 싸이월드는 미니홈피라는 틀 안에 갇혀 개인을 홍보하는 데 머무르게 됐다. '폐쇄성'이 발전의 발목을 잡은 것이다. 공급자가 형식과 포맷을 정해 네티즌들에게 제공했던 '푸시 법칙', 즉 폐쇄성은 '풀 법칙' 앞에 굴복하고 말았다.

페이스북의 창업자 마크 주커버그(Mark Zuckerberg)는 "페이스북의 성공요인은 소셜네트워크서비스의 특징인 개방성과 사회적 가치를 증진시킨 데 있다"며 "사회적 가치를 증진시키기 위해 더욱 노력할 것"임을 강조한다.

하지만 개방성은 '사이버 윤리'에 대한 문제점을 낳고 있다. 애플과 구글은 서로 다른 정책을 사용한다. 애플은 앱 장터인 앱스토어를 폐쇄형으로 운영하고 있는 데 반해, 구글은 플레이스토어(옛 안드로이드마켓)를 개방형으로 운영한다. 따라서 애플은 앱 개발자가 앱스토어에 앱의 등록을 요청하면 이를 심사해서 등록 여부를 결정해준다. 반면에 구글은 앱 개발자들이 자유롭게 앱을 만들어 플레이스토어에 올릴 수 있도록 한다.

이는 사이버 윤리 측면에서 큰 차이를 만들어낸다. 앱스토어에서 제공하는 앱은 심사과정을 거치기 때문에 욕설, 폭력, 성매매 등과 관련된 비윤리적인 앱의 등록에 제동이 걸리는 반면, 플레이스토어에는 음란물 등 사이버 윤리를 무너뜨리는 애플리케이션이 범람한다. 이 때문에 개방성(pull)과 폐쇄성(push)의 장·단점을 결합하는 방식이 갈수록 중요해지고 있다.

BBC Mark Zuckerberg Inside Facebook

사용자의 창조적 아이디어를 끌어당겨라

평범한 컴퓨터 프로그래머였던 크레그 뉴마크(Craig Newmark)가 취미로 시작한 무료광고 사이트인 크레이그리스트(www.craigslist. org)는 미국 최대의 온라인 커뮤니티가 되었다.

크레이그리스트는 커뮤니티 리더로 유명했던 뉴마크가 1995년에 미국 샌프란시스코 주변의 이벤트들을 모아 게시판에 올리면서 시작됐다. 다양한 주제별로 다양한 정보를 제공하며 온라인 벼룩시장 역할도 한다. 2001년부터는 비영리단체로 전환해 발생된 사회사업에 사용한다.

더 중요한 것은 크레이그리스트가 아마존이나 이베이보다 방문객 수가 더 많다는 점이다. 크레이그리스트는 직원이 30명이기 때문이다. 아마존의 2만 명, 이베이의 직원 1만 6,000명과는 차이가 크다. 이 커뮤니티의 성공비결은 어디에 있을까? 그것은 바로 웹 2.0의 핵심가치인 쌍방향과 풀 법칙을 구현했기 때문이다.

커뮤니티에는 주택, 구직, 룸메이트 구하기, 이웃의 개를 산책시켜주는 사람 또는 인터넷 업계의 최근 소문을 알려주는 각종 정보가 쌍방향으로 살아 숨 쉰다. 온갖 생활정보를 매우 손쉽게 얻을 수 있다. 고객들 스스로 찾아오도록 만들었고 고객 스스로 다양한 정보를 올릴 수 있도록 풀 법칙을 사용했기 때문이다.

성공은 쌍방향 정보의 흐름과 사용자들이 스스로 제공하는 온갖 정보에서 나왔다. 동시에 커뮤니티 성공의 핵심인 재미와 유용성을 강화해 네티즌들이 스스로 몰려들게 만들었다.

소통을 추구하는 커뮤니티는 고객에게 운영방식을 물어볼 정도로 열린 소통방식을 따라야 한다. 열린 소통의 무대를 만들어놓으면 무대 설계자는 고객의 독창적인 정보를 받아, 즉 '풀 법칙'을 작동시켜 커뮤니티를 성공적인 공간으로 탈바꿈할 수 있다.

 Web 2.0 Summit 2010: Mark Zuckerberg, "A Conversation with Mark Zuckerberg"

 24 hours on craigslist

04 미래 패러다임

③ Heartstorming 시대

'우뇌경영'이 위기경영의 해법이다

100년 만의 위기로 일컬어지는 글로벌경제위기 이후 세계적인 기업의 리더들이 선택한 해법은 '감성 리더십'이다. 위기에 처한 경제 상황에서는 직원 해고만이 능사가 아니라 직원의 마음을 얻어 다시 뛸 수 있는 힘을 쌓는 게 더욱 현명하다는 판단에서다. 대량 해고는 단기적으로 회사 비용을 줄여 불황을 타개할 수 있지만 직원의 사기를 떨어뜨려 결국 위기를 악화시킬 위험성을 안고 있다. 그렇다면 어떤 방법으로 위기에서 벗어날 수 있을까?

미국의 사우스웨스트항공은 불황이 엄습하자 '무해고(no lay off)'를 선언했다. 직원들을 최우선으로 생각한다는 회사의 믿음을 그대로 실천한 것이다. 미국 최대 택배회사인 페덱스, 〈포춘〉 선정 500대 기업인 철강 기업 누코르, 북미의 도요타 등도 무해고 방침을 천명했다. 세계 최대 인터넷검색 업체인 구글의 공동 창업자 래리 페이지(Larry Page)와 세르게이 브린(Sergey Brin), 최고경영자 에릭 슈미트(Eric Schmidt) 등은 연봉을 1달러만 받겠다며 스스로 고통감수에 앞장섰다. 미국 증권거래위원회(SEC; Securities and Exchange Commission)에 따르면 이들 3명은 지난 2004년 구글이 기업공개를 한 뒤부터 보너스나 주식도 받지 않고 연봉 1달러 원칙을 고수하고 있다.

이들은 이미 부를 성취한 대주주이자 경영자로서 '수익'보다 '존경심'으로 회사를 이끌기 위해서 이런 방식을 취했다. 직원의 마음을 움직여 더욱 발전하는 회사를 만드는 게 중요하기 때문이다.

세계 132개국에서 고정 시청자 2,000만 명을 확보했던 전설적인 버라이어티쇼 프로그램의 진행자 오프라 윈프리(Oprah Winfrey)는 어떻게 성공할 수 있었을까? 사람들은 시청자의 가슴을 울리는 '하트스토밍'에 있었다고 분석한다. 당시 라이벌이었던 CBS의 〈필 도나휴 쇼(The Phil Donahue Show)〉는 교과서 같은 방송으로 명성을 날리고 있었지만 윈프리는 시청자의 마음을 사로잡는 '감성 전략'으로 도나휴 쇼의 명성을 곧 무너뜨렸다.

경제위기 이후 감성의 중심지인 우뇌를 움직이는 '우뇌경영'이 새로운 비즈니스 모델로 각광을 받으면서 모든 비즈니스 원칙을 바꾸고 있다. 기업과 직원, 직원과 고객, 기업과 고객, 상품과 고객의 관계를 '감성'이라는 화두로 묶는다. 직원들의 상상력과 창의성, 몰입과 열정을 일깨우는 우뇌 전략으로 경영 패러다임을 바꾸는 것이다.

우뇌경영은 디자인을 앞세워 고객의 오감을 자극하고 강한 브랜드를 만들어 고객의 신뢰를 사로잡는다. 제품과 기업, 창업자에 대한 스토리텔링(story-telling)으로 고객들을 입소문 마케팅에 끌어들이고 있다. '감성 리더십'으로 기업과 조직을 이끄는 '우뇌경영'이 21세기 기업경영의 새로운 패러다임이 되고 있다.

 한국 사례-아모레퍼시픽과 KT의 '휴먼 감성소통 마케팅'

 CEO@Smith: Jim Parker, Southwest Airlines(excerpt)

 'The Oprah Winfrey Show' Give One Couple the Royal Treatment with Disney

 The Oprah Winfrey Show - Michael Jackson mother and children

 The Phil Donahue Show-Marilyn Manson

 The Phil Donahue Interview-Ayn Rand

'좌뇌경영'이 저물었다

산업화 시대는 '좌뇌 시대'였다. 이성과 합리성을 지배하는 좌뇌의 파워를 앞세워 철저한 과학적 계산법으로 미래를 예측해 기업들은 성공을 만들어냈다. 경제학, 경영학과 관련된 모든 학문들이 수요와 공급법칙에서 알려주는 '합리적 기대 가설[a]'을 토대로 만들어졌다. '좌뇌경영' 시대에 사람들의 머릿속을 지배하는 제품 구입의 판단기준은 '가격(price)'이다. 이 때문에 기업들은 가격차별화 전략을 통해 원가를 낮추는 저가 경쟁에 뛰어들었다.

하지만 21세기 고객들은 '가격'이라는 합리성에 따라 구매를 결정하지 않는다. 제품이 갖고 있는 브랜드 명성, 디자인 역량, 시장의 유행, 개인 선호도 등 비합리적인 개인의 감성적 요인에 의해 구매가 결정된다. 이른바 합리적 판단을 하는 고객의 좌뇌적 판단을 '우뇌'가 지배하는 것이다.

20세기에는 미래를 예측하는 중심에 통계가 있었다. 하지만 통계는 과거의 것이다. 특히 21세기는 통계의 신뢰도 95%가 지배하는 게 아니라 통계 밖의 오차 5%가 세상을 지배하는 '블랙 스완'의 세상이 되었다. 이에 따라 글로벌 리더들은 21세기는 좌뇌 토대 위에

---

a 합리적 기대 가설

경제 주체들이 의사결정을 내릴 때 최선의 정보를 토대로 한다는 이론으로, 뮤스(Muth, J.)에 의해 주창되었다. 이 가설에 따르면 사람들은 경제정책상의 조치와 그 조치에 내포되어 있는 의미를 매우 신속하고 정확하게 평가하고 예측하기 때문에 그에 따라 행동하면 예상된 경제조치는 효과가 없다는 것이다. 루카스(Lucas, R.), 사전트(Sargent, T.), 테일러(Taylor, J.B.) 등이 거시경제정책 분야에 응용하면서 발전됐다.

우뇌의 옷을 입히는 기업이 승리한다고 말한다. 창의력과 사람들의 감성을 울리는 우뇌경영 전략이 더 높은 가치를 창출해내고 있기 때문이다.

《새로운 미래가 온다》의 저자 다니엘 핑크는 이제 좌뇌의 힘만으로는 21세기의 승자가 될 수 없다고 단언한다. 그는 사람들의 우뇌, 즉 감성을 자극해 위기 후 다가올 새로운 기회를 잡는 게 중요하다고 강조한다. 나이키와 같은 기업들이 소비자의 감성을 자극하는 전략으로 일류기업을 만들었다면 경제위기에는 직원의 기를 살려 충성심을 이끌어냄으로써 새로운 혁신이 샘솟도록 하는 전략이 특효약이라는 진단이다.

 David Pink awhole new mind

이성보다 직관을 중시하라

그렇다면 우리는 어떻게 고객의 공감을 찾아낼 것인가? 팻나이크는 "컨설턴트를 고용해 고객이 원하는 바를 알아내거나 조직적으로 문제를 풀어나가려고 하기보다는 경영자나 직원이 갖고 있는 직관(intuition)에 의존하라"고 조언한다.

예를 들어, 나이키는 경영자뿐만 아니라 직원 모두가 운동을 즐기는 사람들이다. 직원들이 고객처럼 회사 제품을 입고 고객 입장에서 제품 개선사항을 탐색한다. 직접 뛰고 느끼고 숨 쉬며 자신들의 고객이 원하는 사항을 정확히 찾아낸다. 이를 통해 자신과 고객 사이의 일치된 '공감'을 찾아내 소신 있게 이를 제품에 반영한다. 기업의 성공은 당연한 것이다.

팻나이크는 애플이 아이폰 열풍을 몰고 온 것도 공감의 결과라고 설명한다. 그는 "사람들은 아이폰이나 아이패드와 같은 아이디어를 자신들도 갖고 있었다고 주장하지만 그들과 스티브 잡스의 차이는 실행의 유무에 있었다"고 말한다. 스티브 잡스는 시장의 공감을 찾아내 자신의 직관을 믿고 끝까지 실행에 옮겼다.

팻나이크는 이성적인 부분이 중요하지 않다고 말하지는 않는다. 그는 "이성적인 판단과 감성적인 능력 모두 중요하다"며 "위기 이후 감성적인 공감 능력이 소비자에게 차지하는 비중이 더욱 커지고 있다"고 분석한다.

지난 50년간 세계경제는 이성적 측면에만 의존해 발전을 거듭해왔다. 앞으로의 시대는 이성적인 측면을 토대로 감성을 주입해야 한다. 팻나이크는 "고객을 위한 직관이 더욱 중요해지고 있다"며 "이성적인 것, 숫자와 분석에 지나치게 의존하는 태도를 버려라"고 충고한다.

그렇다면 공감 능력의 적은 무엇일까? 팻나이크는 "공감 능력의 가장 큰 적은 성공"이라며 "성공하는 기업들은 조직이 복잡해지면서 고객과 공감하는 능력을 상실하는 경향이 있다"고 말한다. 소니가 실패한 원인도 조직이 너무 복잡해지면서 소니가 제공하려는 일관성 있는 공감 능력을 상실했기 때문이라고 설명한다.

 Authors@Google: Dev Patnaik

기업들이여, 서비스를 버려라

"이제 서비스란 단어를 버려라."

커피 하나로 전 세계 시장을 제패한 스타벅스의 창업자 하워드 슐츠(Howard Schultz) 회장은 2000년 CEO 자리를 내놓고 물러났다. 그러자 스타벅스의 주가가 42%까지 떨어지고 적자로 돌아서는 등 회사가 휘청거리기 시작했다.

급기야 그는 2008년 1월, 스타벅스의 구원투수로 복귀했다. 복귀하자마자 그가 던진 메시지는 "서비스를 버려라"였다. 커피를 파는 서비스회사가 '서비스'를 버리면 어떻게 고객을 만족시킬 수 있단 말인가? 서비스를 대신할 수 있는 또 다른 '무엇'이 있다는 말인가? 그가 서비스 대신에 찾아낸 것은 바로 '관계(connection,

relationship)'라는 단어다. 슐츠 회장은 고객과 어떤 가치로 연결고리를 만들어내느냐가 서비스회사의 미래 생존 키워드라고 강조한다.

지금까지의 서비스는 상냥하게 미소 지으며 친절하게 고객 응대만 잘하면 되는 것으로 간주됐다. 그러나 슐츠 회장이 생각하는 신(新)서비스는 고객과 끊임없이 연결고리를 만드는 것이다. 그는 페이스북과 트위터와 같은 소셜 미디어가 지배하는 세상에서 고객과의 '관계 맺기'를 통해 위기를 돌파하려 했다.

주문을 받는 매장 직원들이 고객을 향해 상냥하게 "무엇을 주문하시겠습니까?"라고 묻는다면 이것은 친절한 서비스에 불과하다. 하지만 어떤 손님이 꽃을 들고 매장에 찾아와 커피를 주문할 때 "오늘 좋은 일 있으신가 봐요?"라고 물으면 고객과 매장 직원 사이에 새로운 대화, 즉 관계가 시작된다. 주문을 받는 일은 '관계 맺기'가 끝난 뒤에 해도 된다는 뜻이다.

"오늘 우리 아들 졸업식인데, 이 녀석이 상을 받아", "우와! 정말 축하드려요". 매장 직원이 던진 '관계 맺기'의 말 한마디에 고객은 금세 미소를 띠게 된다. 딱딱한 업무가 '관계'로 바뀌는 순간이다. 이런 한마디가 바로 '감성경영'의 시작이며 고객과 매장 직원 간의 접점을 만들어내고 단골고객으로 만들 수 있는 힘을 창출해낸다. 이것이 바로 슐츠가 말하는 고객을 향한 '인간관계(Human Connection) 맺기 전략'이다. 제품을 매개로 고객과 교감하고 함께 웃으며 고객의 삶을 풍요롭게 해주는 것이다.

 Howard Schultz on Leadership

 Voices of Experience – Howard Schultz

 Starbucks Customer Service

'관계 맺기'는 성공확률을 높인다

'관계 맺기' 전략으로 성공한 사례는 미국 오토바이의 대명사 할리 데이비슨(Harley-Davidson)에서도 찾아볼 수 있다. 1980년대 중반

80여 년의 전통을 자랑하던 할리데이비슨은 혼다, 스즈키 등 일본계 회사의 공세에 밀려 시장 점유율이 급락하며 도산 위기에 처했다. 결국 정부의 보호 관세에 힘입어 극적으로 도산을 모면했다.

이 회사가 선택한 전략은 '관계 맺기'를 통한 고객 끌어당김(pull)의 전략이었다. 할리데이비슨은 고객을 직원화하는 역발상으로 성공을 거둔 대표적인 예이다. 이 회사는 할리데이비슨 오토바이를 가진 마니아 그룹 호그(HOG; Holey Owners Group)의 광적인 동호회 모임을 적극적으로 지원했다. 직원들이 모임에 참가해 고객들의 이야기를 듣는, 즉 고객의 이야기를 받아들이는 '풀 방식'으로 고객과의 접점을 확대해나갔다. 그 결과 고객들은 직원처럼 활동하기 시작했다. 제품 개선이나 잠재적 신상품, 서비스에 대한 고객의 속마음을 털어놓기 시작했다. 직원들은 고객을 제대로 이해할 수 있게 됐고 고객의 아이디어는 제품 제작에 곧바로 반영됐다. 고객의 충성도는 갈수록 높아질 수밖에 없었다.

할리데이비슨은 이와 같은 '관계 맺기'의 고객 관계(CM; Customer Management) 강화를 통해 시장 점유율을 40% 이상 유지하면서 20년 연속 흑자를 기록하는 회사로 거듭났다. 할리데이비슨이 당시 위기를 극복하기 위해 사용했던 전략은 고객의 마음을 얻는 하트스토밍 전략이었다. 한마디로 고객과의 정서적인 관계 강화, 공감 확대가 기업의 경쟁력을 높여준 것이다.

21세기의 기업은 적극적으로 고객 커뮤니티와 소비자 행사에 참여해 고객이 능동적으로 기업 활동의 주체로 참여하도록 행동을 유발해야 한다. 고객과 연결된 '고리(connection)'가 자발적인 제언, 평가, 추천, 제품 구매 등으로 이어지기 때문이다.

 할리 데이비슨-Over 30 ways to change your life

직원들 마음, 감성을 흔들라

리더십과 변화관리 분야의 세계적 권위자인 존 코터(John Kotter) 하버드대 교수는 저서 《위기감을 높여라(A Sense of Urgency)》 (2008)에서 "성공하는 조직을 만들려면 무사안일주의(complacency)를 타파하고 위기감을 고조시켜라"고 말한다. 이어서 "이때 중요한 것은 조직원의 감성을 움직이는 기술"이라고 강조한다. 조직에 위기가 엄습해도 궁극적으로 조직원들의 마음이 움직이지 않으면 행동으로 옮기기 어렵기 때문이다.

따라서 코터 교수는 "백 마디의 논리적 설명보다 한 마디의 설득이 사람의 마음을 움직인다"고 강조한다. 생각을 뜻하는 한자 '사(思)'는 밭(田)과 마음(心)으로 구성된 합성어로, 밭은 인간의 숨골, 즉 이성을 뜻하며 이를 마음이 지탱하고 있다. 본래 '생각'이란 감성의 기초 위에 이성이 작동하는 것이라는 설명이다.

코터 교수는 "결국 생각이 제대로 일어나게 하려면 먼저 마음이나 감성을 움직인 다음 논리를 통해 이성이 작동하도록 해야 한다"고 말한다. 마음이 움직인 뒤 논리가 따라야 생각이 온전하게 완성된다는 뜻이다.

그렇다면 마음을 어떻게 움직일 것인가? 코터 교수는 '경험담'이 마음을 움직인다고 말한다. 위기를 극복한 다른 기업의 사례, 위기극복 과정에서 나타났던 직원들의 구체적인 행동, 그들이 겪은 소중한 경험들이 마음을 움직이는 촉매제 역할을 하기 때문이다. 특히 다른 기업의 위기 극복 또는 실패 사례는 더 큰 영향을 준다.

외부 사례는 외부에서 일어나는 일과 내부에서 보고 느끼는 것 사이의 간극을 메우는 역할을 하기 때문이다. 내부 시각만으로 내부를 바라보면 문제점을 찾아낼 수 없다. 이 때문에 코터 교수는 "추상적인 이론보다 구체적인 위기 사례를 제시해 조직 내 위기감을 높여

직원들의 감성을 움직이는 것이 혁신의 출발점이자, 무사안일을 타파하고 위기를 뛰어넘는 위기경영의 해법"이라고 조언한다.

 [Weekly BIZ] "존 코터 교수가 뽑은 리더십이 탁월한 CEO"

 The Importance of Urgency

자본주의가 진화한다

자본주의의 모델 자체가 진화하고 있다. 경쟁원리를 통해 부를 창출하는 전략으로서의 자본주의가 상대적 박탈감과 불평등을 해소하는 수단으로 인식되는 것이다. 자본주의의 진화 모델에 불을 지핀 사람은 전략경영의 구루 마이클 포터 하버드대 교수다. 그는 기업경영을 두 개의 가치 창출 관점에서 바라본다. 하나는 사회 공익에 필요한 사회적 가치의 창출이고, 다른 하나는 이익을 창출해내는 경제적 가치(Economic Value, Profit)의 창출이다.

포터는 두 개의 가치를 모두 담는 '공유가치(Shared Value)'를 창조하는 것이 자본주의의 다음 모델이라고 강조한다. 이 같은 공유가치의 창출 실행 로드맵으로 MS의 창업자 빌 게이츠는 '창조적 자본주의'을 제시한다. 게이츠는 "21세기 기업은 이익만을 탐닉하는 전통적인 자본주의를 버리고 시장의 힘과 작동원리를 활용해 가난한 사람들이 필요로 하는 것을 자본시장의 메커니즘으로 해결하자"고 제안했다.

그는 지난 2008년 6월, MS에서 은퇴한 뒤 '빌&멜린다 게이츠 재단'을 통해 아내와 창조적 자본주의를 실천하고 있다. 미국의 위대한 IT혁명가였던 게이츠가 직접 '자본주의 개혁가'로 뛰고 있는 것이다. 그는 자본주의가 '더 친절하고 더 따뜻한' 자본주의로 진화해야 함을 역설한다.

"자본주의가 인류의 삶을 향상시킨 것은 사실이지만 지구상의 인구 절반이 그 혜택으로부터 소외되고 있다."

"21세기의 자본주의는 이윤만을 추구하는 자본주의가 아니라 하루에 1달러도 없어 굶주리는 사람들의 빈곤문제도 해결할 수 있어야 한다."

– 2008년 1월 24일, 스위스 '다보스 세계경제포럼' 기조연설에서

2008년 7월 31일, 미국 시사주간지 〈타임〉에 게재됐던 게이츠의 생각을 들여다보자.

"자본주의는 수많은 사람들의 생활을 향상시켜줬다. 그럼에도 이 세상에는 수많은 사람들이 소외된 채 살아가고 있다. 정부나 비영리 단

체들이 그들을 돕는다면 너무나 긴 시간이 걸릴 것이다. 그렇지만 기업들이 시장의 힘으로 보다 많은 사람들이 더 잘살 수 있도록 하는 일을 하면서 이익을 얻을 수 있도록 한다면, 세계적인 빈곤과 질병 문제를 쉽게 해결할 수 있을 것이다.

이것이 내가 생각하는 창조적 자본주의다. 창조적 자본주의란 어떤 커다란 새로운 경제이론이 아니다. 자본주의 자체를 부정하는 것도 아니다. 어떻게 자본주의의 이윤을 보다 효과적으로 널리 사용할 수 있을까, 자본주의가 제공할 수 있는 삶의 질 향상을 어떻게 소외된 사람들에게 제공할 수 있을까에 대한 답을 제공하는 하나의 방법이다."

- "창조적 자본주의", 〈TIME〉 기고문

인도계 경제학자 프라하라드는 《저소득층 시장을 공략하라(The Fortune at the Bottom of the Pyramid)》(2002)에서 세계 인구의 3분의 2에 해당하는 가난한 사람들이 5조 달러의 구매력을 갖고 있다고 말한다.

이동통신사인 사파리콤(Safaricom)은 저소득층 케냐인들에게 봉사할 수 있는 방법을 찾는 가운데, 사용자들이 분 단위가 아니라 초 단위로 요금을 내도록 서비스 방법을 바꿨다. 농부들이 근처 시장에서 가장 좋은 값을 받을 수 있는 시장을 휴대전화로 찾을 수 있도록 하고, 휴대전화로 돈을 송금할 수 있도록 했다. 그 결과 휴대폰 사용자는 이제 1,000만 명을 돌파했다. 일본의 스미토모화학은 자

신들의 기술을 탄자니아의 한 섬유공장에 나눠줬다. 말라리아 퇴치
에 기여하고 있을 뿐만 아니라 수백만 개의 모기장을 생산해 돈도
벌고 있다.

  빌 게이츠 하버드대 졸업식 연설문

 Michael Porter: Creating Shared Value

 아프리카 사파리콤 '엠페사' 모바일 결제의 '흑진주'

고객의 오감을 충족시켜라

모토로라는 1983년 9월, 세계 최초로 1세대 휴대폰 '브릭(Brick)'을 개발한 회사다. 특히 무선전화기를 처음으로 만들어 모바일시장을 개척한 주인공이지만 '디자인 기업'을 만드는 데는 실패했다.

혁신적인 '엔지니어링 기업문화'로 신제품 개발과 제품 기능 향상을 이끄는 데 앞장섰지만 디자인을 기업문화의 중심으로 자리 잡게 하는 데 실패했던 것이다. 이 결과 휴대폰시장에서 존재감 없는 기업이 됐고, 세계 휴대폰시장의 점유율 3위로 밀려 결국은 휴대폰사업을 구글에 매각하는 신세가 되고 말았다.

고객의 주문을 받아 판매하는 유통혁명으로 저가 컴퓨터를 판매해 성공한 델컴퓨터도 마찬가지다. 각양각색의 디자인을 시도해본 적이 없다 보니 시장에서 갈수록 밀리고 있다. 최근 디자인 제품을 선보이고 있지만 여전히 '디자인이 부족한 기업'으로 남아 있다.

21세기, 꿈과 감성이 지배하는 '드림 소사이어티'에 사는 고객들은 정서적 체험, 시각적 아름다움을 중시한다. 타이거 우즈 같은 선수는 될 수 없지만 그와 똑같은 옷을 입고 싶어 하고 샤넬, 루이비통 같은 명품 핸드백을 원한다.

컴퓨터 사용자인 사람을 더욱 배려하고 소통할 수 있는 '감성형 기술'을 갖춘 '감성SW'가 SW산업의 미래를 만들어내고 있다. 버튼형 기술이 기계적이라면 터치스크린, 동작인식 기술은 감성SW로 분류된다. 사람과 대화하듯 휴대전화를 활용할 수 있는 개인비서

SW인 아이폰의 '시리(Siri)' 또한 감성SW라고 말할 수 있다.

넥스트 패러다임이 텍스트(text)와 사운드(sound) 중심에서 비주얼(visual)과 터치 등 감성이 중요한 패러다임으로 자리 잡으면서 산업계에도 '오감경영' 바람이 불고 있다.

오늘은 우리 회사가 판매하는 제품과 서비스가 고객이 만지고 입고, 먹고, 보고, 듣는 체험에 얼마나 큰 만족감을 주고 있는지 생각해봐야 할 것 같다.

시각, 촉각, 청각, 미각, 후각 등 오감을 활용한 마케팅이 고객들을 사로잡고 있다. 백화점과 마트는 오전 11시부터 1시 사이, 오후 4시부터 폐점시간까지 시식코너를 이용해 고객을 유혹한다. 계절감각을 살리기 위해 가을이면 상점들은 단풍잎을 활용하거나, 식당은 디저트로 홍시를 제공한다. 유통업체의 경우 오전에는 클래식 음악을, 낮 12시~오후 2시 사이엔 팝송을 틀었더니 매출이 15% 이상 늘었다는 통계도 있다. 광고의 영향력이 커지면서 고객의 눈과 귀, 마음을 사로잡을 수 있는 영화 속 화면 같은 3D애니메이션 기법, 스토리텔링 기법이 공격적으로 사용되고 있다.

오감이 중요해지면서 산업계는 형태나 색상 등 시각 중심에서 디자인의 콘셉트를 청각이나 후각, 촉각까지 확장시키고 있다.

아우디는 '상쾌한 냄새'와 '듣기 편한 엔진 소리'가 나도록 자동차를 디자인해 고객의 후각과 청각을 세뇌시키고 있다. 영국 가구회사인 컨투어 모벨은 소파의 쿠션을 누르면 장미나 라벤더 향을 맡을 수 있도록 디자인해 '아로마 소파'를 내놓았다. 애플과 삼성전자 등 IT제품 생산회사는 버튼에서 터치스크린으로 작동방식을 전환해 사용자와 제품 간의 물리적 교감을 중요한 포인트로 삼는다. 이른바 사용자가 '손맛'을 느끼는 진동과 터치 등 촉각 감응 기술이 새로운 패러다임을 만들어내고 있다.

오감은 상품에만 적용되는 게 아니다. 기업들은 고객이 제품을 구입하거나 즐기기 위해 방문하는 공간 자체를 오감경영의 대상으로 확장하고 있다. 제품 자체에 오감 요소를 적용하는 단계에 그치지 않고 그 제품에 대한 구매가 일어나는 장소 자체를 '오감형 구매센터'로 리모델링하고 있는 것이다.

스웨덴 최대 가구회사인 이케아는 매장을 제품을 파는 공간이 아니라 쇼핑객들이 '즐길 수 있는 공간'으로 바꿨다. 탁아시설, 카페테리아, 생활용품 테스트, 식당 등 다양한 편의시설을 갖춰 다양한 오감체험이 가능하도록 했다. 세계 최대 항공기 제조회사인 보잉은 엔지니어와 생산라인 작업자가 함께 일하며 교감할 수 있도록 '공감경영'을 실시해 공정 소요시간을 22일에서 11일로 단축시켰다.

나이키, P&G, BMW, HP 등의 글로벌 기업들이 고객의 오감을 자극하는 데 초점을 맞춰 새로운 패러다임을 만들어가고 있다.

 Motorola Early 90's Cell Phone Demo

Martin Cooper - Inventor of cell phone(Mobile phone)

 SW산업 최근 핵심 이슈인 "감성SW, 빅 데이터, 클라우드"

 Apple iPhone 4S TV Ad Date Night

 apple iphone 4s siri ad

소비자의 마음을 움직이는
마케팅 전략을 구사하라

미국 최대 시장조사업체인 JD파워(JD Power and Associates)는 '2012 브랜드 충성도' 조사에서 현대자동차의 재구매율이 64%를 기록해 글로벌 자동차 브랜드 중 1위라고 발표했다. 60%로 3위에 머물렀던 2011년보다 두 계단 뛰어올라 당시 재구매율 62%의 1위 기업 포드와 혼다를 2위로 밀어냈다.

현대자동차는 어떻게 이 같은 결과를 만들어낼 수 있었을까? 세계적인 컨설팅회사 맥킨지는 현대차의 마케팅 전략에 대해 고객의 감성을 공략한 '마케팅 전략의 승리'라고 말한다. 현대차는 2009년 1월, 경기침체로 실직을 걱정하는 미국 소비자들을 향해 '자동차

구매자가 1년 안에 일자리를 잃을 경우 구입한 자동차를 반품해도 된다(Assurance Buyback Program, 바이백 프로그램 보증)'는 약속을 했다. 재정적으로 소비자를 보호하겠다는 의도를 담은 마케팅 전략으로 소비자들의 마음을 움직였다.

〈USA투데이〉는 현대차의 성공비법에 대해 가치를 바탕으로 자동차의 가격을 산정하는 '가치 기반 가격결정 전략(Value Pricing Strategy)'과 바이백 프로그램 보증을 꼽았다.

고객의 마음을 사로잡는 마케팅 전략은 구매 대상에서 제외됐던 현대차를 구매 대상으로 바꿔놓는 기폭제가 됐다. 이에 앞서 현대자동차는 1998년에 품질보증기간을 '동력장치는 10년, 주행거리 10만 마일(약 16만km)까지, 차체 부분은 5년, 6만 마일(약 9만 6천km)까지'라는 파격적 메시지를 제시했다. 고객과의 관계를 마케팅한 것이다.

세계적인 스포츠 브랜드로 도약한 나이키는 1964년 출범했지만 1980년대 초까지 별다른 주목을 받지 못했다. 설립자 필 나이트(Philip H. Knight)가 고심 끝에 찾아낸 게 바로 '일단 해보자(Just do it)'는 슬로건(slogan)이었다.

1988년에 시작된 '일단 해보자'라는 메시지는 도전정신을 구체화한 것으로 스포츠계뿐만 아니라 일반 대중에 커다란 영향을 미쳤고, 나이키를 세계적인 1등 브랜드로 재탄생시켰다. 나이키에 맞서 아디다스 역시 '불가능은 없다(Impossible is Nothing)'라는 슬로건을 내놓았다. '일단 해보자', '불가능은 없다'라는 두 회사의 슬로건은 소비자들에게 꿈과 도전, 희망을 심어주었고, 이는 곧바로 스포츠 용품과 의류 구매로 이어졌다.

맥킨지는 브랜드가 가진 취약성을 극복하려면 통상적인 메시지와는 전혀 다른 '새로운 메시지'로 소비자를 공략해야 한다고 강조한다. 소비자의 구매 결정에 가장 큰 영향을 줄 수 있는 메시지를 던져야 한다는 지적이다.

현대자동차와 나이키, 아디다스는 소비자의 마음을 움직이는 '새로운 메시지'로 취약했던 브랜드 이미지를 완전히 바꿔놓았다.

'푸시 마케팅'은 실패한다

반면 미국 자동차의 대명사로 통했던 GM과 크라이슬러는 왜 경영에 실패했을까? 맥킨지는 메시지의 전달 방법이 잘못됐기 때문이라고 말한다. 두 회사는 시장을 개척하는 과정에서 회사의 생각을 고객에게 주입하는 '밀어붙이기(push)'식 마케팅 방법을 선택했다.

최고의 제품, 미국을 대표하는 자동차의 이미지, 과거의 명성 등 공급자 중심의 메시지를 전달하는 데 주력했다. 대표적인 것이 영업사원과 차량 판매상을 대상으로 한 강력한 인센티브 제공이었다. 차량을 팔았을 때 해당 직원과 대리점에 어떤 지원을 해줄지, 과거의 마케팅 방법에 매달렸다. 특히 특정 기관을 후원하거나 협찬하는 방식으로 마케팅 자금이 사용됐고, 이 때문에 GM이나 크라이슬러가 전달하고자 하는 '통일된 메시지'가 분산되어 효력을 잃었다.

톰 피터스는 "GM과 크라이슬러의 문제는 세계 최고의 차를 만들어야 하는 자동차회사의 핵심가치인 탁월함을 상실했기 때문"이라고 진단한다. 노조와의 협상에 밀려 연구·개발에 사용해야 할 많은 돈을 노조원에게 지급했고, 결국 차량의 품질저하로 이어졌다는 것이다. 이로 인해 고객이 요구하는 자동차의 핵심가치, 즉 좋은 차를 만들어내는 데 실패했던 것이다. 고객이 원하는 핵심을 끌어당기는 데(pull) 실패한 셈이다.

반면 현대자동차는 고객의 마음을 읽어내는 데(pull) 마케팅의 초점을 맞췄고, '실직자 차량 반환, 10년-10만 마일 보증' 등은 소비자가 무엇을 원하는지에서 답을 찾아낸 '풀 마케팅'의 결과물이다.

푸시 마케팅	풀 마케팅
공급자 관점 정보 제공	수요자 관점 정보 제공
후원, 협찬, 인센티브 제공	고객 경험을 마케팅에 활용

'푸시 마케팅'은 공급자 중심 전략으로 고객들의 브랜드 평가나 제품 구매 단계에 직접적인 영향을 미친다. 하지만 제품 구매 후보

군을 결정하는 초기 단계나 제품 구매 후의 단계에는 영향을 미치지 못한다. 이에 비해 현대차와 도요타, 혼다 등은 전혀 다른 방법을 사용했다. 이른바 제품 사용자가 내놓은 긍정적인 경험을 입소문으로 확산시키는 고객 중심 마케팅 전략을 폈다. 고객이 어떤 도움을 받을 수 있는지를 알리는 끌어당김의 마케팅 방법을 선택한 것이다.

끌어당긴다는 것은 고객이 원하는 정보를 회사가 받아들여 이를 제공하는 것을 말한다. 이는 고객에게 올바른 제품 평가 기회를 제공한다는 점에서 중요하다. 이런 점에서 맥킨지는 소비자들이 제품이나 서비스 구입을 결정할 때 영향을 주는 접점이 중요한 역할을 한다고 조언한다. 이 접점은 바로 인터넷에 올라온 제품 사용후기, 제품 사용자가 전파시키는 입소문 등이다.

전통적으로 기업 중심의 마케팅 전략, 즉 밀어붙이기 마케팅이 제품의 인지도를 향상하는 데 도움을 줬다면 지금은 소비자 중심의 마케팅, 즉 끌어당김의 전략이 제품 판매에 더 큰 영향을 미친다.

 도요타, 스포츠 · 영화로 감성마케팅

스토리텔링이 이긴다

문화적 감성이 중요한 시대가 됐다. 롤프 옌센은 "부의 축적이 부족했던 과거에는 소비자들이 절실하게 필요로 하는 것만 구입했지만 지금은 필요보다 자신의 마음에 드는 것에 감정이 끌려 구매하기 때문"이라고 진단하며, 감성을 이끄는 바탕이 되는 것은 문화라고 설명한다.

기업들은 감성사회에서 어떻게 문화 리더십을 만들어낼 것인가? 그 비결은 바로 스토리텔링이다. 스토리텔링은 소비자에게 경험과 감성을 팔아 돈을 버는 전략이며, 이것이 바로 고객의 마음을 움직이는 문화 리더십이다. 21세기 소비자들은 단순히 가격이나 품질, 즉 경제성만을 보고 제품을 사지 않는다. 브랜드 이미지를 좌우하는 스토리에 의존해 구매를 결정한다.

소비자들이 애플의 아이팟이나 아이폰에 열광하는 것도 이 제품을 통해 개인들이 정체성을 체감할 수 있기 때문이다. 스타벅스는 단순히 커피뿐만 아니라 커피와 대화가 공존하는 '문화 공간'을 팔고, 나이키는 단순히 신발을 파는 게 아니라 마이클 조던이나 타이거 우즈의 '환상'을 판다.

21세기 문화 시대에는 상품에 꿈과 이야기를 담아야 소비자의 마음을 사로잡을 수 있다. 삼성전자가 앙드레 김 냉장고나 에어컨을 만든 것에 이어 아르마니 TV를 만든 것도 IT라는 첨단 제품에 패션이라는 문화의 옷을 입힌 것이다.

엔센은 "문화 · 감성 시대에는 스토리텔링, 그리고 소비자의 감성을 자극하는 기술이 바로 부를 창조하는 원동력"이라며 "IT가 그 자체로 점차 매력을 잃어가고 있는 점을 고려할 때 예술, 엔터테인먼트, 디자인, 스토리텔링 등과 결합해 위력을 발휘하는 게 중요하다"고 조언한다.

 스토리텔링 경영-"세계에서 통한 오리온 '정(情)'"

 오리온 초코파이 2분 CF

 앵그리버드의 비결은 "캐릭터성과 스토리텔링"

 Angry Birds Seasons Ham'O'Ween

05 미래 패러다임
④Passive Income 시대

아바타가 일하도록 만들라

단기간에 수조 원의 부를 창조한 기업들이 속출하고 있다. 이들은 어떻게 급성장하는 기업을 만들 수 있었을까. 그들의 비밀은 '패시브 인컴'을 창출하는 비즈니스 모델을 만들었다는 점이다.

패시브 인컴이란 일을 하지 않고 창출하는 소득을 일컫는 말로, 일을 해서 번 소득인 '액티브 인컴'의 반대 개념이다.

액티브 인컴에 의존해서 생활하는 대표적인 사람이 바로 월급쟁이, 직장인이다. 직장인은 일을 하지 않으면 급여를 받지 못하기 때문에 반드시 일을 해야 한다. 일을 하지 않으면 소득을 창출할 수 없다. 이 때문에 아파도 일을 해야 하고, 회사나 상사가 마음에 들지 않더라도 참고 버텨야 한다. 안타깝게도 이들은 한 달 일을 하면 얼마의 수입이 생기는지, 평생 일하면 얼마가 되는지 등 소득의 크기를 짐작할 수 있다.

이 때문에 소득의 범위 내에서 생활해야 하는 '작아지는' 삶을 산다. 치열한 투쟁 끝에 전문경영인이 되거나 임원으로 승진해야 다소 여유를 찾을 수는 있지만 그렇다고 재벌이 되기는 힘들다.

대다수의 재벌은 패시브 인컴을 창출하는 사람들이다. 액티브 인컴은 노동력을 제공해서 소득을 창출해내지만 '패시브 인컴'은 노동력을 제공하지 않고, 즉 일을 하지 않고 소득을 창출한다는 점에서 '액티브 인컴'과 차이가 크다.

그럼 누가 일을 한단 말인가? 바로 나를 대신하는 분신과 같은 존재인 아바타가 일을 하도록 한다. 패시브 인컴을 창출하기 위해 사용되는 대표적인 아바타는 '돈'과 '시스템'이다. 내가 돈을 증권이나 부동산에 투자하면 이 돈이 나를 대신해서 또 다른 부를 창조해 준다. 예를 들어, 주식 투자를 하면 내가 일을 하지 않더라도 내 돈이 '24시간 투자되는' 일을 하게 된다. 돈이 나의 아바타가 되어 소득을 창출해주는 것이다.

내가 건물 소유주가 되면 그와 관련된 별다른 일을 하지 않더라도 나의 아바타로서 건물이 대신해서 일을 하기 때문에 나는 매달 임대소득을 올릴 수 있다. 또 만약 창업해서 많은 소득을 창출하는 비즈니스 모델을 갖고 있다면 나의 회사에서 일하는 직원들이 나의 아바타 역할을 하는 셈이다.

예를 들어, 내가 만약 베스트셀러 저자라면 책이 나를 대신해서 일을 하는 것이다. 책이 한 권씩 팔릴 때마다 나는 출판사와의 계약에 따라 일하지 않더라도 계속 인세수입을 올릴 수 있다. 또한, 내가 프렌차이즈 창업자라면 프렌차이즈 가맹점들이 회사를 대신해 돈을 벌어주고, 내가 특허 소유자라면 특허에 해당하는 로열티를 매달 받을 수 있다.

'패시브 인컴', 아마존을 만들다

세계 최대 온라인 쇼핑몰 아마존이 연매출 340억 달러의 글로벌 기업이 될 수 있었던 것은 패시브 인컴을 창출하는 시스템을 갖추었기 때문이다. 아마존이 만든 부의 창조 시스템은 '인터넷 장터'다. 아마존은 2002년 아마존 웹서비스라는 플랫폼을 개발해 소매업자들이 손쉽게 인터넷 상거래에 뛰어들 수 있도록 했다.

동시에 웹 2.0 정신인 참여와 공유의 이념을 실천했다. 아마존 입장에서 가장 중요한 정보라고 할 수 있는 방대한 양의 상품 데이터를 누구나 자유롭게 사용할 수 있도록 했고, 나아가 이를 쉽게 사용할 있는 도구까지 제공했다. 이 같은 플랫폼 개방정책은 업체들에게 큰 반향을 일으켰다. 수많은 소매업체와 인터넷 업체들이 이 서비스를 이용해 아마존에 등록된 수많은 상품 데이터베이스에 접속했으며, 동시에 자신들이 개설한 사이트에서 아마존의 상품을 판매하기 시작했다.

아마존은 각 업체들이 최대한 많은 상품을 팔 수 있도록 상품정보와 결제 시스템까지 아마존의 서비스를 이용하도록 했다. 업체들은 자신들의 사업 특성을 살린 서비스만 개발하면 됐고, 업체들의 소매 사이트는 곧이어 막대한 양의 아마존 상품을 판매하기 시작했다. 아마존은 매출의 일부를 수수료로 챙겼다.

아마존은 거대한 인터넷 장터를 만들고, 이곳을 이용하는 사람들에게 돈을 벌도록 했다. 비즈니스를 원하는 수많은 업체들이 몰려들었고, 이 업체들은 아마존의 '아바타'가 됐다. 왜냐하면 아마존 직원들을 대신해서 부를 창출하는 역할을 하고 있기 때문이다.

세계 최대 SNS기업인 페이스북이 2012년 5월 18일, 미국 나스닥 시장에 입성했다. 단 42달러로 시작한 이 회사 시가총액은 무려 1,040억 달러에 달했다. 이 회사의 가치는 바로 10억 명에 달하는 페이스북 가입자들이 키워준 것이다. 페이스북이라는 플랫폼에 몰려든 전 세계의 수많은 아바타들이 페이스북의 부가가치를 키워주는 것이다.

 Video from Jeff Bezos about Amazon and Zappos

 Fulfillment by Amazon Tour

'패시브 인컴'을 창출하는 사람들

그렇다면 패시브 인컴은 누가 창출하는 것일까? 패시브 인컴을 가장 많이 창출하는 업종은 바로 은행이다. 고객들은 인터넷 홈뱅킹(Home Banking)을 하기 위해 은행 점포를 방문한다. 이어 홈뱅킹 신청서를 제출하고 임시 ID와 패스워드, 홈뱅킹 안내서를 받는다. 컴퓨터 앞에 앉은 고객은 안내에 따라 인증서를 다운받고 홈뱅킹을 등록한다. 홈뱅킹 등록은 온전히 고객의 노동력으로, 고객은 스스로 돈을 송금하고도 아무런 생각 없이 은행에 수수료를 지급한다.

여기서 생각해보자. 은행은 홈뱅킹이라고 하는 플랫폼을 제공하고 실제 노동력을 제공한 것은 고객이다. 그리고 돈의 실제 소유주도 고객이다. 그런데 은행이 오히려 수수료를 받아간다. 고객 입장에서 생각해보면 은행이 고객의 노동력을 사용했기 때문에 고객에게 수고비를 주는 게 맞지 않은가?

이처럼 고객이라는 아바타의 노동력을 활용해 은행은 막대한 부를 창출해내고 있다. '홈뱅킹'이라는 돈 버는 시스템을 만들어 거액의 수수료 수입을 챙기는 것이다.

금융감독원에 따르면 2011년 기준 국내 18개 은행이 벌어들인 수수료 수입은 무려 4조 9,000억 원에 달한다. 홈뱅킹 시스템이 은행의 아바타가 되어 패시브 인컴을 창출하는 견인차 역할을 하고 있는 것이다.

패시브 인컴을 창출하는 아바타의 콘셉트는 여러 곳에서 만들 수 있다. 예를 들어, 커피나 음료수 자판기를 구입해서 설치하면 나 대신 자판기가 돈을 벌어주는 아바타 역할을 하게 된다. 주식투자를 해서 주가가 오르면 주식이 나를 위해 돈을 벌어주는 아바타 역할을 하며, 은행에 예금을 해서 이자를 받게 되면 예금이 나의 아바타 역할을 하는 것이다. 연금에 가입해 은퇴한 뒤 연금을 받게 되면 일을 하지 않아도 창출되는 소득이기 때문에 연금이 나의 아바타가 되는 것이다.

고객이 기업을 위해 일하게 하라

고객은 기업의 말을 신뢰할까, 제품을 사용해본 고객의 말을 더 신뢰할까? 당연히 제품 사용자의 말에 더 큰 믿음을 보낸다. 따라서 기업들은 고객으로부터 입소문을 끌어내는 '추천 마케팅(Reference Marketing)'에 힘을 쏟아야 한다. 고객이 해당 제품과 서비스를 다른 고객에게 알리는 아바타로 활동할 수 있는 '경험'을 제공해야 한다.

21세기의 고객은 참여형이다. 해당 제품과 서비스를 사용해본 경험자가 '특별함(uniqueness)'을 경험하게 되면 스스로 사진을 찍어 인터넷에 올리거나 경험담을 소셜 미디어를 통해 전파한다.

패시브 인컴을 창출하려면 우리 회사 직원만 일하도록 해서는 안된다. 회사의 제품과 서비스를 이용했던 경험자들을 아바타로 만들어 회사 밖에서 직원처럼 활동하게 하는 전략을 강구해야 한다.

이를 위해 기업들은 끊임없이 스토리를 만들어내야 한다. 제품과 서비스에 대한 스토리가 고객에게 '특별한 경험'으로 다가와 이를 다른 사람에게 옮기도록 하는 아이디어를 짜내야 한다. 왜냐하면 기업 스스로 제품의 우수성을 광고하는 전략보다 '대화형 광고'를 통해 제품과 서비스에 대한 '특별한' 경험을 가진 고객의 '평가'를 알리는 전략이 한 수 위에 있는 '추천 마케팅' 방법이기 때문이다.

기업의 '자랑성 광고'보다 고객의 '입'이 더 큰 신뢰도를 가져다 준다. 소비자의 구매 결정에 점점 더 많은 영향을 미치는 것은 인터넷에 올라오는 사용후기, 친구나 가족들에게서 전해 들은 입소문과 같은 정보다. 맥킨지에 따르면 추천 정보가 미치는 영향력은 의사를 결정하는 과정 100% 중에 37% 정도다. 매장에 직접 가본 뒤 얻는 경험이나 점원과 나눴던 대화가 구매에 미치는 영향은 26%에 불과하다.

이런 의미에서 레스 칼슨 미국 클렘슨대 교수는 "고객을 끌어들이고 참여시킬 수 있는 대화형 쌍방향 광고(Interactive Advertising)가 효과적인 광고수단으로 급부상하고 있다"며 "기업들은 온라인이든 오프라인 광고든 고객을 끌어들일 수 있는 전략을 강구하라"고 조언한다.

대화형 광고란 능동적으로 바뀐 소비자들을 고려해 광고를 매개로 회사와 고객이 상호 대화를 하는 것이다. 최근 TV 광고에서 자주 볼 수 있는 "인터넷 검색창에 ○○○를 치세요!"라는 문구가 바로 고객과의 대화를 이끌어내는 쌍방향 광고다.

고객의 입을 통해 상품에 대한 인지도를 확산시키는 입소문 마케팅 전략도 좋은 사례다. IPTV[a]가 도입되어 광고도 소비자가 고르는 시대가 열리고 있다. 소비자는 광고를 보고 실시간으로 피드백을 내놓을 수 있게 됐다. 일방향성으로 진행되던 기존의 TV 광고와 달리 소비자가 직접 참여하는 시대가 열리고 있는 것이다.

구글의 에릭 슈미트 회장은 "소비자의 참여를 이끌어내는 쌍방향 의사소통 없이 기업의 미래는 없다"고 단언한다.

Interactive advertising-a hunter shoots a bear series

Hunter and bear's 2012 birthday party

a IPTV
인터넷을 이용해 방송 및 기타 콘텐츠를 텔레비전 수상기로 제공하는 서비스 방식으로, 인터넷과 텔레비전을 융합시킨 디지털 컨버전스(Digital Convergence)의 한 유형이다. TV를 보면서 인터넷 검색, 홈뱅킹, 온라인 게임, 홈쇼핑 등 기존 인터넷에서 제공되는 다양한 콘텐츠와 부가 서비스를 마치 컴퓨터를 사용하는 것처럼 리모컨으로 이용할 수 있다.

21세기형 촉매기업을 만들라

애플, 구글, 이베이 등 오늘날 성공한 기업들이 갖고 있는 성공비결의 공통점은 무엇일까?

데이비드 에번스(David Evans) 영국 유니버시티 칼리지 교수와 리처드 슈말렌지(Richard Schmalensee) MIT 경영대학원 교수는《카탈리스트 코드(Catalyst Code)》(2007)에서 '촉매기업'을 언급했다. 카탈리스트(catalyst)는 자신은 변하지 않으면서 두 물질이 반응하도록 도와주는 물질, 촉매(觸媒)란 뜻이다. 비즈니스에서도 둘 이상의 서로 다른 종류의 고객이 상호작용을 할 수 있도록 촉매 역할을 하는 기업을 '촉매기업'이라고 한다.

• 촉매기업(플랫폼 비즈니스) 형태 •

게이머 – (게임) – 개발자	사용자 – (앱스토어) – 개발자
구독자 – (신문) – 광고주	사용자 – (신용카드) – 가맹점
소비자 – (쇼핑몰) – 기업	시청자 – (텔레비전) – 광고주

서로 다른 고객그룹을 효율적으로 연결해주는 비즈니스나 플랫폼이 바로 촉매기업의 사업 모델이다. 글로벌 리더들은 이러한 역할을 하는 촉매기업이 21세기에는 가장 성공할 가능성이 높다고

분석한다. 정보기술이 발달해 다양한 고객 집단을 연결시키고 있어 플랫폼을 만들어낸 카탈리스트의 기능이 갈수록 중요해지고 있기 때문이다.

예를 들어, 구글은 인터넷 사용자와 광고주를 연결하는 촉매기업이고 애플은 스마트폰으로 수많은 앱을 사람들과 연결시키는 촉매 역할을 한다. 페이스북 또한 전 세계 10억 명이 소통할 수 있는 플랫폼이다. 이베이는 인터넷 장터를 만들어 물건 판매자와 소비자가 제품을 사고팔 수 있도록 지원한다.

이들 촉매기업들의 비즈니스를 잘 들여다보면 결코 기업 혼자의 힘으로 부를 창출해내지 않는다. 촉매기업은 그들이 만들어낸 플랫폼을 활용해 수많은 기업들이 비즈니스를 창출하도록 해준다.

촉매기업 애플이 만든 앱스토어에는 수많은 기업들이 65만여 개의 애플리케이션을 등록해 돈을 버는 동시에 앱스토어의 가치를 높이고 있다. 결국 앱을 만들어내는 수많은 기업, 앱 개발자들이 애플의 외부 직원, 즉 아바타로 활동하는 것이다.

현재 우리 회사와 조직의 경쟁력을 높이기 위해 어떤 아바타들이 활동하는지 자문해볼 필요가 있다.

'패시브 인컴'을 창조하는 촉매기업들은
역할이 다양하다

세계 최대 게임업체는 미국의 액티비전 블리자드(Activision Blizzard)다. 이 회사의 기업 가치는 2012년 현재 142억 달러에 이른다. 왜 이처럼 높은 평가를 받고 있을까? 이 회사는 디아블로, 스타크래프트, 워크래프트 등의 게임을 통해 게임과 게이머, 게이머와 또 다른 게이머를 연결한다. 이 같은 연결성은 게임의 흥미를 높이고 게임 참가자들에게 '특별한' 경험을 제공해 끝없는 이야기를 만들어낸다.

라이엇게임즈(Riotgames)의 '리그 오브 레전드'는 전 세계 3,200만 명이 이용하고 동시 접속자 수가 130만 명을 넘어서는 글로벌 인기게임이다. 사람들을 연결하는 비즈니스 모델로 급성장하는 거대 비즈니스를 탄생시켰다.

이 두 회사의 비즈니스 모델은 온라인 게임이라는 플랫폼에 각지의 게이머들이 몰려들도록 한 것이다. 게이머들이 액티비전 블리자드의 기업가치를 높이는 아바타 역할을 했고 PC방의 중요한 수익원이 됐다. 한국에서 게임이 급속도로 확산될 수 있었던 것은 디아블로, 스타크래프트와 같은 게임을 활용해 PC방이 소득을 창출할 수 있도록 게임회사들이 촉매기업의 역할을 했기 때문이다.

촉매기업을 이해하려면 단면이 아닌 양면 또는 다면시장의 개념을 이해해야 한다. 촉매기업은 기본적으로 촉매 역할을 해야 하기 때문에 다면시장을 대상으로 한다. 자동차회사는 운전자만을, 레스토랑 또한 식당 고객만을 상대하면 된다. 두 고객 그룹 사이에서 상호작용을 일으키는 것이 핵심 사업은 아니기 때문이다.

반면에 촉매기업은 두 개 이상의 고객 그룹 사이에서 움직여야 한다. 신문을 보자. 신문이라는 상품을 통해 광고주와 독자라는 고객을 연결해 돈을 벌고, 이것은 두 고객 모두에게 서비스를 제공하고 대가를 받는다는 것을 의미한다. 슈퍼마켓도 상품 제조업자와 소비자를 연결해 돈을 번다.

촉매기업은 이처럼 양면 또는 다면시장에서 중개자, 관중 동원자, 비용저감자라고 하는 3가지 역할을 통해 수익을 창출하고 있다.

예를 들어, 이베이는 서로 다른 고객들이 서로를 찾을 수 있도록 중개 기능을 하면서 물건 거래의 중개자 역할을 한다. 구글이나 〈월스트리트저널〉 같은 매체를 보라. 이들 기업은 다수의 관중(유저, 독자)을 동원해 개별 고객(광고주)과 연결시켜주는 역할을 한다.

애플과 구글도 대표적인 촉매기업이다. 앱 장터인 앱스토어와 구글 플레이를 통해 막대한 부를 창출해낸다. 데이터 조사기관 디스티모(Distimo)에 따르면 2011년 말 현재 앱스토어는 62만 개, 구글 플레이는 45만 개, 윈도폰7 마켓플레이스는 약 7만 개의 앱을 서비스하고 있다.

개발자는 70%, 앱 마켓 운영자는 30%의 수익구조다. 장터는 앱을 팔고자 하는 개발자들이 돈을 벌 수 있는 촉매 역할을 한다. 이 결과 애플은 2011년 앱스토어에서만 17만 8,000달러, 구글은 1억 2,000만 달러의 매출을 올릴 수 있었다.

촉매기업은 커뮤니티를
구축, 촉진, 관리해야 한다

촉매기업은 카탈리스트 작용에 대한 대가를 청구해 수익을 얻는다. 부동산 중개업자는 거래가 이뤄졌을 때 수수료를 받고 카드업체는 카드 가맹점에서 거래 수수료를 받는다. 이 같은 방식으로 촉매기업으로 돈을 벌려면 기업은 커뮤니티의 구축, 촉진, 관리의 세 가지 활동을 해야 한다.

커뮤니티 구축은 커뮤니티에 사람들이 모일 수 있도록 특정한 가치를 제안하는 활동을 말하며, 촉진은 정보제공과 검색기능을 통해 커뮤니티 속에서 참여자 간의 상호작용이 지속적으로 일어나도록 하는 활동을 말한다. 또 관리란 원칙을 정해 커뮤니티가 무너지지 않도록 하는 활동을 뜻한다.

이베이는 구매자와 판매자가 만날 수 있는 사이버 장터라는 가치를 제안하고, 무료 검색을 통해 쇼핑을 원활하게 할 수 있도록 한다. 나아가 상품거래 원칙을 정해 거래자들이 서로를 신뢰할 수 있도록 한다.

구글을 보자. 구글은 인터넷 검색엔진 구글(www.google.com)을 통해 포털과 사람, 사람과 사람, 광고와 사람, 정보와 사람을 끊임없이 연결해준다. 집단과 집단, 공급자와 수요자, 개인과 개인을 연결해주는 촉매, 즉 뚜쟁이 역할을 충실히 하고 있는 것이다.

연애 중개업체인 '8분 데이팅(http://8minutedating.com)'은 커뮤니티 구축, 촉진, 관리 모델에 충실한 회사다. 우선 회비 35달러를 내면 독신 남녀의 만남을 주선해준다. 회원 정보를 토대로 그들이 원하는 후보들을 한 장소에 모이게 한 다음, 참석자들이 돌아가면서 8분간 일대일 대화를 할 수 있도록 기회를 제공한다.

대화가 끝나면 이들은 온라인 커뮤니티에 접속해 마음에 드는 상대를 지정하게 된다. 상대방으로부터 응답이 오면 연락처를 교환하고 데이트가 이뤄진다.

   Insite People TV - New Era of Legends, LOL

촉매기업을 만드는 6대 전략

그렇다면 성공적인 촉매기업을 만들려면 어떻게 해야 할까? 데이비드 에번스와 리처드 슈말렌지는 《카탈리스트 코드》에서 6가지 핵심 전략을 제시하고 있다.

1. 촉매기업이 되기 위해 가장 먼저 해야 할 일은 고객들이 어떤 플랫폼의 커뮤니티를 필요로 하는지를 찾아내야 한다. 서로 다른 고객 그룹을 연결해 돈을 벌어야 하기 때문에 서로를 필요로 하는 고객층을 찾아내 이들이 만날 수 있는 비즈니스 모델을 설계해야 한다. 예를 들어, 다이너스클럽의 창업자인 프랭크 맥나마라(Frank McNamara)는 카드 가맹점과 카드 소지자가 만날 수 있도록 카드시장이란 플랫폼 커뮤니티를 찾아내 카드 비즈니스를 만들어냈다.

2. 커뮤니티에 고객들이 몰리도록 하려면 적절한 가격조건을 제시해야 하며, 커뮤니티 참여 고객에게 보상금을 지불하기도 해야 한다. 신용카드의 경우 카드 소지자에게 연회비를 받거나 면제해주고 대신에 카드 가맹점에서 수수료를 받는다. 미국 최대의 복합 엔터테인먼트 쇼핑몰인 몰 오브 아메리카(Mall of America)는 내방객에게 주차장을 무료로 개방하고 주차비용을 입점업체의 임대료에 전가한다.

3. 커뮤니티가 발전하려면 고객들이 참가하기 쉬워야 하고 매력적이어야 한다. 도쿄에 자리 잡은 롯폰기힐즈는 쇼핑몰과 레스토랑, 영화관, 공원 등이 밀집해 있어 자연스럽게 도쿄 상권의 중심지가 됐다.

4. 양면시장에서 돈을 벌어들여야 하기 때문에 촉매기업은 적합한 수익구조를 갖추는 게 중요하다. 다면 비즈니스에서 수익을

얻기란 쉽지 않기 때문이다. 따라서 과거에 어떤 촉매기업의 비즈니스 모델이 성공했는지, 수익 모델이 어떻게 변하는지, 장기적으로 수익성을 확보하는 방안은 무엇인지 고민해야 한다.

5. 촉매기업의 전략이 아무리 우수하더라도 경쟁에 직면하기 마련이다. 따라서 어떤 기업이 경쟁자로 등장하는지를 주목해 혁신적인 아이디어로 승부해야 한다. 마이크로소프트의 최고 경쟁기업은 오픈 소스 리눅스다. 새로운 촉매기업인 리눅스가 등장해 윈도우에 대한 시장 판도를 바꿔놓을 전망이다.

6. 마지막으로 촉매기업은 변화하는 환경에 적응해 장기적으로 성장할 수 있어야 한다. 이를 위해 제품과 서비스를 지속적으로 업그레이드할 수 있어야 한다. 150년 역사의 아메리칸익스프레스(American Express Company)는 우편물회사로 출발해 여행자수표를 만들었고, 50년 뒤에는 외상카드 사업을 시작했으며 신용카드 분야로 사업을 진화했다.

반면에 플랫폼을 진화시키는 데 실패한 회사도 있다. PC를 만들고 운용체계 DOS를 만든 최초의 회사는 IBM이었다. 하드웨어에 집중했던 IBM은 소프트웨어를 낮은 수준의 기술로 생각해 "사다 쓰면 될 기술"로 봤다. 이 같은 판단에 따라 연구원 팀 패터슨(Tim Paterson)이 개발한 PC 운용체계 QDOS를 다른 곳에 팔아넘기는 오류를 범하고 말았다. 나아가 모든 소프트웨어를 IBM이 직접 개발하기보다 외부 업체에 맡기는 게 효율적이라고 생각했다.

이러한 IBM의 결정에 따라 1981년에 QDOS를 토대로 DOS를 만든 회사가 바로 마이크로소프트다. MS-DOS는 IBM의 모든 컴퓨터에 사용됐다. 이후 1985년 11월 20일, MS는 윈도우 1.0을 선보이면서 DOS 중심의 컴퓨터 운용체계의 패러다임을 바꿔버렸다.

촉매기업의 승자는 MS가 됐고 IBM은 2005년 중국의 레노버(Lenovo)에 PC 사업을 매각하고 말았다. 패러다임의 변화에 따라 플랫폼이 바뀌는 메가트렌드의 변화를 미처 예상하지 못한 결과였다.

06 미래 패러다임
⑤ Hyper-connectivity 세상

'초연결사회'가 기존 질서를 깨다

페이스북과 트위터는 사람들의 사회성을 일깨우며 '소셜혁명(Social Revolution)'을 일으켰다! 기존의 2차원적 연결사회를 더 열린 공간으로, 다차원적 '초연결사회'로 탈바꿈시켜놓았다.

초연결사회란 소셜 미디어 및 IT혁명으로 사람들이 정보화기기로 긴밀하게 연결된 다차원적 세상을 말한다. 초연결사회는 사람과 사람, 사람과 단말기, 단말기와 단말기 간에 이메일, 클라우드, 인스턴트 메시징(IM; Instant Messaging), 문자메시지, 전화, 웹 회의 등 다양한 커뮤니케이션 장치로 사람들을 연결하고 있다.

특히 선이 필요 없는 와이파이(Wi-Fi) 무선망이 구축되면서 전 세계인이 스마트기기로 연결되고, 위성위치정보시스템(GPS)을 기반으로 스마트기기 소유자의 위치까지 노출되는 시대가 됐다. 국경을 넘어 미국, 영국 등 지구촌에 흩어져 있는 사람들이 시간과 공간을 초월해 하나로 연결되면서 비즈니스 패러다임도 바뀌고 있다. 이로 인해 페이스북과 유튜브 등을 통해 시간과 공간에 관계없이 문화 콘텐츠를 공유하며 동질감을 느끼는 '글로벌 시민(Global Citizen)' 이 새로운 '가상국가(Fictional Country)'를 만들어내고 있다.

'소셜혁명'은 인터넷을 집단지성(the Wisdom of Crowds)의 세계에서 '친구지성(the Wisdom of friends)'의 세상으로 진화시켜놓았다.

페이스북 가입자는 10억 명에 육박한다. 전 세계 인구 6명 가운데 1명은 긴밀하게 연결된 사회에 들어선 것이다. 현재 페이스북 가입자 중 절반인 4억 2,500만 명이 스마트폰이나 태블릿 등 모바일기기를 통해서 페이스북에 접속하고 있다. 이는 세상이 모바일 세상으로 급변하고 있음을 알려준다. 이에 따라 페이스북은 모바일 기기 사용자를 위한 기반을 구축하는 데 주력하고 있다.

검색 방식도 기계 검색에서 사람 검색으로 바꿔놓았다. 정보의 흐름을 불특정 다수의 일방형 흐름에서 네트워크에 연결된 사람 중심으로 쌍방향, 나아가 다방형의 흐름으로 바꿔놓았다.

페이스북 창업자 주커버그는 "연결된 세상은 하향식 위계질서를 바꿀 것이고 경제를 풍요롭게 하는 새로운 비즈니스 모델을 만드는 기초가 될 것"이며 "페이스북이 그 중심에 서 있다"고 강조한다.

 Empire : Social networks, social revolution

'사이버 탄력성'을 키워라

2012년 세계경제포럼은 '초연결세상'에서 살아남으려면 '사이버 탄력성(CR; Cyber Resilience)'을 키워야 한다는 결론을 내렸다.

사이버 탄력성이란 사이버 상에서 발생하는 수많은 리스크를 효율적으로 관리하는 개인과 기업의 관리 역량을 일컫는 말이다. 세계경제포럼은 초연결성이 특징인 네트워크 경제에서 살아남으려면 사이버 세계가 안고 있는 다양한 리스크에 대해 다양하면서도 유연한 원칙을 세워 대응할 수 있어야 한다고 강조한다.

이를 위해 세계경제포럼은 '사이버 탄력성 파트너십(PCR; Partnering for Cyber Resilience)'을 채택해 사이버 보안을 강화할 것을 촉구하고 있다. 사이버 리스크는 네트워크 정보 시스템을 통해 발생할 수 있는 다양한 리스크로 이 같은 리스크가 기업과 조직의 명성을 순식간에 훼손시킬 수 있다. 사이버 위협은 예기치 않은 결과를 초래해 시스템이나 조직에 해를 입힌다.

세계경제포럼은 따라서 최고경영자와 임원들이 주축이 되어 사이버 위기관리를 위한 실행 프로그램을 만들어 사내 디지털 자산과 명성을 보호하고 회사의 사이버 리스크를 체계적으로 관리할 것을 권고한다.

지난 2001년 자유무역의 상징인 '세계무역센터'가 무너지는 9.11 테러가 발생했다. 그러나 이곳에 입점해 있던 모건스탠리, 뱅크 오브 아메리카, 메릴린치 앤 컴퍼니(Merrill Lynch & Co., Inc.) 등과 거래하던 수많은 고객들은 아무런 불편을 겪지 않았다. 빌딩이 붕괴됨과 동시에 은행들의 재해복구 시스템이 작동됐기 때문이다. 고객에 대한 금융정보가 정확히 복구되어 고객들은 9.11 테러에 따른 불편을 전혀 느끼지 못했다.

BOA(Bank of America) 등 일부 금융회사들은 임원급의 '사이버 보안 권위자(czar)'나 '최고리스크관리자(CRO; Chief Risk Officer)'를 임명해 사이버 탄력성을 높이고 있다.

21세기 경영 키워드, 공감이란 무엇인가

"21세기 경영 키워드는 공감이다. 도요타 사태와 미국 자동차 빅3의 붕괴는 공감 능력의 부재에서 비롯됐다."

《와이어드(Wired to Care)》(2009)의 저자 데브 팻나이크(Dev Patnaik) 스탠포드대 교수가 내린 결론이다. 그는 "개인은 물론 기업이 성공하려면 세상과 소통하는 공감 능력을 발휘해야 한다"며 "회의와 보고서, 자료 분석 따위에 지나치게 집착하는 태도를 이제 바꿔야 한다"고 강조한다.

그가 말하는 공감은 무엇을 뜻하는 말일까? 고객처럼 생각하고 느끼며 숨은 욕구를 찾아내 제품을 만들어내는 기술을 말한다. 사람은 태생적으로 남들과 공감하는 능력, 함께 생각하고 느끼는 능력을 갖고 있다. 팻나이크는 "기업이 성공하려면 산업별로 고객들이 느끼고 생각하는 것을 간파해 이를 정확히 충족시켜줄 수 있어야 한다"고 말한다.

이를 두고 미래학자 앨빈 토플러는 '싱크로나이징(Syncronizing, 동시화) 전략'이 필요하다고 강조한다. 고객이 하는 생각의 속도와 기업이 하는 생각의 속도가 같은 상태가 이뤄져야 공감에 성공한다는 뜻이다. 따라서 소셜네트워크의 초연결성을 활용해 기업과 정부, 고객과 국민들이 어떤 공감을 요구하는지에 대해 정확히 알고 있어야 한다.

여기에서 공감(empathy)은 동정(sympathy)과 구별된다. 공감은 타인(고객)의 감정(pathy=pathos)으로 들어가는(em=into) 능력에 해당하지만, 동정은 상대를 불쌍히 여기는 마음일 뿐이다. 길거리의 걸인에게 돈을 기부하는 행위는 '동정'에 해당하지만 그 걸인을 식당으로 데려가 식사를 하며 마음을 위로하고 그의 마음을 움직이면 '공감'이 된다.

기업이 고객의 마음속에 들어가 고객의 마음을 읽어냈을 때 고객으로부터 '진정성'을 평가받는 '공감' 파워를 발휘하게 된다. 팻나이크는 "기업이 공감 능력을 확보하려면 회사 밖과 소통하는 채널, 즉 연결통로를 만들고 고객과의 새로운 관계를 끊임없이 만들어내야 한다"고 강조한다. 이러한 연결통로는 반드시 공감을 토대로 해야 한다. 왜냐하면 합리적 분석 능력이 아니라 감성이 사람들을 지배하기 때문이다.

　그는 "특히 두 번의 위기가 엄습하면서 데이터는 현실성이 없어졌다"며 "경제위기가 오자 사람들은 이성이 아닌 심리적 요인에 의해 소비를 결정하는 패턴이 더 뚜렷해졌다"고 분석한다.

일대일 소비자 커뮤니케이션을 만들라

에르메스(Hermes)는 관계마케팅의 일환으로 고객에게 어울리는 색을 직접 골라준다. 또 114년 전통의 프랑스 남성구두 전문점 벨루티(Berluti)는 유명 축구 스타 지네딘 지단(Zinedine Zidane), 영화감독 스티븐 스필버그(Steven Spielberg) 등이 주요 고객이다. 가장 저렴한 신발이 200만 원대인 벨루티는 이런 고가 제품으로 어떻게 살아남을 수 있었을까?

　로렌 애소그나(Laurent Assogna) 사장은 "소비자가 특별한 대우를 받고 있다고 느끼게 하는 '일대일 소비자 커뮤니케이션'에 비결이 있다"고 말한다. 고객이 매장에 들어서는 순간부터 매장을 떠날 때까지 매순간 매장 직원은 고객과 끊임없이 관계를 만들어간다.

　이른바 '관계마케팅(Connection Marketing 또는 Relationship Marketing)'이 고객 이탈을 막고 단골고객을 만들어내는 것이다. 특히 정보 네트워크가 개인과 고객을 연결하고 '일대일 커뮤니케이션'이 가능한 세상을 만들어내고 있다. 관계마케팅이란 종전의 생산자 또는 소비자 중심의 한쪽 편중에서 벗어나 생산자(판매자)와 소비자(구매자)의 지속적인 관계를 통한 모두에게 유리한 관점의 마케팅 전략을 말한다. 기업과 고객 간의 인간적이고 감성적인 관계에 중점을 둔다.

고객과 끊임없이 대화하면서 관계를 강화하고 원하는 제품을 정확히 파악해 고객 만족도를 높이는 대응 전략이 관계마케팅의 핵심이다. 고객의 이름이나 과거에 구입했던 품목, 동행했던 친구를 기억해주는 것만으로도 고객은 다정함을 느끼게 된다.

관계마케팅은 단순히 제품 하나를 판매하는 단기적 관점에서 고객을 바라보는 것이 아니라 고객에게 가치 제공을 매개체로 장기적인 관계설정을 해나가는 방법이다. 고객과 기업이 동시에 윈윈(win-win)하는 전략이라고 할 수 있다. 커피 한 잔을 팔든, 옷 한 벌을 팔든 '만족도의 교환'이 이뤄져야 한다는 것이다.

충성도가 높은 VIP고객을 선별해 생일에 특별공연 티켓을 보내주거나, 케이크를 보내 고객을 감동시키는 것도 관계마케팅의 하나다. 특히 신제품이 개발됐을 때 잠재고객에게 샘플을 보내거나 이메일로 할인정보를 알려주는 것도 관계마케팅이다. 이 밖에도 고객 초청 모임, 공장 견학, 건강강좌 등도 관계마케팅이라 볼 수 있다.

관계마케팅의 핵심은 고객과 '접점의 끈'을 놓지 않는 전략이다.

고객이 제품과 서비스를 구입하기 전 단계에는 어떻게 관계를 시작할 것인지, 서비스나 제품 구입 과정에는 어떤 언어로, 어떤 방식으로 구매로 연결시킬지, 구매 이후에도 재구매로 연결시키기 위해 고객과 어떤 관계를 이어갈지 등에 대해 구체적인 관계마케팅 시나리오를 설정해둬야 한다.

고객에 대해 감사프로그램을 만들어 전화, 문자, 이메일 등을 통해 감사함을 전달하거나 새로운 제품 정보, 할인판매 안내를 하는 것은 관계마케팅의 중요한 전략이다. 소비자의 닫힌 지갑을 열기 위해 우리 회사와 직원들은 어떤 관계마케팅을 하는지 자문해봐야 할 때다.

 The Amish Project

초연결망이 '소셜 마케팅' 시대를 열다

SNS가 각광을 받으면서 주목받는 분야는 이른바 '소셜 마케팅'이다. 소셜 마케팅의 핵심은 SNS로 연결된 친구들의 입소문과 제품이 갖고 있는 진정성에 있다.

앤드류 보스워스(Andrew Bosworth) 페이스북 기술 부문 책임자는 "페이스북을 통해 연결된 사람들의 입소문은 광고의 진정성을 검증하는 핵폭탄 역할을 하게 될 것"이며 "앞으로 광고업체들은 진실성을 상실한 질 나쁜 제품을 더 이상 못 팔게 될 것이다"라고 못박았다. 실제로 페이스북의 온라인 광고사업은 초연결성을 토대로 급성장해서 미국 온라인 디스플레이광고(배너광고) 시장에서 2위에 오른 포털 사이트 야후를 크게 따돌리며 1위로 부상했다.

세계적인 커피 체인점 스타벅스는 기호도가 같은 사람들이 입소문 통해 쉽게 정보를 퍼트린다는 특성에 주목해 페이스북과 함께 신제품 '펌킨 스파이스 라떼'에 대한 소셜 마케팅을 펼쳤다. 결과는 대성공이었다. 무려 4,000만 명이 스타벅스의 페이스북을 방문한 것이다.

스타벅스 최고경영자 하워드 슐츠는 "페이스북은 기존 광고비용보다 저렴하게 고객을 끌어 모을 수 있다"며 "또한 고객들과 좀 더 친밀하고 감성적으로 만날 수 있어 마케팅에 효과적"이라고 평한다.

푸드스포팅(Foodspotting)과 로튼 토마토(Rotten tomatoes), 핀터레스트(Pinterest), 트립 어드바이저(TripAdvisor), 코보(Kobo) 등은 페이스북의 '연결성'을 활용해 음식과 음악, 영화, 책, 패션 제품을 소셜 마케팅하고 있다.

SNS 트렌드도 진화하고 있다. 트위터, 페이스북 등 텍스트 중심의 '읽는 SNS'에서 사진, 영상 등 이미지를 기반으로 '보는 SNS'로 2세대 SNS가 발전하고 있다. 핀터레스트, 카카오스토리, 페이스북이 인수한 이미지 기반의 인스타그램 등이 대표적인 '보는 SNS'다.

이용자가 이들 앱에 등록된 정보를 페이스북과 공유하도록 설정하는 것이 '연결 마케팅'의 핵심이다. 정보공유를 설정하면 읽고 있는 책이나 듣고 있는 음악, 맛있게 먹은 음식 등이 페이스북 페이지에 자동으로 나타나 홍보효과를 높여준다.

 Capabilities On Facebook Advertising

 Welcome Back Pumpkin Spice Latte

Next
Paradigm

Part 3

넥스트 패러다임
- 경제와 비즈니스 현장에선

01 새로운 현실이 열렸다

저성장의 '뉴 노멀'이 시작됐다

2008년 금융위기 이후 나타난 가장 큰 변화는 무엇일까? 그것은 미국, 유럽, 일본으로 대변되던 선진국 경제의 추락과 경제 주체들의 자신감 실종이다. 이로 인해 향후 최고 5년 정도 선진국경제는 저성장 궤도를 그릴 것이라는 석학들의 전망이 주류를 이루고 있다.

노벨 경제학상 수상자인 폴 크루그먼(Paul Krugman) 미국 프린스턴대 교수는 "위기 후 세계경제는 '저성장경제'가 될 것"이며 "세계경제가 회복되려면 최소 5년 정도 걸릴 수밖에 없다"고 단언한다. 미국 오바마 정부의 경제회복자문위원인 마틴 펠드스타인(Martin Feldstein) 하버드대 교수도 "미국경제는 저성장의 위험에 빠져들었다"고 진단한다.

지구촌이 2020년까지 저성장의 늪에 빠질 것이라는 전망이 지

> 위기 후 세계경제는 '저성장경제'가
> 될 것이며 세계경제가 회복되려면
> 최소 5년 정도 걸릴 수밖에 없다

폴 크루그먼

배적이다. 이에 따라 국가는 물론 기업의 화두는 '또 다른 성장(an-other growth)' 모멘텀[a]을 찾는 일이 될 전망이다. 여기에는 두 가지 중요한 원인이 있다.

첫째, 지구촌의 잠재성장률이 추락하면서 선진국경제는 구조상 저성장으로 흐르기 때문이다.

둘째, 선진국은 물론 개도국들이 글로벌경제위기를 극복하기 위해 사용했던 통화정책과 재정정책, 기타 비상조치의 후유증을 치료해야 하기 때문이다.

따라서 선진국들은 국가신용등급이 강등될 정도로 악화된 재정

---

a **모멘텀(momentum)**
물질의 운동량이나 가속도를 의미하는 물리 용어로, 주식투자에서는 주가 추세의 가속도를 측정하는 지표로 쓰인다. 즉 주가가 상승세를 타고 있을 때 얼마나 더 탄력을 받을 수 있는지, 주가가 하락하고 있을 때는 얼마나 더 떨어지게 되는지를 예측할 때 이용한다. 개별 종목에 쓰일 때에는 해당 종목의 주가 추세에 변화를 줄 수 있는 계기를 뜻하기도 한다.

건전성 문제를 정상화해야 한다. 또한, 개도국들은 과다한 유동성이 불러올 물가상승을 차단하는 데 총력을 기울여야 한다.

개도국들은 유동성 공급을 언젠가 중단해야 한다. 유동성을 지속적으로 공급해야 세계경제가 살아나겠지만, 현실은 선진국의 긴축재정ª과 개도국의 금융긴축ᵇ이 불가피한 실정이다. 또한 각국 정부는 글로벌경제위기를 극복하는 과정에서 국고가 고갈돼버렸기 때문에 긴축정책을 펼 수밖에 없다. 그러나 국고가 고갈되면 정부의 경기부양 정책은 어려워질 것이다.

결국 위기 이후 세계경제는 국가별로 차이가 있겠지만 저성장, 고물가 시대에 직면할 것이다. 기업들도 저성장에 따른 패러다임의 영향을 받을 수밖에 없다. 지구촌의 경제가 저성장의 장기 패러다임에 접어들었기 때문이다. 특히 패러다임 변화를 제대로 읽지 못하는 기업들은 갑작스럽게 좌초될 가능성이 높다.

20세기 최고의 벤치마킹 대상이었던 코닥, GM, 노키아, AIG, 시어스, 리먼브라더스가 글로벌경제위기의 충격으로 도산했다. 일본의 자존심으로 통했던 도요타, 소니, 샤프, 파나소닉, 닌텐도 등도

---

a **긴축재정(緊縮財政)**
주로 인플레이션 억제와 같은 경제 안정을 위해 국가 또는 지방자치단체의 예산 집행을 축소시키는 재정정책.

b **금융긴축(金融緊縮)**
경기의 과열을 억제하기 위해 중앙은행이 지급 준비율을 인상하거나 증권 매각 등의 정책을 써서 통화의 유통을 축소시키는 일.

적자를 내는 등 자존심을 구긴 상태다

과거 불황 때는 많은 기업들이 구조조정, 원가절감을 하면서 버틸 수 있었다. 그러나 저성장 시대, 패러다임이 변하는 시대에는 근본적인 혁신, 기업의 대전환을 끌어내지 않으면 안 된다.

"기업들은 성장을 위한 암호를 풀고 일자리를 창출하기 위해 지혜를 짜내지 않으면 안 된다."

무타르 켄트(Muhtar Kent) 코카콜라 컴퍼니 회장은 이 말을 통해 미래를 준비하는 모든 기업들에게 상징적인 메시지를 던지고 있다.

 아리랑 TV 리얼토크 – Martin Feldstein

작아지는 미국, '힘의 방정식 2.0' 시대가 열렸다

지구촌을 지배할 새로운 '힘의 방정식 2.0'은 무엇일까? 글로벌 리더들은 '힘의 방정식'을 제대로 읽는 개인과 기업만이 혁명적인 부(Revolutionary Wealth)를 창출할 수 있다고 말한다.

산업혁명을 일으킨 영국은 19세기에 세계경제를 지배하며 해가 지지 않는 나라가 되었다. 19세기 중반부터 20세기 초까지 불과 50

년 사이에 자국 크기(약 24만km²)의 150배에 달하는 거대 식민 영토를 개척해 '해양 제국'을 건설했다. 영국은 지구의 육지 면적의 약 4분의 1에 해당하는 3,660만km²의 땅을 경제영토로 확장하며 '팍스 브리태니카' 시대를 열었다.

그러나 권력은 끊임없이 이동하는 법이다. 제2차 세계대전에서 연합군의 승리를 이끈 미국이 영국에 이어 세계경제와 정치를 지배하기 시작한다. 미국이 세계평화와 질서의 중심임을 알리는 '팍스 아메리카나' 시대를 연 것이다.

특히 미국은 1944년 미국 북동부 브레튼우즈에서 체결한 브레튼우즈 협정[a]을 통해 달러화를 세계 기축통화로 만들어 세계경제 패권을 손아귀에 넣었다. 월스트리트가 만들어낸 권력은 세계 금융을 쥐락펴락했고 IMF 등을 통해 미국 중심의 글로벌 스탠다드를 전 세계에 전파했다. 이 결과 미국은 전 세계 GDP의 4분의 1 이상을 생산해내며 세계경제의 절대강자로 부상했다.

하지만 금융위기가 강타하면서 글로벌사회는 아시아가 세계경제를 회복시킬 것이라 기대하고 있다. 특히 중국은 세계경제의 성장 엔진 역할을 하며 세계경제의 맹주로 부상하고 있다. 과연 중국은

---

a 브레튼우즈 협정(Bretton Woods Agreement)
미국 달러를 금 1온스당 35달러로 고정하고 다른 국가들의 화폐는 고정환율로 달러와 교환할 수 있도록 한 협정. 미국은 복지국가 건설, 베트남 전쟁비용 마련을 위해 통화량을 급격히 늘려야 했는데, 이로 인해 달러 가치 하락에 대한 압박을 받게 됐고 금값이 폭등했다. 이에 미국 닉슨 대통령은 1971년 협정을 폐기(금본위제)하고 달러본위제를 채택했다. 달러본위제 실시로 미국은 원하는 만큼 돈을 찍어낼 수 있게 됐다.

세계의 경제패권을 거머쥘 수 있을까? 미국·유럽에서 아시아로 힘의 이동이 완성되면 중국과 인도(친디아, Chindia)가 '지구촌의 경제패권'을 거머쥘 수 있을 것인가?

긍정적인 전망이 우세한 가운데 2002년 이후 중국은 이를 증명이라도 하듯 무서운 속도로 성장하고 있다. 2005년에는 경제규모에서 영국을 제친 데 이어 2007년에는 독일을 제치고 미국·일본에 이어 세계 제3위의 경제대국으로 발돋움했고, 2009년에는 일본을 추월해 세계 2위의 경제대국이 됐다.

영국 경제학자 앵거스 매디슨(Angus Madison)은 중국의 경제규모가 오는 2015년 1경 2,271조 달러에 이르러 미국을 7% 정도 앞지르게 될 것이라는 다소 섣부른 예측까지 내놓았다. 카네기재단도 2035년께 중국이 세계 1위의 경제대국이 될 것이라고 예견했다. 시점의 차이는 있지만 중국의 부상은 시간문제다.

중국 런민(人民)대학 진찬롱(金燦榮) 국제관계학원 부원장은 2020년 이전에 중국의 경제력이 미국을 추월할 것으로 전망한다. 2012년 중국의 GDP는 8조 7,000억 달러에 달할 전망이며 2013년 말에는 10조 달러를 넘어설 것으로 예상된다. 이는 세계사적으로 매우 의미 있는 일이다. 역사상 미국에 이어 두 번째로 '10조 달러 클럽'에 드는 국가가 탄생하기 때문이다.

미국의 2011년 GDP가 약 15조 달러였기 때문에 중국이 얼마나 빨리 성장을 향한 가속페달을 밟느냐에 따라 미국을 추월하는 때가 결정될 것으로 보인다.

'글로벌 성장엔진'이 아시아로 교체됐다

골드만삭스는 2042년 중국에 이어 세계 2위 경제대국이 될 국가로 인도를 지목했다. 〈월스트리트저널(WSJ)〉은 "인도는 2020년 내에 세계 5위, 2050년에는 미국을 추월해 세계 2위의 경제대국이 될 것"이라고 예단한다.

힘의 이동이 미국에서 아시아로 진행되고 있다는 사실은 쉽게 알 수 있다. BRICs(브라질 · 러시아 · 인도 · 중국), 'Next 11ᵃ', 'BRICKSᵇ' 'VRICsᶜ' 등의 신조어도 힘의 이동을 대변하고 있다.

이 같은 신조어는 부상하는 지구촌의 성장엔진이 교체되고 있음을 시사한다. 기업들은 시장이 만들어지는 이들 국가의 성장에 주목해야 한다. 이는 21세기 개인과 기업이 부를 캐내려면 아시아 시

---

a Next 11
브릭스에 이어 성장 잠재력과 투자 전망이 좋은 나라로 평가되는 11개의 신흥국가를 가리키는 말이다. 한국을 비롯해 멕시코, 베트남, 이란, 이집트, 터키, 인도네시아, 필리핀, 파키스탄, 방글라데시, 나이지리아가 포함되어 있다.

b BRICKS
기존 BRICs 국가에 카자흐스탄의 K, 남아프리카공화국의 S를 추가한 것.

c VRICs
기존 BRICs 국가에 브라질 대신 베트남의 V를 넣었다. 그만큼 아시아로 힘이 쏠리고 있음을 나타낸다.

장에서 해법을 찾아야 한다는 점을 보여주고 있다.

글로벌 파워 국가의 부상

- 1970년대~1996년 : G6, G7(경제규모 상위 7개국) 주도
- 1997년 : G7+1(러시아) 주도
- 1999년 : G8, G20 창설 합의
- 2001년 : BRICs
- 2005년~ : Next 11, BRICKS, VRICs
- 2006년 : G2, 차이메리카(Chimeirca)
- 2008년 : G20 정상회담

글로벌 파워 국가의 부상은 전 세계적 역학관계의 변화에 따른 시대상을 정확히 반영하고 있다.

지구촌 파워 국가들의 모임이 시작된 것은 지난 1975년의 일이다. 석유파동과 그 여파에 따른 불황을 극복하기 위해 미국, 서독, 영국, 이탈리아, 일본, 프랑스 등 경제규모 상위 6개 국가들이 G6를 출범시켰다. 이듬해에 캐나다가 참여하면서 G7 국가가 됐다. 1991년 냉전 구도가 해체되면서 러시아가 참여하기 전까지, G7은 16년 간 세계의 정치, 경제질서를 좌지우지하는 서방선진국의 모임으로 세력을 과시했다.

2000년대 들어 신흥국가가 부상하면서 선진국과 후진국 간의 대

화채널이 필요해졌다. 그 결과, 1999년 G7과 EU 의장국들, 12개 신흥국을 합쳐 G20를 창설하기로 결론이 모아졌다.

이후에는 브라질, 러시아, 인도, 중국의 도약이 거세지자 골드만삭스 자산운용의 회장이자 《그로스 맵(The Growth Map)》(2011)의 저자인 짐 오닐(Jim O'Neill)은 10년 후 브릭스 세상이 도래할 것을 예견했다. 그리고 그의 예측대로 이들 국가는 경제적 파워의 중심이 되고 있다. 오닐 회장은 2005년 아시아, 남미, 중동, 아프리카의 시대를 예견하며 'Next 11'을 키워드로 제시하기도 했다.

2000년대 중반이 되자 특히 중국이 신흥강국으로 급부상했다. 이에 2006년 무렵 미국 학계는 세계경제와 안보를 이끌어갈 영향력 있는 두 나라라는 의미에서 'G2'라는 용어를 사용하기 시작했다. 2008년 발생한 글로벌 금융위기를 극복하기 위해 선진국과 신흥국 간의 공조를 논의하기 위해 사상 처음으로 G20 정상회의가 개최되기 시작했다.

G20 국가의 국내총생산은 전 세계의 85%에 해당하고 세계 교역량의 80%를 차지할 만큼 경제 영향력이 막강하다. 이 파워 집단이 부상하면서 지구촌의 역학관계가 급변하고 있다.

'달러 캐리' 후폭풍이 분다

2008년 글로벌 금융위기로 단행된 미국의 제로금리는 2009년 16년 만에 처음으로 달러화 금리가 엔화 금리보다 낮아지는 기현상을 연출했다. 이후 글로벌 금융시장에 '초저금리=엔화'라는 공식이 깨지고 '초저금리=달러'라는 새로운 공식이 생겨났다. 이로써 엔화의 캐리 트레이드(Carry Trade)[a] 시대를 '달러 캐리 트레이드'가 대체하고 있다.

금리가 싼 엔화나 스위스의 프랑을 빌려 세계시장에 투자하던 시대가 저물고 달러를 빌려 투자하는 시대로 바뀌고 있다. 국제통화기금(IMF; International Monetary Fund)도 미국달러를 '캐리 트레이드 통화'로 규정했다. 달러화와 엔화 간 금리 역전 현상은 국제 자본의 흐름을 바꿔놓는 중요한 변수가 되고 있다. 저금리는 달러 약세를 가속화하며 새로운 달러 캐리 트레이드 시대를 열고 있다.

이에 따라 달러 자금이 어디로 흘러 들어가느냐가 관전 포인트가 됐다. 달러 자금의 이동 향방에 따라 해당 국가의 자산가치와 통화가치에 큰 변화가 생기기 때문이다. 일단 달러 캐리 트레이드는 달러 약세를 더 부추길 가능성이 높다. 90년대 일본의 초저금리로 시

---

a **캐리 트레이드(Carry Trade)**
금리가 낮은 국가에서 돈을 빌려 수익률이 높은 국가에 투자해 금리 차와 환차익을 얻는 거래 방식을 말한다.

작된 엔 캐리 트레이드[a]는 엔화 약세를 초래했기 때문이다.

캐리 트레이드 과정에 국제 금융시장을 이동하는 단기 부동자금인 '핫머니(Hot Money)'가 기승을 부린다. 핫머니는 일시에 대량으로 움직인다는 점에서 위험하다. 금리 투기를 비롯해 환율, 채권, 주가, 부동산, 원자재 등 대상을 고려하지 않고 일시적으로 뭉칫돈을 움직여 차익을 챙긴 뒤 떠난다. 이는 외환 수급 관계를 비롯해 주가, 원자재 가격, 부동산 가격의 급격한 변동을 초래한다.

핫머니의 투기지역으로 지목되는 국가는 호주, 뉴질랜드, 브라질, 러시아, 남아프리카공화국, 멕시코와 같은 고금리 국가들이다. 세계은행은 홍콩, 중국, 싱가포르, 베트남, 한국 등 아시아시장에도 막대한 자금이 유입돼 부동산과 주가가 급등하는 등 자산 거품을 일으키고 있다고 지적했다.

IMF는 특히 "홍콩의 자산 가격 급등은 수요와 공급의 펀더멘털(Fundamental)[b]과는 무관하며, 자본유입에 따른 것이다"라고 꼬집었다. 문제는 캐리 트레이드 자금이 갑작스럽게 청산될 수 있다는 점이다. 핫머니는 국가경제 여건과 관계없이 급속히 빠져나가기 때

---

a 엔 캐리 트레이드(Yen Carry Trade)
일본의 낮은 금리를 활용해 엔화를 빌려 제3국에 투자하는 금융거래를 말한다. 즉 초저금리인 엔화를 상대적으로 금리가 높은 국가의 금융상품에 투자하는 것이다.

b 펀더멘털(Fundamental)
한 나라의 경제가 얼마나 튼튼한지를 나타내는 용어로 기초적인 자료가 되는 경제성장률, 물가상승률, 경상수지 등의 주요 거시경제지표를 뜻한다.

문에 해당 국가의 금융시장을 교란시킨다. 이렇게 될 경우 신흥국가의 자산가치는 순식간에 폭락한다.

따라서 누리엘 루비니 뉴욕대 교수는 미국 연방준비제도이사회(FRB; Federal Reserve Board)가 나중에 금리를 올리면 캐리 트레이드가 청산되면서 글로벌 자산시장의 거품이 붕괴될 수 있다고 경고한다. 그는 "(핫머니가 철수해) 신흥시장의 거품이 꺼지면 미국달러화의 가치가 6개월~1년 안에 15~20% 급등할 수 있다"고 경고한다. 그만큼 달러화 약세가 핫머니 투기를 자극해 국제 원자재 가격의 상승을 부추기고 있으며, 이로 인해 자산시장이 과열되고 있다는 진단이다.

돈이란 생태적으로 이익에 따라 움직이게 돼 있다. 초저금리 상태는 언제까지 지속될 수는 없다. 출구전략(Exit Strategy)[a]에 따른 핫머니 유출사태는 구체적으로 주가 급락, 자산가치 하락, 원화값 하락, 외환보유액 감소 등으로 이어져 한국 금융시장을 혼란에 빠뜨릴 수 있다. 따라서 이러한 사태에 대비하는 지혜가 필요하다.

 제로금리(Zero Interest Rate)

---

a **출구전략**(Exit Strategy)
경기침체기에 경기를 부양하기 위해 취했던 각종 완화정책을 경제에 부작용을 남기지 않게 하면서 서서히 거두어들이는 전략을 말한다.

달러와 위안화의 통화전쟁이 시작됐다

중국의 국내총생산이 2020~2025년까지 미국을 추월하는 동안, 미국은 가만히 구경만 하고 있을까? 글로벌 리더들은 미국과 중국이 10년 이상 세계경제의 헤게모니(Hegemony)를 놓고 대혈투를 벌일 것으로 내다보고 있다.

그 핵심은 달러화 대 위안화의 자존심을 건 '통화전쟁'이다. 위안화가 포스트달러 시대의 기축통화가 되기 위해 몸부림을 칠 전망이다. 이렇게 되면 달러화가 20세기에 가졌던 기축통화로서의 위상은 시간이 지날수록 더 흔들리게 된다.

미국발 금융위기가 '달러 제국'을 서서히 무너뜨릴 것이라는 전망이다. 이는 전 세계의 기축통화(Key Currency)[a]로서 60여 년을 이어온 달러의 위상에 금이 가고 있음을 시사한다. 기축통화는 국제 통화 가운데 국제적으로 외환보유액, 환율 기준 통화, 투자대금 등에 광범위하게 쓰이며, 일반적으로 초강대국으로서 정치와 경제 리더십, 통화에 대한 신뢰성, 금융시장 유동성, 거래 네트워크 등의 측면에서 파워를 행사한다.

러시아의 드미트리 메드베데프(Dmitry Medvedev) 현 총리는 달러에 맞서는 '슈퍼 통화'에 대한 논의에 줄곧 불을 붙이고 있다. 그는

---

a **기축통화**(key currency)
금과 더불어 국제외환시장에서 금융거래 또는 국제결재의 중심이 되는 통화이다. 미국 달러가 대표적이다.

"미국경제위기로 달러에 대한 인식도 달라졌으며, 세계 공통의 지불 수단이 필요하다"고 강조한다. 브라질과 러시아, 인도, 중국, 즉 브릭스는 2009년 6월 16일에 사상 첫 정상회담을 러시아 모스크바에서 열고 '슈퍼 통화 구상'을 내놓았으며 이 핵심에는 중국이 있었다.

기축통화 전쟁에는 엔화와 유로화, 위안화가 도전장을 내밀고 있다. 중국은 국제통화기금의 특별인출권(SDR; Special Drawing Rights)[a]을 초국가적 준비통화로 채택하자고 제안했다. 원자바오(溫家寶) 중국 총리는 "달러화를 기축통화로 사용하는 기존의 세계 금융질서를 개편해야 한다"며 국제 통화질서가 재편돼야 한다고 촉구한다. 로버트 졸릭(Robert Zoellick) 세계은행 총재도 "미국은 기축통화로서 달러 지위가 계속될 것이라고 자만해서는 안 된다"고 꼬집고 있다.

아시아공동통화(ACU; Asian Currency Unit)[b]를 만들자는 논의도 거세다. 한국은행은 2009년 〈글로벌 기축통화 논의 내용과 향후 전망〉이라는 보고서를 통해 "최근 기축통화로서의 달러화 위상에 대

---

a **특별인출권**(SDR; Special Drawing Rights)
1969년 국제통화기금 워싱턴회의에서 도입이 결정된 가상의 국제준비통화.

b **아시아공동통화**(ACU; Asian Currency Unit)
한·중·일 3국과 동남아시아국가연합(ASEAN) 10개국 등 13개국 통화가치를 가중 평균한 아시아의 단일 통화단위로, 아시아 국가들에 대한 금융지원 업무를 맡고 있는 아시아개발은행(ADB)이 2006년 3월에 공표했다. 1999년에 탄생한 유로화의 전신인 ECU(European Currency Unit, 1979년 유럽 단일통화로 채택)와 유사하다.

한 도전 움직임이 나타나고 있다"며 "달러화의 지위는 장기적으로 서서히 약화될 것"이라고 전망했다.

달러화에 대한 글로벌 통화의 도전은 이미 시작됐다. 2008년 이후 수년간 진행된 경기부양책으로 방출된 달러의 과잉 공급, 심각한 재정적자(1조 8,500억 달러)와 기축통화 경쟁 등은 달러화의 세력을 약화시킬 수밖에 없다. '위기 후 세계경제'는 승자들이 펼칠 새로운 패권쟁탈전이 벌어지게 된다.

장기적으로 달러값의 하락은 불가피하다. 이에 대한 반작용으로 구리 · 원유 · 옥수수와 같은 원자재 가격은 물론, 주식과 부동산 가격이 먼저 움직이게 된다. 경기가 되살아날 것이란 확신이 안겨줄 돈의 움직임을 선제적으로 이용해야 한다.

 New World Order Currency Announced

 Wen Jiabao Announces Plans for Currency Reform

 MaximsNewsNetwork: ECONOMIC CRISIS: WORLD BANK'S ROBERT ZOELLICK

초인플레이션의 부메랑이 다가온다

세계적인 경제위기를 일으켰는데도 미국이 무너지지 않고 버티는 힘은 어디에서 나오는 걸까? 바로 기축통화인 달러다. 위기 속에서도 달러가 최고의 안전자산으로 인식되면서 모든 자금이 달러에 몰리고 있기 때문이다. 이 때문에 달러가치가 떨어지지 않고 있지만 장기적으로는 초인플레이션의 부메랑이 돼 돌아올 전망이다.

세계적인 투자자 워렌 버핏(Warren Buffett)과 조지 소로스(George Soros), 월스트리트의 대표적인 비관론자 마크 파버(Marc Faber) 등은 세계 각국이 쏟아낸 유동성이 자산가격의 상승을 가져올 것을 우려하고 있다.

2008년 이후 글로벌 금융위기와 유럽 재정위기의 늪에서 벗어나기 위해 미국, 유럽 등 세계 각국은 막대한 자금을 시장에 쏟아냈다. 각국의 정부가 내놓은 카드는 두 가지다. 하나는 막대한 정부 재정인 예산, 특히 추가예산을 편성해 적자예산을 편성하면서까지 시장에 돈을 쏟아 붓는 재정정책이다. 다른 하나는 미국, 일본, 유럽이 '제로금리'로 사상 최저금리를 만들어 시장을 살리는 데 주력하는 통화정책이다.

문제는 이로 인해 야기될 물가불안에 대한 걱정이다. 글로벌 리더들은 초인플레이션의 한파가 유럽 재정위기 이후 몰아닥칠 것이라고 전망한다.

물가 폭등에 이어 또 다른 거품 형성, 금리 인상, 세금 인상 등의 부메랑이 기업과 가계경제를 힘들게 할 것이라는 전망이다. 이에 따라 글로벌 석학들은 경제 사이클이 만들어낼 초인플레이션을 지금부터 대비해야 한다고 조언한다.

경기는 '불황 ⇨ 회복 ⇨ 호황 ⇨ 후퇴'의 4단계 경기순환 (business cycle)을 되풀이하며, 현재는 불황기를 지나 회복기에 접어드는 단계에 있다. 하지만 지난 2008년 이후 계속된 불황을 극복하기 위해 각국 정부가 쏟아낸 유동성(통화 확장정책)이 물가상승을 초래해 오히려 경제에 부담이 될 것이다.

통화체제 권위자인 배리 아이켄그린(Barry Eichengreen) UC버클리대 교수는 "장기적으로 달러화는 약세로 돌아설 수밖에 없고 위안화가 기축통화로 부상하려면 세계 금융시장을 떠받칠 만큼 유동성을 충분히 공급해야 하지만 그러기 위해서는 시간이 2020년이 지나야 할 것"이라고 예상했다.

 더벨 – "유동성의 힘과 잠재적 위험"

미국의 경제침체 2020년까지 계속된다

빌 클린턴 행정부 시절 연방준비제도이사회 부의장으로 일했던 앨런 블라인더(Alan Blinder) 프린스턴대 교수는 2020년께나 미국경제가 회복될 것으로 전망한다.

미국경제에 있어 최고의 골칫거리는 대규모 실업사태다. 실업률이 해결되지 않는 한 소비자들이 지갑을 열기 힘든 상황이다. 결국 경제의 메커니즘대로 소비자들이 지출을 꺼리면 기업의 성장은 둔화될 수밖에 없고 기업들은 자연스럽게 고용을 줄일 수밖에 없다.

2012년 현재 미국 내 실업자 수는 1,400만 명에 달하고 이 가운데 600만 명은 6개월 이상 일자리를 찾지 못한 장기 실업자들이다. 실업자들은 물론 최악의 경제위기를 경험한 미국의 소비자들은 소비를 줄여 이 돈으로 저축을 하고 있다. 이 같은 상황은 1929년 대공황 때도 똑같이 나타났던 현상이다. 게다가 미국 정부가 2008년 12월부터 제로금리정책을 펴고 있고 양적 완화(QE; Quantitative Easing)[a] 정책을 통해 지속적으로 재정지출을 늘리고 있다. 이는 미국 정부가 사용할 수 있는 재정·통화정책에 대한 여력이 충분치 않은 상황을 뜻한다.

블라인더 교수는 FRB가 사실상 실탄을 소진한 상태로 보고 있다. 이로 인해 미국의 실업률이 금융위기 이전인 2007년의 4~5% 수준으로 돌아오는 시기를 2020년 쯤으로 전망하고 있다. 단기간에 실업률을 떨어뜨려주는 '마법의 탄환(Silver Bullet)' 같은 것은 있

---

a 양적 완화(Quantitative Easing)
중앙은행이 통화를 시중에 직접 공급해 경기를 부양시키는 통화정책.

을 수 없는 일이기 때문이다. 이는 미국과 대부분의 유럽 국가, 일본 등 선진국경제가 저성장 · 고실업에 시달릴 수밖에 없음을 시사하고 있다.

미국 정부가 얼마나 많이 지출을 줄이느냐에 관심이 모아지고 있다. 재정정책을 통해 정부가 자금을 계속해서 시장에 풀 경우 또 다른 재정위기의 부메랑을 맞을 수밖에 없기 때문이다.

 앨런 블라인더 美 프린스턴대 교수

미국 vs 중국 무역전쟁이 일어난다

연평균 10%라는 놀라운 성장률로 쾌속질주를 해오던 중국이 2011년 이후 한 자릿수 성장으로 둔화의 길을 걷고 있다. 그럼에도 중국의 성장률은 매우 높은 수준이다.

중국 국무원발전연구센터의 리우스진(劉世錦) 부주임은 "중국경제가 2010년까지 10%대의 고속성장 시대를 유지해왔지만 2015년 안에 6~7%대의 중등 성장 속도의 시대로 진입하게 될 것이다"고 전망한다.

중등 성장 속도의 시대는 빠르면 2014년, 늦으면 2017년에 시작될 것이라는 전망이 우세하다. 경제성장 속도가 하락하면 중장기적으로 중국의 성장 잠재력 자체가 하락하게 되기 때문이다.

문제는 중국과 미국 간 무역역조현상이 갈수록 심각해지고 있다는 점이다. 중국이 만들어낸 저가 제품들은 지난 1990년대와 2000년대 초 미국이 초호황을 누리는 데 핵심 역할을 했다. 중국의 저가제품이 미국경제의 물가안정을 주도하는 역할을 했기 때문이다.

하지만 미국과 중국 간 무역역조현상은 미국 의회의 불만을 낳고있다. 이로 인해 중국의 중상주의(mercantilism, 국가의 보호로 무역, 특히 수출을 지원)[a]적 정책이 미국 의회의 표적이 되고 있다.

5세대 지도층이 중국의 진짜 미래 만든다

중국은 2012년 10월, 제18차 중국공산당 전국대표회의에서 시진핑(習近平)을 국가 부주석으로 하는 5세대 지도부를 출범시킨다. 이날 이후 시진핑은 향후 10년간 중국을 이끌게 된다. '13억 대륙'의 지도자로 어떤 정책을 펴느냐에 따라 중국은 물론 세계경제에 큰충격이 가해진다. 5세대 지도부의 특징은 고학력의 젊은 전문가들로, 이들이 바꿀 중국의 미래에 주목해야 한다.

중국의 계파는 후진타오(胡錦濤) 주석이 이끄는 공청단파(공산주

a **중상주의(mercantilism)**
16~18세기에 유럽에서 지배적이었던 경제 이론과 정책들. 경쟁국의 국력 희생을 대가로 자국의 국력을 증가시킬 목적으로 국민경제에 대한 정부의 규제를 증대시키는 것이다.

의청년단)[a]와 장쩌민(江澤民) 전 주석을 정점으로 한 상하이파(상하이 출신 고위 정치인들)[b], 태자당파(혁명 원로 및 고위관료의 자제)[c]의 3개 파로 나뉜다. 시진핑 부주석은 상하이파의 힘을 받아 통치권을 위임받은 인물이다. 따라서 권력의 암투가 예상되지만 계파 간 세력균형이 중요한 과제가 될 전망이다.

태자당 출신으로 공천당파와 상하이파의 지지를 두루 받고 있는 시진핑은 실사구시(實事求是) 노선을 따르고 있다. 그는 "현실성 없는 구호나 비현실적인 목표는 무의미하다"며 "실제 상황에 따라 업무 방향을 결정하라"는 주문을 내놓고 있다.

중국은 1978년 현실파였던 덩샤오핑(鄧小平) 전 주석이 시장경제체제를 도입하면서 개혁·개방을 본격화했으며, 이후 30여 년 만에 비약적으로 성장하고 있다. 마오쩌둥 시대의 피폐해진 경제를 살리기 위해 절대평등주의를 버리고 일부를 먼저 잘살게 한 뒤 이를 확산시키는 '선부론(先富論)'을 주창했다. 부자가 되고 그 영향으

---

a 공청단파(공산주의청년단)

중국 공산당의 인재 양성소 역할을 하는 청년조직. 2000년 이후 후진타오 주석과 함께 상하이파의 견제세력으로 등장한 계파로 14세부터 입당해 28세까지 중국 각지 평범한 집안의 수재들을 모아 양성한다.

b 상하이파

후진타오 주석 이전에 중국 정·관·재계를 주름잡던 계파. 1980년대 중반 이후 중국의 개혁·개방을 추진한 세력으로 정치 이념보다 경제, 성장과 효율을 중시한다.

c 태자당파

중국 당·정·군·재계 고위층 인사들의 자녀를 일컫는 말. 혁명원로의 자녀, 고위 공산당 간부의 자녀들로 관시(關係)를 통해 당·정·군·재계를 주름잡고 있다.

로 다른 것을 풍요롭게 한다는 생각이었다. 하지만 개혁개방정책은 빈부격차, 관료의 부정부패, 물가상승, 실업 등의 부작용을 낳으면서 공산당에 대한 불만으로 이어져 1989년 6월 4일 톈안먼(天安門) 사태를 불러왔다.

이후 개혁개방정책이 소강상태에 빠지며 경제가 경색되자 덩샤오핑은 1992년 1월 말부터 2월 초까지 상하이, 선전, 주하이 등 남방 경제특구를 순시하며 '남순강화(개혁개방 확대)'를 천명했다. 사회주의 시장경제론을 가속화한 것이다.

개혁개방정책은 1993년 장쩌민, 2003년 후진타오에 이어 2012년 시진핑 차기 주석으로 사회주의 시장경제체제가 이어지고 있다. 세계경제에서 '슈퍼 파워'로 부상하고 있는 중국의 중심에 시진핑을 중심으로 한 5세대 지도부가 자리 잡고 있는 것이다. 글로벌 파워가 재편되고 있는 가운데 중국은 대외적으로 미국을 견제해야 하고 대내적으로 성장 지속, 빈부격차 해소, 부패척결 등 수많은 과제를 안고 있다.

시진핑

가장 큰 과제가 계파 간 권력 다툼이다. 상하이파의 지지를 받고 있는 시진핑의 부상으로 후진타오파와 장쩌민파 간의 대결이 주목받고 있다.

특히 시진핑 시대에는 G2 대

전이 거셀 전망이다. 오바마 미국 대통령과 롬니 전 매사추세츠 주지사는 "중국이 환율 조작을 통해 미국의 제조업 일자리를 훔치고 있다"며 중국을 압박하고 있다. 이에 시진핑은 대국굴기(大國堀起, 큰 나라로 우뚝 선다)로 맞서고 있어 정치, 경제, 군사 등에서 G2 국가 간의 대충돌이 예상된다.

남유럽이 딜레마에 빠졌다

재정위기를 겪고 있는 남유럽 국가들이 살아나려면 어떻게 해야 할까? 한스 베르너 진(Hans-Werner Sinn) 독일 IFO경제연구소 소장은 "남유럽 국가들이 재정위기를 극복하려면 부채를 줄이고 구제금융지원을 확대하는 방법이 유일하다"고 말한다.

정부 재정으로 '복지천국'이라는 소리를 듣던 남유럽 국가들이 살아남으려면 부채를 줄이는 게 유일하다는 결론이다. 이에 따라 유럽 중앙은행(ECB; European Central Bank)이 곤경에 처한 유로 회원국들을 살리기 위해 구제금융을 지급하고 국채까지 사들이고 있다.

그러나 밑 빠진 독에 언제까지 돈을 쏟아 부을 수는 없기 때문에 유럽 국가들이 다시 살아나는 데는 상당한 시간이 필요하다는 지적이 대세를 이루고 있다. 더 많은 돈이 풀려야 남유럽 국가들이 살아날 수 있는데, 현실적으로 사용할 돈이 없는데다, 부채를 줄여야 하기 때문에 정부는 긴축정책을 쓸 수밖에 없는 실정이기 때문이다. 이 같은 진퇴양난 상태는 남유럽 국가들의 경기불황, 장기 저성장이 불가피함을 시사한다. 게다가 긴축 대신에 성장을 선택하라는 국민들의 요구가 거세기 때문에 정치적인 충돌까지 겹쳐 경기회복을 힘들게 할 전망이다.

그렇다면 왜 남유럽의 금융위기 사태가 터지게 됐을까? 1995년 유로가 출범하면서 17개 회원국 간 경제력과 무관하게 하나의 환율로 고정됐기 때문이다. 국가별 경제력의 차이에 따라 환율이 달라져 상품의 가격도 달라져야 하지만 유로 회원국들은 환율이란 조정기능을 상실한 채 교역을 해왔다. 이로 인해 경쟁력이 없는 국가의 부가 경쟁력 있는 상품을 생산하는 국가로 지속적으로 유출되는 악순환이 되풀이됐다. 급기야 국가 재정의 고갈, 국가 부채를 증가시키는 원인이 됐고 재정위기라는 사상 최악의 사태를 낳았다.

앨런 그린스펀 전 미국 연방준비제도이사회 의장은 "유럽의 문제는 모든 국가가 재정적자를 안고 있다는 점이다"라며 "유럽은 흡사 구멍 난 배와 같고 우리는 괸 물을 지속적으로 퍼내고 있다"고 말한다. 그는 "그 구멍을 메우지 못하면 결국 배는 가라앉을 수밖에 없다"고 강조한다.

 위기의 남유럽을 가다 2부 – 이탈리아 예고된 위기

 위기의 남유럽을 가다 3부 – 탈출구 잃은 이베리아

아시아에서 성장 기회 찾아라

세계 리더들은 한결같이 아시아가 세계경제의 성장 동력이 될 것이라고 단언한다. 부시(George W. Bush) 전 미국 대통령은 "세계의 중심이 대서양에서 태평양으로 이동하고 있다"며 "세계경제의 미래는 '하나의 아시아'를 만드는 데 달렸다"고 강조했다. 향후 세계경제에서 아시아가 핵심 역할을 담당할 수밖에 없으며 아시아의 리더십이 더욱 부각될 수밖에 없다는 분석이다.

스티븐 로치(Stephen S. Roach) 예일대 교수도 "미래 아시아의 지향점은 '하나의 통합경제'를 만드는 것"이라며 "아시아의 균형 성장과 경제적 통합·협력이 금융위기 이후 전 세계에 무한한 기회를 제공할 것"이라고 전망했다.

그렇다면 왜 아시아인가? 지구촌의 인구구조가 세상을 바꿔놓을 전망이기 때문이다. 인구 증가는 대부분 아시아, 아프리카, 라틴아메리카에서 이뤄진다. 국제연합인구활동기금(UNFPA; United Nations Fund for Population Activities)에 의하면, 1804년 10억 명에 불과했던 세계 인구는 1927년 약 20억 명, 1959년 약 30억 명으로 늘어났으며, 40년 만인 1999년 약 60억 명으로 두 배 증가했다. 이어 12년 만인 2011년에는 약 70억 명을 넘어섰다.

유엔은 '세계인구전망'에서 지구촌 인구가 2050년에는 93억 명으로, 2100년에는 101억 명에 달할 것으로 추정한다. 특히 세계 인구의 60%(42억 명)를 차지하는 아시아인의 수는 중국이 13억

4,760만 명, 인도가 12억 4,050만 명으로 두 국가의 인구수만 거의 26억 명에 달한다. 2025년엔 인도 인구(14억 6,000명)가 중국(13억 9,000명)을 능가할 것이며, 이들이 소비 세력으로 부상할 경우 아시아의 경제력은 더욱 커질 전망이다.

미국국가정보위원회는 "18세기 이후 처음으로 중국과 인도가 다시 세계 최대 경제대국의 지위를 차지할 것"이라고 전망한다. 18세기에는 전 세계 부의 30%를 중국이, 15%를 인도가 차지했다. NIC는 이를 '되돌아간 미래(Back to the Future)'로 규정했다.

두 국가의 부상으로 2025년 국내총생산 규모는 미국, 중국, 인도 순으로 재편된다. 아누프 싱(Anoop Singh) IMF 아시아 · 태평양 지역 국장은 "2030년 아시아 경제규모가 G7을 추월할 것이다"라고 전망한다. 그는 "아시아경제는 중국과 인도의 강력한 경제성장에 힘입어 2015년 내에 50%가량 성장, 세계경제의 3분의 1 이상을 차지하게 될 것이다"라고 예상한다.

 IMF "亞, 여전히 세계경제 성장동력 돼"

 금융위기는 아시아 국가들을 깨우는 모닝콜

 UN의 세계인구전망

새로운 챔피언, 중국이 온다

2008년 8월 8일, 베이징 올림픽 개막식 때 전 세계인의 이목을 집
중시킨 사람이 있다. 마지막 성화주자로 등장한 그는 세 개의 밧줄
에 몸을 의지한 채 하늘을 비상하는 역동적인 새의 모습을 연출하
며 세계인들을 감동시켰다.

그는 1982년 세계 체조월드컵 6관왕, 1984년 LA올림픽 남자 체
조 부문 3관왕을 비롯해, 국내외 체조대회에서 모두 106개의 금메
달을 따낸 중국의 '체조 전설'로 통하는 리닝(李寧)이다. 그는 1988
년 서울올림픽에서의 발목 부상으로 선수생활을 접고, 이어 1990
년 자신의 이름을 브랜드로 스포츠용품회사를 설립했다. 이 회사는
20년 만에 중국 1위의 스포츠업체가 됐고 창업자 리닝은 '기업가
정신'의 상징이 됐다.

2004년 6월, 리닝은 회사를 홍콩증시에 상장했고 47억 홍콩달
러(약 6,200억 원)의 자산을 보유한 갑부가 됐다. 운동선수였던 그가
어떻게 비즈니스계에서 이 같은 부를 창출해낼 수 있었을까? 나이
키나 아디다스 같은 세계적인 브랜드가 장악하고 있던 중국시장에
서 어떻게 살아남을 수 있었을까?

전문가들은 남이 보지 못하는 시장을 찾아낸 '포지셔닝(Position-
ing)'에 있었다고 말한다. 포지셔닝이란 소비자의 마음속에 자사 제
품이나 서비스를 안착시키는 것을 말한다. 가장 유리한 포지션을
차지할 때 기업의 성공 가능성은 높다. 경쟁제품의 브랜드와 동일

한 포지션에 뛰어들면 실패할 확률이 높기 때문이다. 그는 "비즈니스의 성공은 남이 못 본 세계를 들여다보는 데 있다"며 "새롭게 부상하는 시장과 고객을 찾아내야 한다"고 강조한다.

리닝은 나이키, 아디다스와 정면 승부를 피하기 위해 중저가 제품으로 중소도시를 공략했다. 중국의 1급 도시인 베이징, 상하이, 광저우를 탈피해 2~4급의 신흥도시와 농촌도시로 눈을 돌린 것이다. 그는 "비즈니스의 성공은 남이 못 본 세계를 들여다보는 데 있다"며 "새롭게 부상하는 시장과 고객을 찾아내야 한다"고 강조한다.

삼성경제연구소는 〈새롭게 주목해야 할 중국 소비시장〉을 통해 "중국의 신(新)시장과 신소비층에 주목하라"고 조언하고 있다.

보고서가 제시하는 신시장은 2~3급 도시, 고속철과 연계된 초광역경제권이며, 신소비층은 해귀파(海歸派, 해외에서 귀국한 인재와 1기

소황제와 2기 소황제^a)다.

2~3급 도시는 신흥 소비시장으로 부상하고 있다는 점에서 매력적이다. 특히 베이징과 상하이 간 고속철 노선이 2011년에 완공돼 중국 인구의 27%, 국내총생산의 40%를 차지하는 지역이 4시간 경제권으로 통합돼 주요 거점도시가 중요한 시장으로 부상하게 된다.

유아 대상의 학습지회사인 일본의 베네세코퍼레이션은 중국 신소비층의 부상을 겨냥해 2006년 중국에 진출했다. 이른바 '1기 소황제'의 부상에 주목한 것이다. 1기 소황제는 구매력이 높은 가정의 자녀로, 무려 1억 8,000명에 달한다. 이들은 특히 자녀양육을 위한 소비 비중이 높다. 이 때문에 '소황제 주니어시장'이 급부상하고 있다.

스웨덴 의류업체 H&M은 '2기 소황제'를 공략해 성공을 거두었다. 2기 소황제는 1990년대에 태어난 젊은 소비층을 일컫는다. 이들은 개방적이며 첨단 유행을 선도한다는 특징이 있다. H&M은 이들을 공략 대상으로 삼아 2007년 4월 상하이에 진출한 뒤 난징, 창저우, 선전, 우시, 베이징을 집중 공략해 대성공을 거두고 있다.

시장은 끊임없이 변한다. 새롭게 부상하는 시장과 소비층을 겨냥해 미리 길목을 지키는 기업만이 큰 성공을 거둘 수 있다.

---

a 소황제
중국의 1가구 1자녀 정책의 시행으로 마치 황제처럼 갖은 응석을 부리며 자란 세대를 말한다. 1980년대에 태어난 이들을 1기 소황제, 1990년대에 태어난 이들을 2기 소황제라고 한다.

'히든 챔피언'이 온다

세계 1위 기업을 만드는 비결은 무엇일까? 어떻게 하면 100년 넘게 영속하는 장수기업을 만들 수 있을까? '유럽의 피터 드러커'로 불리는 독일의 석학 헤르만 지몬(Hermann Simon) 박사는 '히든 챔피언(Hidden Champion)'에게 그 비결이 있다고 말한다.

그가 말하는 히든 챔피언이란 매출액이 40억 달러 이하로 세계 3위 이내 또는 해당 대륙 1위의 시장점유율을 가졌지만 산업재를 생산하기 때문에 일반인은 잘 모르는 기업을 일컫는다. 이들 기업이 성공한 것은 우연이나 기적 때문이 아니라 끊임없는 노력으로 특정 기술을 전문화해낸 틈새전략 덕분이었다고 강조한다.

히든 챔피언은 경쟁사들의 경쟁력을 인정하면서 은밀히 자신이 정한 목표를 향해 달려갈 뿐만 아니라 깊이를 추구하고 넓이를 추구하지 않는다. 하지만 상대하는 시장은 좁은 국내시장이 아니라 세계시장이다.

독일의 관상열대어 사료 제조업체인 테트라는 전 세계 열대어 먹이시장의 80%를 장악하고 있다. 독일만을 대상으로 하면 열대어 먹이시장이 좁지만 전 세계를 대상으로 하기 때문에 막강한 시장지배력을 행사하고 있다. 울리히 바엔시 박사는 50년 전 창업한 이후 수족관용 물고기 연구에만 집중해 현재는 100종이 넘는 사료 제품을 생산하고 있다.

특수접착제를 만드는 델로는 1961년 뮌헨에서 사업을 시작한 이래 공업용 접착제만을 생산하고 있으며, 휴대전화나 컴퓨터에 들어가는 칩을 붙이는 접착제를 만든다. 230명의 전문가가 연 3,000만 유로의 매출을 올리고 있다. 매출액의 10%는 반드시 연구개발에 투자한다. 기발한 틈새시장을 찾아낸 이 회사는 휴대전화시장을 장악하고 있다.

1984년 풍력발전에 쓰이는 회전날개를 생산하는 에네르콘(Enercon)을 창업한 알로이스 보벤은 직원들과 바람을 이용해 전기를 생산하는 풍력터빈 기술을 혁신하는 데 몰두해 전 세계 특허의 40% 이상을 획득했다. 이를 통해 수많은 기업으로부터 로열티를 챙기고 있다.

지몬 박사는 한국의 히든 챔피언으로 캐프(CAP)를 꼽는다. 캐프는 1995년 출범한 자동차와이퍼 전문 회사로, 와이퍼만을 연구한 결과 세계적인 회사가 됐다. 복잡한 구조를 가진 기존의 와이퍼와 전혀 다른 일체형 와이퍼를 개발해 전 세계 소비자들을 사로잡고 있다. 2008년 11월, 미국의 소비자단체 컨슈머리포트는 이 회사에서 만든 일체형 자동차와이퍼를 세계 1위로 선정했다.

캐프 제품은 마쓰다와 닛산, 다임러크라이슬러, GM 등에서 만드는 자동차에 부착된다. 틈새시장을 찾아내 전문화한 결과다. 쇠를 깎는 절삭공구의 일종인 엔드밀(End Mill)을 생산하는 YG-1도 히든 챔피언이다. 1981년 창업한 이래 엔드밀만 연구하고 있으며, 내구성과 초정밀성을 인정받아 세계 시장의 60%를 장악하고 있다.

아이디스는 1997년 디지털비디오레코더(DVR; Digital Video Recorder) 사업을 시작했다. 당시 아날로그에서 디지털로 콘텐츠를 전환하는 시대적 상황에 맞춰 사업에 뛰어든 것이다. 남들이 하지 않는 기술 분야에 뛰어들어 세계 시장을 선도하고 있다. GE, 소니, 마쓰시타와 같은 쟁쟁한 글로벌 기업들을 제압하고 DVR 업계 세계 1위를 달리고 있다.

선일금고제작은 1973년부터 무려 36년간 금고를 연구·제작해 왔다. 금고에 관한 한 세계 최고의 기술력을 갖고 있으며 전 세계 80개국에 금고를 수출하고 있다. 서울금속도 1981년부터 볼트와 너트와 같은 초정밀 파스너(Fastener)만을 집중 연구한 회사다. 이를 통해 세계적인 나사가공 기술을 확보했다. 특허만 24건에 달하고 삼성, LG, 소니 등의 대기업 제품 등에 안 들어가는 것이 없다.

이처럼 특정 기술을 전문화해서 틈새전략으로 승부한 히든 챔피언들이 세계 소비자를 사로잡고 있다.

02 자본주의의 진화 모델이 등장한다

새 자본주의 모델이 탄생한다

시장이 모든 것을 해줄 것이라던 신자유주의에 대한 믿음이 깨졌다. 시장 만능주의 주창자였던 다보스포럼조차 2012년 연례회의에서 자본주의의 폐해를 반성했다.

블룸버그통신은 2012년 다보스포럼에 참석한 투자자, 애널리스트, 트레이더 등 1,209명을 대상으로 설문조사를 실시했다. 이 결과 응답자의 70%가 "현행 자본주의 체제를 바꿔야 한다"라고 응답했다. 현행 체제를 유지해야 한다는 답변은 25%에 그쳤다.

자본주의 위기의 원인으로 '갈수록 심화되는 빈부격차'를 손꼽은 응답자들은 '정부의 대대적인 시장 개입'을 해법으로 제시했다. 정부가 적극적으로 시장 개입을 해야 자본주의의 위기를 해결할 수 있다는 진단이다.

응답자 중 70%는 "경제위기는 사회적 불안을 야기할 것"이며 "정부의 적극적인 시장 개입이 자본주의의 문제점을 치유하는 열쇠가 될 것이다"고 대답했다.

"지난 30년간 영미 대학에서 거시경제학 강의는 시간 낭비였다."

― 폴 크루그먼, 2008년 노벨 경제학상 수상자

"자유시장에 대한 추종이 경제에 재난을 몰고 올 수 있다는 사실을 목격하게 됐다."

― 조셉 스티글리츠(Joseph E. Stiglitz), 2001년 노벨 경제학상 수상자

"경제학이 그토록 신봉했던 '시장 만능주의'를 의심하라."

― 마이클 샌델 하버드대 교수

글로벌 금융위기가 터진 이후 세계 석학들이 기존 경제학을 거세게 비판하고 있다. 자본시장은 이용 가능한 정보를 즉각적으로 반영하기 때문에 효율적으로 작동한다는 금융경제학의 '효율적 시장 가설(EMH; Efficient Market Hypothesis)'에 대한 도전이 특히 거세다. 이로 인해 효율적 시장에서는 시장 평균 이상의 수익을 얻는 것이 불가능한 것으로 본다. 증권시장은 이용 가능한 모든 정보를 신속하게 가격에 반영하기 때문에 시장평균을 넘는 초과수익을 얻을 수

없다는 입장인 것이다. 즉 모든 정보가 시장가격에 즉각적으로 반영되기 때문에 과거 정보를 통해 미래가격을 예측하는 것은 불가능하다는 논리다.

하지만 경제학자들이 생각하는 것처럼 모든 투자자들은 경제적으로 합리적인 선택을 하지 않고 있다. 특히 증권시장은 비이성적으로 움직이는 일이 비일비재하게 일어난다. 2007년 월스트리트에서는 시장이 비이성적으로 폭발했다. 서브프라임 모기지론 채권가격은 나락으로 떨어졌고 파생증권을 거래했던 금융회사들은 문을 닫게 됐다. 효율적 시장 가설이 전혀 작동하지 않았던 것이다.

그렇다면 새롭게 떠오를 자본주의 모델은 무엇일까? 글로벌 리더들은 시장경제에 대한 다양한 비판을 수용할 수 있는 모델이 '신(新)자본주의 모델'이 될 것이라는 입장이다.

칼라일(Carlyle)그룹의 공동 창립자 데이비드 루벤스타인(David Rubenstein) 회장은 "현재 자본주의를 지배하는 법과 규제가 완전히 새롭게 정비되지 않으면 안 될 것이다"라며 "이를 위해 혁신과 창조의 마인드가 필요하다"고 조언한다. 그는 "중국과 같은 국가자본주의가 일자리 창출에 더 효과적일 수 있다"며 "지금 당장 경제모델을 개선하지 못한다면 우리가 최선이라 여겨왔던 자본주의는 종말을 맞을 것이다"고 경고한다.

누리엘 루비니 뉴욕대 교수는 신자본주의의 키워드로 균형(balancing)을 제시한다. 그는 "중국의 사례에서 볼 수 있는 것처럼 국가자본주의도 불평등을 초래해 사회적 불안정을 초래하고 있다"며 "(사회 내) 불평등을 최소화해 균형을 유지하는 것이 새로운 자본주의 모델의 도전과제"라고 진단한다.

라젠드라 시소디아(Rajendara S. Sisodia) 벤틀리대 교수는 새로운 자본주의 모델로 '깨어 있는 자본주의'를 제시한다. 이 자본주의는 기업이 비즈니스의 존재 이유, 비즈니스의 조직과 관리를 좀 더 깊이 자각해야 한다는 주장이다. 기존 비즈니스가 투자자들, 즉 주주들의 관점에서 부를 창조하는 데 몰입해 부정적인 결과를 만들어낸 데 반해 '깨어 있는 비즈니스'는 투자자뿐 아니라 고객, 직원, 사회, 환경 등 회사경영을 둘러싼 모든 사람들의 가치 충족에 경영의 초점이 모아져야 한다는 것이다.

'깨어 있는 자본주의'를 실행하려면 비즈니스의 숭고한 목적을 분명히 하고 주주 통합, 자각하는 리더십, 문화와 관리 등의 실천력이 뒷받침돼야 한다.

 다보스포럼 참가자 70% "現 자본주의 체제 바꿔야"

자본주의, 문제 있다 vs 문제없다

시장만능 자본주의의 실패가 글로벌 금융위기의 원인으로 지목되면서 자본주의에 대한 반성론이 거세다. 세계경제가 미국 월스트리트에서 시작된 금융위기의 파고를 넘기 시작할 무렵 또다시 유럽 재정위기가 불거지면서 글로벌경제위기가 장기화되고 있다. 전 세계 정부가 위기에 처한 글로벌경제를 구원하기 위해 저금리 정책, 통화 확장정책을 내놓고 있지만 정책효과가 실종될 정도로 세계경제는 쉽게 회생의 탄력을 받지 못하고 있다. 과연 무엇이 문제인가?

전문가들은 '자본주의 자체가 고장' 났기 때문이라고 말한다.

"1%만을 위한 자본주의 시대는 끝났다."

"모두에게 이익이 되는 자본주의 시스템을 만들어내야 한다."

– 클라우스 슈밥(Klaus Schwab) 세계경제포럼 창립자

"노동자들이 정부와 한 테이블에 앉아 자본주의 경제 시스템을 함께 고치지 않는다면 실패가 계속될 것이다."

– 샤란 버로우 국제노동조합총연맹 사무총장

"지금 당장 경제 모델을 개선하지 못한다면 우리가 최선이라 여겨왔던 자본주의는 종말을 맞을 것이다."

– 데이비드 루벤스타인 칼라일그룹 회장

"자본주의 시스템에 문제가 생긴 것은 급격한 기술 발달과 세계화, 창의적 기업에 대한 과도한 보상 등이 한꺼번에 어우러졌기 때문이다."

"자본주의 체제의 최대 위협은 성장의 정체다."

"한정된 일자리를 놓고 노사정(勞使政)이 사회적 합의를 이끌어내지 못한다면 자본주의 체제에 대한 불만은 계속될 것이다."

– 라구람 라잔(Raghuram Rajan) 시카고대 교수

이에 대해 18년 6개월 동안 미국 '경제대통령'으로 활동한 앨런 그린스펀 전 미국 연방준비제도이사회 의장은 "글로벌경제위기는 자본주의 자체의 문제가 아니라 잘못된 정책과 인간의 탐욕 때문"이라고 진단한다. 자본주의에 대한 공격은 정부의 잘못된 정책 때문이라는 것이다. 그렇다면 문제점으로 거론된 인간의 탐욕이나 정실자본주의(Crony Capitalism)[a]에 대한 그린스펀의 입장은 무엇일까? 바로 탐욕이란 인간의 본성이 문제이지 시장 자본주의 자체에 문제가 있지 않다는 것이다. 탐욕은 자본주의뿐만 아니라 어떤 경제 시스템에도 존재하며, 정경유착, 로비와 같은 정실자본주의 또한 자본주의의 잘못이 아니라 부패한 시스템 때문에 발생하는 것이라고 강조한다.

---

a **정실자본주의(Crony Capitalism)**
기업의 성공이 정부나 정치권과의 유착관계에 의해 결정되는 것으로, 자본주의의 병폐 중 하나를 뜻한다.

소득불평등 문제에 대해서도 "자본주의의 문제로 발생한 것이 아니라 글로벌화와 혁신 때문에 발생한 것"이라고 말한다. 결론적으로 그는 "자본가들의 행태에 수정(adjustment)이 필요할 뿐 자본주의를 대체할 시스템은 없다"는 입장이다.

'자본주의의 악'이 화의 시대를 불렀다

세계 자본주의의 심장으로 일컬어지는 월스트리트에서 시위대는 "자본주의는 악이다(Capitalism is evil)"라고 항변한다.[a] 자본주의를 부정하는 참으로 아이러니한 일이다. 자본주의는 기본적으로 인간의 소유욕과 탐욕을 바탕으로 하기 때문에 사회적 총량이 한정돼 있는 부를 나눠 갖는 과정에서 불평등이 초래될 수밖에 없다.

> "2008년 글로벌 금융위기를 초래한 세계는 현대사에서 가장 위험한 시기에 속하는 '악의 시기'에 직면했다."

헤지펀드의 제왕인 조지 소로스의 진단이다. 그는 나아가 "미국의 자본주의 체제는 2008년 이후 사망했다. 다만 정부의 재정투입

---

a **월스트리트 시위**(Occupy Wall Street)
빈부격차 심화와 금융기관의 부도덕성에 반발하면서 2011년 미국 월스트리트에서 일어난 시위.

등으로 사망 사실을 가리고 있을 뿐이다"고 단언한다. 또 "부의 불평등이 극심해 초래된 문제"라며 "부자들에게 세금을 더 많이 거두지 않으면 안 된다"고 강조한다. 오바마 미국 대통령이 추진 중인 '부자 증세'에 찬성한다는 입장이다.

소로스는 "효율적 시장 가설, 즉 시장은 합리적이며, 자율 규제로 재앙을 피할 수 있다는 믿음이 무너진 것은, 정치체제로써 마르크스주의가 붕괴되는 것에 비유할 수 있다"며 "완벽한 지식을 가정한 이런 신념은 현실과 매우 동떨어진 것이다"라고 강조한다. 따라서 "이제 우리는 '이성 시대'에서 '오류 시대'로 전환해야 문제를 제대로 이해할 수 있다"며 해법을 제시한다.

소로스는 "유로화가 무질서하게 붕괴되는 사태가 일어나면 수백 년 동안 유럽을 분열시켰던 정치적 갈등이 유럽에 재현될 것"이라면서 "외국인 혐오 같은 극단적인 형태의 민족주의가 발호(跋扈)할 수 있다"고 경고한다. 또한 월스트리트의 분노 시위를 "주주나 채권자보다는 납세자에게 비용의 대부분을 떠넘긴 정부의 잘못된 처방전에 대한 분노"라고 해석한다.

자본주의의 탐욕이 사회 계층 간 갈등을 심화시켰고 부의 불평등을 불러 시민의 분노를 초래한 만큼 자본주의가 효율적으로 작동하도록 정부의 역할이 더욱 중요해졌다는 조언이다.

 Wall Street CEO Peter Schiff visits "Occupy Wall Street"

비합리적인 경제 활동에 주목하는
행동경제학이 떠오른다

효율적 시장 가설이 힘을 잃으면서 경제학과 심리학을 결합한 '행동경제학'이 주목을 받고 있다. 행동경제학(Behavioral Economics)은 사람들이 경제활동을 할 때 합리적으로 행동하지 않는다고 본다. 경제학은 최소비용으로 효용을 최대로 극대화하는 것을 원칙으로 하지만 실제 많은 일들이 이 같은 원칙대로 이뤄지지 않기 때문이다.

행동경제학은 효율적 시장 가설에서 설명하지 못한 '이성적인 투자자가 이끌어낸 시장 불균형'을 설명해준다. 투자자들이 비이성적이라고 믿기 때문에 비효율적인 시장에 대해서도 설명할 수 있다는 것이다. 행동경제학의 대표자 중 한 명인 댄 애리얼리(Dan Ariely) 미국 듀크대 교수는 "서브프라임 모기지 사태는 스톡옵션 등 파생상품이 매우 복잡해 사기를 쳐도 괜찮다는 생각이 커지면서 발생했다"고 분석한다.

특히 행동경제학자들은 '공정성(fairness)'도 경제 주체에게 중요한 고려 요소 중 하나라고 지적한다. 행동경제학의 철학은 선천적으로가 아니라 적절한 환경과 훈련을 통해 형성된다는 믿음에서 출발한다. 학습자에게 제시되는 자극과 그로 말미암은 반응 간의 연속적이고 누적된 관계에 의해서 행태가 고착화된다는 믿음이다.

애리얼리는 "인간은 합리적이고 이성적이기보다는 실수투성이에다 감정적이고 종종 편견에 사로잡히는 만화 주인공 '호머 심슨[a]'과 비슷하기 때문에 사람들의 비이성적인 행동에 주목해야 한다"고 말한다.

또 다른 행동경제학자인 로버트 실러(Robert J. Shiller) 미국 예일대 교수는 금융위기의 원인을 사람들이 시장에 대해 갖고 있는 '심리의 전염성'에서 찾는다. 시장에 낙관적인 전망이 우세하면 투자심리가 확산돼 투자자가 늘면서 거품을 만들어낸다. 하지만 악재가 쏟아지며 투자심리가 위축되면 자산을 매각해 가치하락을 촉발시킨다. 시장은 이처럼 심리의 향방에 큰 영향을 받는다.

 Dan Ariely On A Different Way of Looking at the Sub-Prime Mortgage Crisis

 Dan Ariely asks, Are we in control of our decisions?

 Robert Shiller Talks Housing Bubble, Goldman Sachs

---

a **호머 심슨**(Homer Jay Simpson)
미국 폭스 TV의 애니메이션 시리즈 〈심슨 가족(The Simpsons)〉에 나오는 한 집안의 가장이자 미국 노동자의 캐릭터.

대불황은 소득불균형에서 비롯됐다

왜 경제는 호황과 불황을 거듭할까? 왜 세계경제는 위기를 되풀이하는 것일까? 전 세계를 강타한 금융위기는 우리에게 어떤 결과를 가져다줄 것인가? 과연 세계경제는 위기의 터널을 지나 호황으로 나아갈 것인가?

진보적 정치경제학자로 알려진 로버트 라이시(Robert Reich) UC버클리대 공공정책대학원 교수는 "대불황은 부자들과 중산층 사이에 발생한 소득격차 때문이다"라고 단언한다. 미국경제가 활발히 성장하면서 미국의 중산층은 성장에 대한 보상을 기대했다. 하지만 부의 대부분은 상류층에게만 돌아갔다.

이로 인해 중산층들은 재화와 서비스를 구매할 능력을 상실했고, 수입에만 의존할 수 없어서 대출에 의존했다. 결국 중산층의 구매력이 실종되면서 미국경제는 불황의 늪에 빠졌다는 것이 라이시의 분석이다. 그렇다면 이 같은 위기의 원인을 어떻게 해결해야 할까? 라이시는 "경제의 균형을 되찾아야 한다"고 강조한다. 경제혜택이 극소수에게만 집중되지 않고 폭넓게 공유되어야 한다는 것이다.

미국역사는 경제혜택이 극소수에만 집중되는 시기와 중산층이 번영하는 시기가 수레바퀴처럼 되풀이되었다. 경제혜택이 소수에게만 집중됐을 때는 대공황을 야기했고, 성장 결과가 중산층에게도 골고루 나눠졌을 때는 대호황이란 결과가 뒤따랐다.

실제로 미국 자본주의의 제1단계(1870~1929)는 수입과 부가 점차 집중되는 시기로, 부가 소수에게만 넘어갔다. 이로 인해 미국 경제는 대공황이라는 고통의 늪에 빠져야 했다. 하지만 제2단계(1947~1975)의 30년 동안에는 부의 결실이 중산층에게도 골고루 나눠졌다. 중산층은 돈을 벌어 필요한 제품과 서비스를 구입하는 소비 세력의 주체가 됨으로써 미국경제의 대번영을 이끌 수 있었다.

미국 자본주의의 부는 1980년 이후 제3단계(1980~2010년)에 접어든다. 이 시기에는 안타깝게도 중산층에게도 돌아갔던 부가 다시 소수에게 집중되기 시작했다. 그 결과물이 2008년부터 전 세계가 경험하고 있는 글로벌 금융위기다.

라이시는 결국 소득불균형의 심화는 경제와 정치 부작용을 초래한다고 지적한다. 중산층이 공평한 부를 분배받지 못하면 빚 구덩이에 빠진다. 이로 인해 경제는 성장 둔화와 호황, 불황을 오가며 매우 불안정한 상태가 된다. 이 틈을 타서 정치 쪽에서는 극우파와 극좌파가 득세를 하며 선동정치로 사회가 불안해진다.

소득불균형이 사회 전반에 걸쳐 불평등을 심화하고 대기업과 금융권이 큰 정부[a]와 짜고 부자의 배만 불려준다고 인식되는 것이다.

Robert Reich's Truth About the Economy

---

a 큰 정부(Big Government)
정부의 역할을 강조해 정부기능과 구조, 예산이 비대한 정부를 말한다. 민간경제에 대한 정부 간섭의 최소화를 지향하는 '작은 정부(Small Government)'에 대비되는 개념이다.

친해지는 정부와 시장,
자본주의 4.0 시대가 열린다

영국 〈더 타임스〉의 칼럼니스트인 아나톨 칼레츠키(Anatole Ka-letsky)는 "자본주의 3.0 시대가 실패하고 새로운 자본주의 4.0 시대가 열렸다"며, "자본주의는 위기가 가져다준 '재편과 진화의 역사'였다"라고 말한다.

자본주의란 고정된 제도의 묶음이 아니라 환경 변화에 따라 진화하고 적응해온 사회체제라는 시각이다. 그는 역사적인 사건들이 자본주의의 변화를 촉발시켰고, 자본주의에 지금까지 모두 네 번의 충격이 가해졌다고 분석한다.

첫 번째 사건은 나폴레옹전쟁(1803~1815)이다. 전쟁에서 승리한 영국은 자본주의 1.0으로 통하는 '자유방임 자본주의' 시대를 열었다. 자본주의 1.0은 제1차 세계대전(1914~1918)과 러시아혁명(1917), 뒤이은 경제 대공황으로 막을 내렸다.

1930년대의 대공황은 정부 주도의 수정자본주의 시대를 열었다. 대공황을 바탕으로 케인즈주의[a](케인즈경제학, Keynesian Econom-ics)가 등장했다. 위기에 처한 경제를 살리기 위해 루즈벨트(Franklin

---

a 케인즈주의(Keynesian Economics)
영국 경제학자 케인즈(John Maynard Keynes)의 이론 및 그 이론을 이어받은 케인즈학파의 경제이론이다. 대공황을 타개하기 위해 정부가 민간경제에 좀 더 적극적으로 간섭하고, 지출을 늘려 유효수요를 창출함으로써 대량실업을 없애 완전고용을 달성할 것을 주장했다.

Roosevelt) 대통령이 뉴딜정책(New Deal Policy)^a을 꺼내고 린든 존 슨(Lyndon Johnson) 대통령은 '위대한 사회^b'를 주창했다.

유럽에서는 복지국가들이 전성기를 맞이하며 자본주의 2.0 시대로 진화했다. 그러나 '사회 민주주의'와 '복지 자본주의'가 특징인 자본주의 2.0은 1970년대 오일쇼크와 세계적인 인플레이션으로 위기를 맞는다. 이때 인플레이션이 심했던 1970년대에 소득이나 물가에 대한 사람들의 기대심리가 경제에 어떻게 영향을 미치는지에 관한 이론이 세워졌다. 1995년 노벨 경제학상 수상자인 로버트 루카스(Robert Lucas Jr.) 시카고대 교수의 '합리적 기대 이론^c'이 대표적인 이론이다.

1970년대의 경제위기는 또다시 자본주의 3.0인 '신자유주의 자본주의'를 잉태시켰다. 영국의 마가렛 대처(Margaret Thatcher)와 로널드 레이건(Ronald W. Reagan)이 시장의 기수가 되어 '신자유주의',

---

a 뉴딜정책(New Deal Policy)
루즈벨트 대통령이 대공황을 극복하기 위해 추진한 경제정책이다. 케인즈주의의 영향으로 전통적인 자유방임주의에서 벗어나 정부의 간섭과 통제가 강화됐다. 정부는 시장의 경제 전반과 화폐 공급에 더 많이 간섭하기 시작했고, 사회정책이 확충됐다. 이 때문에 보수층으로부터 사회주의적이라는 비난을 받기도 했다.

b 위대한 사회
1960년대에 미국의 존슨 대통령이 추구한 빈곤 추방과 경제 번영정책을 말한다. 미국 내의 사회 · 경제적 문제는 새로운 연방정책에 의해 해결될 수 있다는 믿음으로 존슨 행정부의 국내 정책에 붙여진 명칭이다.

c 합리적 기대 이론
가계나 기업 등의 경제 주체들은 활용 가능한 모든 정보를 통해 경제 상황의 변화를 합리적으로 예측한다는 이론이다. 이에 따르면 정부의 재량적 금융 · 재정정책은 무력화되고 만다. 당대를 풍미했던 케인즈학파에 일격을 가했다.

즉 자유로운 시장과 더 작은 정부를 화두로 만들어냈다.

이어 2007~2009년 촉발된 글로벌 금융위기가 자본주의 4.0 시대의 탄생을 예고하고 있다. 애덤 스미스로 대표되는 시장 만능주의를 대신해 케인즈주의가 다시 부상했다. 2006년 노벨 경제학 수상자인 에드먼드 펠프스(Edmund S. Phelps)는 "글로벌 금융위기로 인해 거시경제 현장에서 거의 사장된 듯했던 케인즈주의가 다시 동력을 얻고 있다"고 전한다. 아나톨 칼레츠키는 "자본주의 4.0은 정부와 시장이 다시 밀접한 관계를 맺고 상호 의존적인 관계를 만들어가는 게 중요하다"고 강조한다.

 BBC's Meet the Author: Anatole Kaletsky Capitalism 4.0

 Capitalism 4.0: Balancing Markets and Government – Anatole Kaletsky

신국가자본주의[a]가 떠오른다

2006년 5월 미국의 〈뉴스위크〉는 국가가 국부 창출의 주체가 되어

---

a 신국가자본주의(New State Capitalism)
경제활동에서 국가의 역할을 강화하는 현상. 특정한 기업을 국가가 관리하는 체제로 편입해 경제활동에서 국가의 역할을 늘리려 한다.

거대 자본을 움직이는 현상을 '신국가자본주의(New State Capital-ism)'라고 명명했다. 국가가 하나의 경제 주체가 되어 상업적 활동에 나서는 활동을 국가자본주의라고 하는데, 최근 신국가자본주의는 국가가 펀드를 만들어(국부펀드) 이 돈으로 적극적인 글로벌 상업행위에 나서는 것을 일컫는다.

현재 지구촌은 중국을 비롯해 러시아, 싱가포르, 중동, 중남미 등의 국가들이 국부펀드를 만들어 글로벌 기업을 인수하고 부동산, 금융, 자원 분야에서 '큰손'으로 활동하고 있다. 중국은 2002년 집권한 후진타오 주석이 국유기업의 대형화정책을 추진하면서 국가자본주의를 강화하고 있다. 파스칼 라미(Pascal Lamy) 세계무역기구 사무총장은 "중국 기업과 국부펀드가 막강한 자금력을 앞세워 외국기업들을 인수 · 합병(M&A; Merges & Acquisitions)하고 국채를 사들이고 있다"며 "중국의 공격적인 M&A 정책은 또 다른 문제점을 야기할 수 있다"고 강조한다.

이처럼 국가자본주의의 첨병으로 활동하는 자금은 전 세계적으로 약 4조 8,000억 달러에 달하는 것으로 추정된다. 탐욕스러운 월스트리트 금융자본의 행태에 분노한 젊은이들의 시위가 전 세계로 확산되었다. 자유시장경제의 문제점이 속속 드러나면서 자본주의의 위기를 지적하는 목소리가 높아지고 있다. 가진 자는 더욱 부유해지고, 갖지 못한 자는 빈곤의 수렁에서 헤어나지 못하는 상황이 고착화되면서 '국가의 역할'을 강조하는 목소리에 힘이 실리고 있다. 과연 자유시장의 자본주의는 종말을 고할 때가 된 것인가?

 Chinese President Hu Jintao delivers annual New Year's speech

 Professor Peter Williamson on the rise of Chinese offshore M&A

비시장적 가치를 중시하라

마이클 샌델 하버드대 교수는 '정의'를 바로 세우려면 비시장적 가치를 중시해야 한다고 조언한다. 위기 이전의 세계는 '시장 만능주의'에 몰입해 시장 가치만을 앞세운 나머지 비(非)시장적 가치를 잊고 살았다는 진단이다.

지난 30년간 교육, 법률, 보건, 환경 등 비(非)시장적 가치영역에까지 시장 만능주의를 도입해 불평등을 심화시켜 글로벌 금융위기를 초래하는 시장 만능주의로 심각한 오류를 노출했다는 분석이다.

비시장적 영역은 돈으로 사고팔도록 시장원리로 접근하는 오류를 범해서는 안 된다는 것이다. 샌델 교수는 "비시장 영역에 시장 메커니즘이 끼어들면서 공동체적 규범, 시민의 의무 등 비시장적 가치가 무시되고 사라진 것이 시장 만능주의의 오류였다"며 "시장 가치는 다른 가치와 때론 경합하고 때론 함께 가야 한다"고 역설한다.

샌델은 그 이유로 "시장 자체가 정의에 대한 해답을 줄 수 없기 때문"이라는 즉답을 내놓으며 "따라서 시장원리를 적용할 부분과 적용해선 안 될 부분이 어디인지 구분해야 한다"고 주장한다. 또 "무엇보다 가정환경이나 출신에 상관없이 교육의 평등을 누릴 수 있게 하는 것이 중요하다"며 "기회 제공에 있어 의미 있는 평등이야말로 가장 중요한 개념"이라고 말한다. 시장주의를 접목할 때에는 비시장적 가치의 중요성을 염두에 둬야 한다는 이야기다.

마이클 샌델 EBS 강의 - 채널 A - 마이클 샌델 초청토론 공생발전과 정의

EBS 하버드 특강 - 마이클 샌델 8강 공정한 출발

정책 패러다임이 바뀌니 중국이 바뀐다

경제는 경기 과열 ⇨ 긴축 ⇨ 경기불황 ⇨ 확장이라는 순환을 유지한다. 중국경제의 정책 변화를 살펴보자. 중국은 1987년과 1988년 연평균 11%의 놀라운 경제성장률을 유지했다. 이곳저곳에서 거품론을 제기하고 '성장열(成長熱)'이라는 이야기가 쏟아졌다. 과열경제는 물가 불안과 부정부패, 빈부격차와 같은 문제를 비롯해 소매물가가 폭등하며 돈의 값어치가 떨어지고 물가가 오르는 인플레이

션 현상이 심해졌다. 상품 사재기가 만연하는 등의 부작용은 1989년 톈안먼 사태로 이어졌다.

1978년에 개혁 정책으로 중국의 문호를 세계에 개방한 이후 경기 과열을 막기 위해 중국 정부는 긴축 카드를 내놓는다. 리펑(李鵬) 총리가 1988년 9월 '치리정돈(治理整頓)' 정책을 꺼내면서 경제 환경에 대한 처리, 경제질서에 대한 정돈을 뜻하는 경제 조정을 단행하게 된다.

그러나 수요를 억제하고 가격개혁의 중단, 산업구조 조정 등의 강력한 긴축정책은 1989년 경제성장률을 4%로 추락시키며 경제성장률 둔화로 이어졌다. 그러자 정부가 경제를 새장(鳥籠, 조롱)에 가두어 모든 것을 통제하려 한다는 말이 나돌면서 '조롱경제론(鳥籠經濟論)'이란 용어가 등장했다. 정권과 경제안정을 위해 도입한 '치리정돈'의 긴축정책은 1991년까지 3년간 계속됐다.

중국 정부는 긴축정책 탓에 일자리가 줄고 생산이 급감하는 경제하강세가 이어지자 이번에는 경기확장 정책을 내놓았다. 덩샤오핑이 1992년 '외자를 적극 활용한다'를 내용으로 하는 남순강화(南巡講話)[a]를 발표한 것이다. "자본주의에도 계획이 있고 사회주의에

---

a 남순강화(南巡講話)

1992년 1월 말부터 2월 초까지 톈안먼 사태 후 중국 지도부의 보수적 분위기를 타파하기 위해 개혁과 개방을 더욱 확대할 것을 주장한 덩샤오핑의 담화. 1989~1991년에 정부가 실시한 긴축정책으로 경제가 경색되자 다시 한 번 경제 개혁과 개방으로 경제 활성화를 이루고자 하는 내용으로, 사회주의 시장경제론을 천명하게 되는 기초가 되었다.

도 시장이 있다"는 주장이었다. 나아가 "중국은 앞으로 생산력, 종합 국력 증진, 인민 삶의 질 향상 등 세 가지 방면에서 유리한 정책을 취해야 한다"고 일갈하며, 이를 통해 중국의 개방개혁정책에 다시 불을 붙였다.

남순강화 이후 400여 개에 달하는 규제를 철폐하고 국영기업이 아닌 사영기업을 본격적으로 양산하기 시작하자 사회 분위기는 일시에 달라졌다. 제2의 개혁·개방 분위기가 고조됐고 돈이 사람들의 새로운 지향점이 됐다. 남순강화는 중국사회 전반에 걸쳐 놀라운 변화를 만들어냈다. 사회의 새로운 가치로 자본주의가 자리 잡게 된 것이다. 나아가 톈안먼 사태 이후 방황하던 중국인들의 가치관을 하나로 묶는 역할도 했다. 덩샤오핑이 사회주의에 시장경제의 옷을 입힘으로써 중국의 사회주의 시장경제가 새로운 패러다임으로 등장하게 됐다. 이러한 변화에 힘입어 1992년 중국의 경제성장률은 12.8%로 뛰어올랐다.

 BBC News – June 4, 1989, Tiananmen Square Massacre

슈퍼자본주의가 딜레마에 빠졌다

자본주의는 경제적인 파이를 키우려 했지만 소득과 재산의 불평등과 같은 부작용을 낳았다. 이것을 해결하기 위한 정치 시스템으로 민주주의가 역할을 하고 있다. 그렇다면 '민주주의적 자본주의'란 무엇인가? 바로 민주주의와 자본주의가 나름대로 균형을 이루는 형태를 말한다.

미국은 제2차 세계대전 이후 정부, 의회, 기업, 노조, 이익집단 간에 복합적이고 지속적인 협상을 통해 일자리 창출, 높은 생산성 실현, 소득 분배, 중산층 배출 등의 성과를 이뤄냈다. 비록 효율성은 떨어졌지만 대부분의 사람들은 안정적인 삶을 살 수 있었다.

그런데 1970년대 이후 민주주의가 자본주의에 밀리면서 견제와 균형을 위한 힘을 잃어버렸다. 신기술, 세계화, 탈규제가 민주주의적 자본주의를 붕괴시키고 자본주의적 속성을 극대화한 '슈퍼자본주의(Supercapitalism)'를 탄생시킨 것이다.

슈퍼자본주의의 첫 번째 기폭제가 된 신기술은 1970년대 초부터 시작된 인터넷, 반도체, 컴퓨터, 광섬유, 인공위성 등과 같은 기술혁명으로, 과거 미국의 과점적인 생산체제를 무너뜨렸다. 기업들은 부품과 서비스를 가장 싸게 공급받을 수 있는 곳이면 어디든지 진출해 전 세계적인 공급체계를 구축했다.

동시에 이어진 탈규제는 새로운 형태의 경쟁을 만들어냈다. 경쟁이 치열해지면서 기업들은 더 값싸고 품질 좋은 상품을 공급하기 위해 노력했고 주가를 높이는 데 열중했다. 신기술과 탈규제가 결합하자 월스트리트의 개인 투자자들은 점점 더 높은 수익을 제공하는 곳으로 돈을 이동시키기 시작했다.

이 같은 변화의 과정 속에서 소비자와 투자자들은 혜택을 보았지만 공동의 이익을 추구하는 시민으로서의 능력은 퇴보했다. 거대 과점기업과 산별 노조, 규제 기관들이 해체되기 시작했고, 권력은 소비자와 투자자들 쪽으로 이동했다. 슈퍼자본주의가 민주주의적인 자본주의를 대체한 것이다. 이로 인해 1980년대 미국에는 탐욕의 시대가 열렸다.

승자독식의 슈퍼자본주의는 투자자와 소비자에게 더 많은 이익을 안겨다줬다. 인터넷 검색으로 더 좋은 거래를 찾을 수 있게 됐기 때문이다. 그러나 로버트 라이시는 "슈퍼자본주의가 우리 안의 공익, 즉 시민정신을 사라지게 했다"고 지적한다. 월마트는 값싼 제품을 공급하기 위해 물품 공급업자에게 가격 인하를 압박하고 직원들의 임금을 착취해야 한다. 실적을 내지 못하는 최고경영자는 설 자리가 없다. 불평등은 갈수록 커지고 공공의 건강, 안전, 환경, 인권이 침해받고 있다.

소비자와 투자자는 이익을 향유하면서도 사회 공익을 외면하는 슈퍼자본주의의 딜레마에 빠져 있다. 이를 라이시는 "약자를 배려하는 민주주의적 자본주의가 수익 추구에 열중한 슈퍼자본주의 앞에 무릎을 꿇었기 때문이다"고 진단한다.

자본주의의 세력이 커지면서 전 세계는 전례 없는 경제 번영을 누리고 있지만 시민사회는 거꾸로 희생을 치르고 있다는 지적이다. 이에 따라 민주주의적 자본주의를 복원해 슈퍼자본주의에 대한 견제와 균형이 이뤄지도록 해야 한다. 라이시는 다음과 같이 조언한다.

"기업의 CEO와 국가 지도자들이 이윤과 사회적 책임 사이에서 합리적인 의사결정을 내려야 한다. 나아가 민주주의와 자본주의가 어떻게 조화를 이루도록 할 것인가를 고민해야 한다."

 Supercapitalism - Robbert Reich - interview

03 비즈니스 방식의 대전환이 시작됐다

창조적 역량 중심으로 경영 패러다임이 변한다

역사 속에 정답이 있다. 역사학자 칼 폴라니는 《거대한 전환》에서 산업혁명이 초래한 인류 역사의 진화를 대변혁이라고 규정한다.

폴라니에 따르면 지구촌은 120년 전 현대 산업사회를 맞게 됐다. 1760~1830년 사이 약 1세기 동안 기계의 등장으로 인해 종래의 수공업적 소규모 생산체제가 붕괴되고 대량생산의 공장제 기계공업 시대가 열렸다.

이는 대량생산을 가능케 한 산업계의 일대 변혁을 촉발시켰다.

방직기계를 발명한 영국이 자본주의를 제일 먼저, 그리고 가장 철저히 경험했고, 산업혁명은 차츰 세계 각국으로 확산되며 비로소 자본주의 경제체제를 완성시켰다. 이 결과 대량생산, 대량소비, 규모의 경제, 선택과 집중이 하나의 모토가 된 현대 산업사회를 탄생시켰다.

대변혁(산업혁명) : 1760~1830년	수공업 소규모 생산 ⇨ 공장제 기계공업 ⇨ 자본주의 체제 완성 ⇨ 수직사회의 탄생
거대 변혁(세계화) : 1990년대 이후	21세기 현대 산업사회 ⇨ 초경쟁사회 ⇨ 수평사회의 탄생

산업혁명의 결과로 탄생한 19세기 말 이후 현대 산업사회는 산업계와 사회의 대변혁을 이끌어냈다. 대량생산으로 생산성이 크게 향상됐고 중앙집권적 권력체제를 갖춘 현대의 국가체제로 20세기를 열게 된다.

탑다운(top-down)식 권력의 서열과 위계질서가 만들어지면서 피라미드형 수직사회가 구축됐다. 효율성, 성과주의, 전문화, 보상과 처벌, 선택과 집중, 직급과 직제 등이 사회와 조직의 규율을 만들어냈다.

그러나 이 같은 수직사회의 패러다임은 1990년대부터 도전을 받게 된다. 초경쟁사회의 도래, 글로벌화, 인터넷의 급성장, 기술혁신 등이 수직사회를 무너뜨리고 쌍방향사회, 수평사회를 탄생시켰다.

이는 19세기에 일어났던 대변혁(The Great Transformation)보다 더 급진적인 변화를 가져다주는 거대 변혁(The Greater Transformation)을 안겨다줬다. 이른바 수직사회에서 수평사회로 패러다임의 대전환이 일어난 것이다.

초경쟁(Hypercompetition) 시대는 경쟁에서 살아남기 위한 필요조건인 성공 방정식 자체를 바꿔놓았다. 사회의 패러다임은 '지식'이 경쟁력이 된 지식사회로 변해버렸다. 하드웨어보다 소프트웨어, 유형자산보다 무형자산, 일방형보다 쌍방형, 공급자보다 수요자, 권위보다 유연성, 기능보다 디자인, 일반 제품보다 브랜드 제품, 저가 제품보다 고가 프리미엄 제품 등이 경쟁의 우위를 차지하는 패러다임을 만들어냈다.

초경쟁사회는 창조적 역량을 더 중요한 가치로 요구하게 됐다. 과거에는 열심히 최선을 다해 일하면 됐지만, 이제는 그때의 방식대로 일하면 망하는 시대가 됐다.

넥스트 패러다임이 그저 시키는 대로 열심히 일하는 '워크 하드(Work Hard)'가 아니라 새로운 게임방식에 맞춰 '워크 스마트(Work Smart)[a]' 또는 '스마트 워크(Smart Work)[b]'에 나설 것을 주문하고 있

---

a 워크 스마트(Work Smart)
워크 하드(Work Hard, 열심히 일하기)에 대비되는 말로 일하는 방식을 창조적으로 혁신하자는 뜻. 기존의 업무관행에서 벗어나 창의적으로 일하는 영리한 업무방식을 말한다.

b 스마트 워크(Smart Work)
정보통신기술을 활용해 시간과 장소의 제약 없이 업무를 수행할 수 있도록 한 유연한 근무 형태로, 사무실 근무를 벗어나 언제 어디서나 효율적으로 일할 수 있는 업무 개념을 뜻한다. 모바일기기를 이용해 업무를 수행할 수 있는 모바일 오피스, 영상회의 시스템 등을 활용하는 원격근무, 재택근무 등이 포함된다.

기 때문이다. 심지어 '스마트 오피스(Smart Office)[a]'라는 개념까지 등장해 재택근무는 물론 특정 거점에서 일할 수 있게 됐다.

넥스트 패러다임은 단순했던 지식정보사회를 지능과 창의성이 동시에 살아 있는 스마트사회로 바꿀 것을 요구하고 있다. 삼성경제연구소는 '스마트 워크'를 실행하려면 5대 영역을 혁신해 고부가가치를 창출할 수 있는 창조적 조직문화를 구축하라고 조언한다.

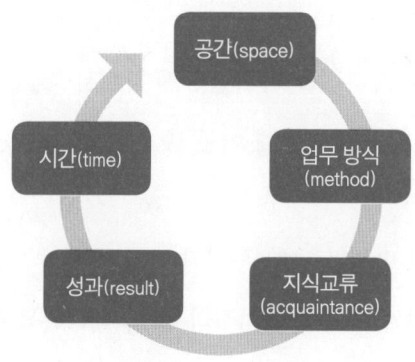

• 스마트 워크 5대 영역 •

프리노믹스가 스타 기업들을 탄생시킨다

2008년 5월, 중국 쓰촨성(四川省)에서 대지진이 발생했다. 이 사실을 세상에 가장 먼저 알린 것은 방송이나 신문이 아니었다. 인터넷 폰블로그로 일컬어지는(마이크로블로그)의 대표주자 트위터(twitter)였다.

폰블로그, 즉 마이크로블로그(microblog)는 휴대폰과 블로그가 결합된 형태로 휴대폰을 이용해 인터넷상에 글이나 사진, 동영상을 올릴 수 있는 웹서비스다. 한 번에 쓸 수 있는 최대 글자 수 140자만으로도 놀라운 파괴력을 발휘한다는 점에서 '140자의 마법'으로 통한다. 게다가 휴대폰을 통해 이동 중 아무 때나 메시지를 전달할 수 있다.

쓰촨성 지진이 발생할 당시 통제된 사회 안에서 트위터가 전하는 소식은 지구촌의 이목을 집중시켰다. 중국 네티즌들은 자신의 휴대폰으로 찍은 사진과 문자메시지를 전 세계에 실시간으로 전했다. 정보의 전파속도는 기존의 매체들을 앞질렀고 지진 발생의 원인과 중국 정부의 대응에 대한 토론을 주도했다. 이로 인해 트위터는 세상을 바꾸는 넥스트 패러다임의 선봉장이 됐다.

MP3플레이어 아이팟(iPod)으로 대박 신화를 만든 애플은 아이폰(iPhone)과 아이패드(iPad)를 앞세워 세계시장을 공략하고 있다. 이들 제품은 스티브 잡스의 '혁신'이 만들어낸 최고의 발명품으로까지 일컬어진다.

사람들이 아이폰과 아이패드에 열광하는 이유는 뭘까? 디자인과 소프트웨어에서 앞섰기 때문일까? 그렇지만은 않다. 음악은 물론 영화, 뉴스 등 인터넷 세상의 모든 정보를 마음껏 사용할 수 있도록 휴대폰-태블릿PC-인터넷을 '일체화'했기 때문이다.

애플의 성공비결은 바로 '앱스토어(App Store)'라고 불리는 콘텐츠 생태계에 있다. 인터넷에 올라와 있는 수많은 콘텐츠를 이곳 '콘텐츠 백화점'을 통해 무료로 이용할 수 있다. 하버드대와의 특강을 무료로 다운받아볼 수 있으며, 음악재생 소프트웨어인 아이튠즈(iTunes)는 전 세계의 수많은 음악을 무료로 들을 수 있도록 해준다. 이렇게 많은 서비스가 공짜로 이뤄지는 이유는 어디에 있을까? 바로 '프리노믹스(Freenomics)'가 창출해주는 부의 시너지 효과를 활용하기 위해서다. 프리노믹스는 공짜(Free)와 경제학(Economics)이 결합된 합성어로, 공짜가 만들어내는 부의 창출효과, 공짜경제학을 말한다.

2006년에 개설된 트위터의 비즈니스 모델은 80억 달러의 가치를 평가받는다. 무료 서비스에 매료된 5억 명이 넘는 가입자가 막대한 기업 가치를 만들어낸 것이다. 아이팟과 아이폰, 아이패드도 아이튠즈의 무료 서비스에 힘입어 제품의 가치와 경쟁력을 높이고 있다.

인터넷 포털들이 무료 이메일 서비스를 제공하고, 광고를 보면 무료로 동영상을 볼 수 있도록 한 사례들도 모두 프리노믹스의 원리를 이용한 것이다. 인터넷 백과사전인 위키피디아와 무가지 신문·잡지 등이 무료 서비스를 제공하는 것은, 모두 공짜경제학의 논리를 이용한 것이다.

MS는 인터넷 익스플로러 브라우저를 무료로 이용하도록 하면서 윈도로 운영체제시장을 독점하고 있다. 또 애플, 노키아, 구글과 같은 기업들은 무료 소프트웨어인 프리웨어(Freeware)를 개발해 무료로 배포한다. 그런데 이 프리웨어는 일정기간이 지나면 유료화로 전환된다. 결국 공짜경제학의 논리를 이용해 부를 창출해내는 것이다.

SNS의 리더가 된 페이스북이나 한국의 카카오톡도 공짜서비스로 놀라운 비즈니스 모델을 탄생시킨 사례다. 시장을 장악하기 위해 '무료 서비스'를 '미끼'로 사용하고 있는 것이다.

크리스 앤더슨(Chris Anderson)은 《프리(Free)》(2009)에서 "비용 제로의 디지털 배급 시스템인 웹이 공짜경제의 기적을 만들어내고 있다"며 "디지털 세상의 공짜경제학을 제대로 활용하는 기업들이 21세기의 승자가 될 수 있다"고 강조한다.

결국 공짜는 진짜 공짜가 아니다. 앤더슨은 이런 점에서 95%의 기본서비스는 공짜로 제공하되 나머지 5%의 부가서비스는 차별화(유료화)할 수 있는 '프리미엄(Freemium=Free+Premium)' 모델을 찾으라고 조언한다. 기업들은 공짜 패러다임이 만들어내는 프리노믹스의 위력에 대해 깊이 생각해볼 필요가 있다.

TED: Evan Williams on listening to Twitter users

'협력형 리더'가 뜬다

GE는 2009년 영국에 첨단기술로 무장된 '파워홀' 기관차 두 대를 납품했다. 이 기관차는 기존의 전기기관차보다 탄소 배출량을 획기적으로 줄이면서 주행거리를 10배 이상 늘린 친환경제품이다. 이 같은 결과물이 나오기까지는 제프리 이멜트(Jeffrey Immelt) GE 회장의 리더십이 큰 역할을 했다.

그는 2005년 5월 에코매지네이션(Ecology + Imagination, 친환경적 상상력)이라는 키워드를 만들어 미래 전략을 제시했다. 사내에서는 '상상력 돌파(Imagination Breakthrough)'라는 슬로건을 내걸고 사회와 기업을 동시에 발전시킬 혁신적 아이디어가 솟아나도록 창조경영에 앞장섰다. 기업 성공과 사회 발전이라는 '두 마리 토끼'를 동시에 추구한 것이다. 결과는 놀라웠다.

당시 17개에 그쳤던 친환경사업 관련 포트폴리오는 2009년에 80여 개로 늘었고 관련 매출은 170억 달러를 웃돌았다. 더욱 중요한 것은 GE를 친환경기업의 대명사로 바꿔놓았다는 사실이다.

애플의 창업자인 스티브 잡스는 '디지털 혁신'의 상징이다. 디지털과 엔터테인먼트를 절묘하게 결합해 사람들의 생활 방식을 바꿨다. 특유의 혁신성과 아이디어로 아이팟-아이튠스를 결합한 히트 작을 만들어 상장 1년 만에 나스닥을 석권했다. 세상을 이롭게 하겠다는 선한 의도와 혁신적 사고가 그를 영웅으로 만든 것이다. '혁신'의 철학으로 비즈니스의 신세계를 연 것이다.

2008년 6월, 당시 54세였던 빌 게이츠는 왜 한참 일할 나이에 은퇴를 선언했을까? 그 이유는 세상을 이롭게 할 무언가를 하기 위해서다. 그는 33년간 몸담아온 회사에는 일주일에 하루만 출근하고 현재 이사회 의장 역할만 한다. 나머지 시간은 '빌&멜린다 게이츠 재단' 일에 전념하고 있다. 그는 자신이 번 돈을 기술 개발과 교육, 의학 연구(에이즈 퇴치), 사회보장 서비스와 같은 공익사업에 쏟아 붓고 있다.

세계 2위의 부자이자 세계적 투자자 워렌 버핏은 재산의 95%를 사회에 기부하겠다고 약속까지 했다. 제프리 이멜트, 스티브 잡스, 빌 게이츠와 워렌 버핏에겐 어떤 공통점이 있을까? 바로 '현려(賢慮)형 리더'라는 점이다. 현려란 최고선(善), '착함'을 지향하는 최고의 실천적 지혜를 뜻한다. 현려형 리더란 이상과 현실을 오가며 눈에 보이지 않는 지식, 즉 최고의 암묵지(暗默知, 공동선)를 구현해 사회 발전을 이끌고 세상을 이롭게 하는 리더를 말한다. 사회 전체의 이로움, 즉 공동선을 추구하는 리더가 바로 현려형 리더다. 이런 점에서 기업경영을 통해 돈벌이에만 탐닉하는 리더는 결코 현려형 리더라고 말할 수 없다.

일본 내 지식경영의 대가로 통하는 노나카 이쿠지로(野中郁次郎) 히토쓰바시대 명예교수는 "세상이 양의 시대에서 질의 시대로 변했다"며 "이 같은 시대에는 최고경영자의 사회 공익을 향한 뚜렷한 경영철학이 기업의 미래와 성장을 보장한다"고 강조한다.

그는 《미덕의 경영(美德の經營)》(2009)에서 "이제 철학이 없는 서구식 전략 모델은 죽었다"며 동양적 가치인 '미덕(virtue)'의 중요성을 강조한다. 미덕의 미(美)는 아름다움을 뜻한다. 제품 디자인 혁신을 통한 심미안의 제공, 고품질 서비스, CEO의 선한 가치관이 여기에 해당한다. 덕(德)은 사회적 윤리를 뜻한다. 단순히 이익만 추구하기보다 사회 전체의 이익이나 가치와 합치되는 비전을 세워 이를 실천하는 것을 말한다.

결국 현려형 리더란 미덕과 실천력을 갖추고, 가치관이나 윤리의식을 바탕으로 상황에 맞는 의사결정을 내릴 수 있는 리더를 말한다. 이런 점에서 리더들은 스스로 현려형인지 한번 생각해볼 필요가 있다.

Power Haul Story

TED: 빌 게이츠가 말하는 새로운 방식의 자선사업

인재주의 모델이 필요하다

글로벌 리더들은 자본주의를 치료하려면 새로운 윤리와 도덕적 잣대에 대한 재설정이 시급하다고 말한다. 특히 정치권과 재계의 반성과 포용성을 요구하고 있다.

클라우스 슈밥 다보스포럼 총재는 "우리는 모두 죄를 지었다"며 "자본주의 체제의 포용성과 과욕에 문제가 있었다"고 말한다. 이어 자본주의에 대한 대안으로 '인재주의 경영(Talentism)'을 제시한다.

신자유주의의 신봉자 슈밥이 말하는 '인재주의'란 무엇일까? '자본(capital)'을 최대 생산요소로 삼았던 현재의 신자유주의 자본주의 대신에 인재(talent)를 최대 생산요소로 하는 신자본주의 모델을 말한다. 자본이 핵심 권력 역할을 했던 자본주의의 병폐를 치유할 수 있는 인재 중심의 자본주의를 주창하고 있는 것이다.

산업화 이전의 세상은 지주, 즉 땅을 가진 사람이 부와 권력을 잡는 지본(Land-based)사회였다. 이후 산업혁명이 일어나면서 자본이 부를 창출하고 권력을 잡는 주체로 등장했다. 그리고 지금은 사람의 지식과 창조성이 자본인 '인재주의 사회'가 되었다.

미국의 인력 솔루션기업인 맨파워그룹의 제프리 조레스(Jeffrey A. Joerres) 회장은 "과거에는 자본이 기업의 성장을 좌우했다면 이제는 인재 활용이 경영에 결정적인 영향을 미치는 '인재주의 사회'로 진입하고 있다"고 진단한다. 자본주의의 부작용과 부조리를 치유하면서 인류 발전을 이끄는 '창조성'이 살아 숨 쉬는 신자본주의의 해

법을 '인재주의 자본주의'에서 찾아야 한다는 주장이다.

효율과 성장, 이익추구에 쫓긴 신자유주의 경제체제는 '탐욕'이라는 사생아를 낳았고 '윤리'라는 적자를 내팽개쳤다. 성과와 수익창출이라는 결과만이 평가의 잣대가 됐고, 성과를 창출하기 위해서는 사람이 당연시해야 할 과정상의 윤리마저 등한시했다.

이 결과 청년 실업, 부의 양극화, 폭력, 저항, 사회 격차 등 사회의 '어둠'을 더 어둡게 만드는 비극을 낳았다. 이제 해법을 어디에서 찾을 것인가? 결국 '사람'에서 찾아야 한다는 게 글로벌 리더들의 조언이다. 기술, 성적, 결과에만 능한 신자유주의 시장경제형 인재가 아니라 인성, 윤리, 사회적 책무를 다하는 '인재주의형 자본주의'에서 해답을 찾아야 한다.

미국 최대 알루미늄 생산업체인 알코아(Alcoa)의 CEO 클라스 클라인필드는 "기업들이 경쟁력을 높이기 위해 자본, 즉 돈에 의존하던 시대는 끝났다"며 "창조성이 뛰어난 젊은 인재들을 많이 확보하는 게 경쟁력이다"고 말한다. 그는 이를 위해 인재들이 창조적으로 일할 수 있는 환경을 조성하고 교육에 게을리 하지 말아야 한다고 강조한다.

사회적으로 책임 있고 환경적으로 지속가능한 기업을 만드는 성공의 열쇠를 '인재경영'에서 찾아야 한다는 조언이다. 미래 경쟁에 있어 국가나 비즈니스의 성공 모델은 자본이 아닌 사람으로부터 나오기 때문이다.

 동아닷컴 인재경영 에세이

여성경제학 방정식 'W=2(C+I)'

톰 피터스는 "21세기 리더들은 여성 관점에서 생각하고 마케팅에 집중해야 성공할 수 있다"고 강조한다. 이제 제품의 구매 결정권은 여성의 손에 달려 있기 때문이다.

경영 컨설팅 전문업체 BCG는 CEO들이 꼭 기억해야 할 여성경제학 방정식으로 'W=2(C+I)'를 제시한다. 이는 여성시장의 크기가 중국시장과 인도시장을 결합한 사이즈의 2배가 된다는 뜻이다. 실제로는 2배가 넘으며 시장은 점점 커지고 있다. 마이클 실버스타인

(Michael J. Silverstein) BCG 부사장은 "전 세계 여성의 소득은 13조 달러로 중국(4조 4,000억 달러)과 인도(1조 2,000억 달러)의 국내총생산을 합친 것보다도 두 배 이상 많다"고 분석한다. 여성의 소득은 2014년까지 18조 달러로 늘어날 전망이다.

그럼에도 사회는 '남성 중심'의 틀 속에서 벗어나지 못하고 있다. 1970년 〈월스트리트저널〉은 '여성의 승진을 막는 회사 내의 보이지 않는 벽'이라는 뜻으로 유리천장(Glass Ceiling)이란 표현을 처음으로 사용했다. 능력과 자격을 충분히 갖췄지만 여성이라는 이유로 승진하지 못하고 차별받는 경우가 많았기 때문이다.

2003년 노르웨이, 2006년 스웨덴, 2007년 스페인, 2011년 프랑스 등에서 여성임원 할당제를 도입해 남성 중심 사회의 벽을 깨는 시도를 했다. 우리나라 여성가족부에서도 2016년까지 공기업과 준정부기관 등을 대상으로 '여성임원 30% 할당제'를 도입하겠다고 밝혔다.

여성의 섬세함과 창의성이 점차 요구되는 사회로 패러다임이 바뀌고 있다.

 여성경제학 방정식

여성 언어로 제품을 알려라

·《리틀 빅 씽(The Little Big Things)》에서 톰 피터스(Tom Peters)는 '여성의 위대함'을 전략적으로 이용할 것을 제안하고 있다.

영국의 경제전문지 〈이코노미스트(The Economist)〉는 "중국과 인도, 그리고 인터넷은 잊어라. 경제 발전은 여자로부터 이뤄진다"고 단언한다. 소비 세력의 중심이자, 정치와 사회, 경제권력의 중심으로 등장한 여성의 파워가 갈수록 거세지고 있다.

〈파이낸셜 타임즈(Financial Times)〉가 선정한 톱5 포럼에 포함됐던 '여성포럼(Women's Forum)'의 창시자 오드 지제니스 드 뒤엥(Aude Zienseniss de Thuin)은 "전 세계 곳곳에서 여자의 힘이 커지고 있다"며 "여성이 경제를 주도하는 '위미노믹스(Womenomics, Women과 Economics의 합성어), 즉 여성경제 시대에 도달했다"고 진단한다.

이제 우리가 주목해야 할 사실은 여성이 '소비의 핵심세력'으로 부상했다는 점이다. 기업들은 경영을 여성 관점에서 생각하고 여성 관점에서 제품과 서비스를 개발해내야 한다. 통계에 따르면 여성이 전 세계에서 팔리는 소비재의 80%를 구입한다. 미국에서도 50%의 상품을 여성이 구매한다. 미국 보스턴컨설팅그룹의 2009년 조사에 따르면 미국 가계소비의 73%를 여성이 결정했다.

그런데도 많은 기업들이 세계에서 가장 큰 시장을 제대로 공략하지 못하고 있다. 게다가 여성에 대해 무지한 남성들이 제품 개발,

마케팅, 유통을 주무르고 있다.

 TEDxMunich - Aude de Thuin "Business Women+Business Forum Deau-ville"

 TEDxTokyo - Kathy Matsui "Womenomics"

'3C'가 세상을 지배하고 있다

경쟁(competition), 변화(change), 위기(crisis)
"기업들은 이제 3C가 지배하는 세계경제의 커다란 패러다임의 변화를 맞고 있다. 이 같은 상황 변화에서 살아남으려면 기업에는 새로운 대응전략이 필요하다."

마케팅의 거장 잭 트라우트(Jack Trout)는 "세상이 급변하고 있다, 변화된 세상에서 지속적으로 성공하는 기업을 만들려면 고객의 마음에 담긴 회사이미지를 업데이트하라"고 말한다.
　마케팅의 핵심으로 불리는 '포지셔닝 이론'의 창시자인 그는 "기업이 최후의 승자로 남으려면 고객의 마음에 기업이나 브랜드의 존재를 차별화해 자리 잡게 하는 전략을 정교하게 구사해야 한다"고 설명한다.

그는 지난 2009년《리포지셔닝(Repositioning)》을 통해 "기업들은 고객의 마음속에 이미 자리 잡고 있는 제품과 서비스에 대한 인식 (perceptions)을 다시 조정(readjusting)하라"고 조언한다.

세상이 크게 변하고 있기 때문이다. 경쟁이 치열해지고 변화의 속도는 빨라지고 있다. 그러면서 다양한 위기가 몰려오고 있다. 트라우트는 "경쟁, 변화, 위기로 일컬어지는 '3C' 현상이 사회를 지배하고 있다"며 기업들이 서둘러 리포지셔닝 전략을 수립할 것을 조언한다.

우선 21세기는 초경쟁 시대다. 산업 간 경계가 허물어져 무경계 시대가 됐다. 가전업체가 아닌 애플과 구글이 차세대 TV를 선보인다. 이처럼 전혀 경쟁상대로 생각하지 않았던 다른 업종의 기업이 어느 순간 자신만의 노하우로 업계의 리더로 부상하는 시대다.

3차원 입체영상과 스마트한 기능으로 중무장한 애플TV와 구글TV는 TV시장의 새로운 세력이 될 전망이다. TV와 PC모니터의 경계가 모호해지면서 차세대 스마트TV 시장이 각광받고 있다.

우리는 애플TV와 구글TV의 등장에 주목할 필요가 있다. 지금까지와 전혀 다른 TV를 탄생시켰기 때문이다. 전통적인 TV가 네모상자에 안테나가 달린 모습이었다면 구글TV는 웹기반의 콘텐츠로 구성됐다. 인터넷과 TV를 결합해 '웹이 TV를 만나다(TV meets WEB, WEB meets TV)'라는 기치를 내세우고 있다.

애플TV는 방송신호를 송수신하는 기기인 셋톱박스만 있을 뿐이다. 이 셋톱박스로 방송신호를 받기 때문에 브라운관과 스피커, 각종 송수신 장치 등이 내장된 기존의 텔레비전과 전혀 모양새가 다른 TV가 출현하게 된다. 이 TV는 닌텐도 게임기와 비슷한 크기의 셋톱박스로만 구성되어 있다.

전문가들은 디지털 시대의 격전지가 오피스에 이어 모바일, 가정(집)으로 변하기 때문에 승자가 되기 위한 전쟁이 이미 시작됐다고 말한다. 여기에 대응하기 위해 국내 기업들도 지금까지와는 전혀 다른 전략의 전환이 필요하다.

초경쟁과 함께 변화의 속도도 매우 빨라지고 있다. 모토롤라, 노키아, 코닥 등은 세상의 변화속도에 맞춰 기업을 변신시키는 데 실패한 대표적인 기업이다. 20년 가까이 세계 1위로 군림했던 '휴대폰 왕국' 노키아는 '터치스크린폰' 시대를 연 '스마트폰' 시대의 도래를 예상하지 못해 추락하고 말았다.

기계산업의 대명사로 시계 생산 1등 국가였던 스위스는 1980년대 디지털과 대량생산으로 무장한 일본과 홍콩의 도전에 밀려 3위 국가로 추락하고 말았다.

필름명가 코닥의 몰락도 시대 변화를 제대로 읽지 못한 결과다. 코닥은 1975년 세계 최초로 디지털카메라 기술을 개발했지만 이윤이 나지 않는다며 개발을 포기했다. 하지만 후발주자인 캐논은 디지털 시대의 미래를 정확히 읽어내 결국 디지털카메라의 승자가 됐다. 패러다임 변화의 역풍을 맞은 것이다.

'3C'의 또 다른 특징인 위기도 기업성장의 발목을 잡는 요소다. 글로벌 금융위기처럼 전혀 예측할 수 없던 외생변수, 정책변화를 비롯해 기업 내부의 잘못된 판단, 임직원 비리 등이 기업에 위기를 안길 수 있다.

위기의 특성은 예측을 할 수 없다는 점이다. 잘 팔리던 제품의 매출이 뚝 끊길 수 있으며, 어느 순간 대체 상품이 개발될 수도 있다. 우리는 관련 기업의 부도나 환율의 급등락, 천재지변으로 인한 재산손실 등이 언제든지 가능한 예측불허의 시대에 살고 있다

그렇기 때문에 더욱 잭 트라우트가 지적한 '3C'에 대처하는 현명한 지혜가 요구된다.

결국, 그리노믹스로 무장해야 한다

미국 최고의 카펫회사인 인터페이스(Interface)는 '녹색경영'의 대명사로 통한다. 창업자 레이 앤더슨(Ray Anderson) 회장이 친환경적인 '지속가능경영'을 통해 세계 최대의 바닥장식용품을 생산하는 녹색기업으로 탈바꿈시켰기 때문이다.

카펫은 화학물질로 만들기 때문에 제조 과정에서 다이옥신 같은 오염물질을 배출하고 땅에 묻어도 잘 썩지 않는다. 게다가 미생물 분해도 되지 않아서 배출되는 공해물질은 실로 어마어마했다.

1994년 어느 날, 앤더슨 회장은 폴 호켄(Paul Hawken)이 쓴 《비즈니스 생태학(The Ecology of Commerce)》(1993)을 읽고 인터페이스가 저지르는 환경 파괴에 대해 반성하게 된다.

그는 친환경녹색사업으로 전환하기 위해 제조 과정에서 녹색경영을 실천했다. 제품 제조 시 폐기물을 없애거나 줄이는 방법을 찾고, 재활용할 수 있는 소재를 물색했다. 이를 통해 보풀이 생기지 않는 워비(Wabi), 재활용 가능한 신소재로 만든 솔레니움(Solenium)이라는 녹색카펫을 내놓았다. 매출과 순이익이 2배 이상 증가했고 주가도 5배 이상 폭등하는 등 시장의 반응은 뜨거웠다. 인터페이스는 존경받는 회사로 다시 태어나게 됐다.

녹색경영을 기업 성과로 연결시키는 기업들이 늘고 있다. 대한무역투자진흥공사(KOTRA)는 〈미국 행정부의 환경 규제 강화와 미국 기업의 기후 변화 대응 동향〉 보고서에서 미국 기업들이 '비 그린(Be Green), 바이 그린(Buy Green), 셀 그린(Sell Green)'의 3대 전략을 통해 녹색경영에 앞장서고 있다고 소개했다. 한마디로 기업 현장을 녹색화하고 녹색제품을 구매 · 생산 · 판매하는 전략이다.

녹색으로 시작해서 녹색으로 끝나는 '비-바이-셀 그린(Be-Buy-Sell Green)' 또한 새로운 넥스트 패러다임으로 부각되고 있다.

'그린 머니'를 창출하는 3대 전략

첫 번째 녹색경영 전략인 '비 그린(Be Green)'은 일터를 비롯해 생산·유통 과정 자체를 친환경적으로 조성하는 전략이다. 회사 차량을 친환경차로 교체하고 건물도 친환경 건물로 리모델링하며, 공정 자체도 저탄소 배출 시스템으로 바꾸는 것이다.

포드는 덜 마른 상태에서도 덧칠이 가능한 도색기술 '3-웨트페인트기술(Wet Paint Technology)'을 개발해 도색 시간을 대폭 단축함으로써 연간 6,000톤의 탄소 배출을 줄일 수 있었다. 인텔은 2001년부터 각 사업장의 조명을 에너지절감형으로 교체하고, 에어컨과 환기 시스템을 개선하는 데 2,300만 달러를 투자했다. 이 결과 에너지 비용 5,000만 달러, 5억 kWh에 이르는 전력을 절약할 수 있었다.

녹색경영의 두 번째 전략은 녹색기업을 납품업체 선정 기준으로 삼는 '바이 그린(Buy Green)' 경영이다. 친환경경영을 하는 기업의 제품을 구매해 녹색기업의 이미지를 강화하고 동시에 비용을 줄이는 전략이다.

스콧페이퍼(Scott Paper Co.)는 2011년까지 그린피스의 산림인증(FSC)을 취득한 티슈 원단이나 재생 용지를 활용해 제품을 생산할 계획이다. 델은 주요 납품업체에 탄소 배출 자료를 요청하고 있고 탄소 배출이 적은 업체에 일을 맡기고 있다.

미국 기업들의 녹색경영 세 번째 전략은 '셀 그린(Sell Green)' 경영이다. 제조업체는 친환경제품을 생산·판매하고 유통업체는 친환경제품을 주로 판매하겠다는 전략이다. GM, 포드, 크라이슬러 등 미국의 자동차 빅3는 연비 규제 강화에 대비해 친환경차량의 생산을 서두르고 있다.

GM은 2010년부터 전기자동차 볼트를 양산한다. 포드도 연비 효율이 10~20% 높은 첨단 엔진 생산을 시작했다.

'저탄소 녹색경영'이 새로운 패러다임을 만들어내고 있는 시대에, 기업들은 어디에서부터 녹색경영을 시작할 것인지 '실행 리스트'를 만들어야 한다. 나아가 전체 매출에서 녹색경영으로 창출하는 '깨끗한 돈', 즉 그린 머니가 얼마나 되는지 점검해보고 그 비중을 늘려가야 한다.

04 미래경영 방법이 달라졌다

내수 주도 모델을 만들라

글로벌경제위기의 여진은 나라 살림의 운용패턴에도 큰 변화를 낳고 있다. 글로벌경제가 동시에 어려워질 경우 수출이 위축되어 국가경제 전체를 힘들게 할 수 있기 때문이다. 이에 따라 '내수 주도 경제 모델 만들기'가 국가적 과제로 떠올랐다. '수출 주도형 경제'는 세계경제가 위축될 경우 성장이 둔화될 수밖에 없기 때문이다.

주민(朱民) 국제통화기금 부총재는 "내수 주도형 경제란 경제의 외부 의존도를 낮추는 것을 의미한다"며 "이에 대한 필요성이 갈수록 명확해지고 있다"고 말한다. 그는 "유럽과 미국 등 선진국의 수요가 급감하면서 오랜 기간 이들 국가의 수출에 의존해 성장해온 신흥경제국가들이 타격을 받고 있다"며 "중국을 비롯한 신흥경제국가들은 내수 주도의 균형적 경제 모델을 만들어내야 한다"고 말한다.

중국은 경제성장 방식에 대한 정책 패러다임을 2011년 이후 '소비 중심의 내수 확대'로 전환했다. 2005년 이전 '내수 확대를 통한 성장 촉진', 2006~2010년 '내수와 외수의 균형발전'에 이은 새로운 변화다. 이에 대해 "중국의 경제 방식 전환은 수출과 투자에 대한 과도한 의존이 더 이상 성장에 기여하지 못하고, 외부충격에 취약한 경제체질, 생산능력 과잉과 잠재부실 누적, 소득분배 구조 악화 등의 부작용을 낳고 있다는 판단에서 비롯됐다"는 분석도 나온다.

중국 정부는 수출에서 내수, 다시 소비로 전환하는 경제의 큰 변화를 추진 중이다. 2012년은 중국경제의 소비주도성장의 원년(元年)이 될 전망이다. 이를 위해 중국 정부는 '구조적 소비부양책'을 전면 실시한다. 감세, 임금 인상, 사회보장제도 개혁, 소비금융 활성화 등 전방위적인 소비환경 개선이 추진되고 있다.

이 같은 소비주도의 성장 전환은 글로벌 기업들을 새로운 환경으로 내몰 것이다. 중국 진출 기업들에겐 임금 상승의 충격이 클 것이다. 특히 중국에서 제품을 생산해 제3국에 수출하는 기업들의 어려움이 가중될 전망이다.

반면에 중국을 시장으로 삼는 기업들에게 소비주도성장은 큰 기회가 될 수 있다. 중국 정부의 내수 확대 정책은 국내 산업계에도 큰 영향을 미치게 된다. 내수가 살아나면 가장 수혜를 입게 될 업종은 IT 업종이고, 그 다음은 부품·소재 관련 기업, 화학이나 철강 업종 순이 될 전망이다.

2012년 4월, 인민은행이 위안화 환율 변동 폭을 0.5%에서 1%(2007년 5월 0.3%에서 0.5%로 확대)로 확대한 것도 내수 경기를 부양해 내수 위주 경제로 전환하기 위한 조치다. 자연스럽게 위안화값의 상승을 유도해 수출의존도를 낮추고 서비스업 등 내수 산업의 발전을 꾀하겠다는 구상이다.

동시에 위안화의 국제화를 겨냥한 포석이기도 하다. 중국 정부는 이를 위해 자본시장 개방, 역외 금융시장 개설, 금리시장화, 위안화 환율시장화 등 4대 개혁을 추진하고 있다.

위안화가 절상되는 것과 내수의 확대, 무역흑자는 서로 긴밀히 연결돼 있다. 중국의 무역흑자가 확대되면 위안화 절상이 빠르게 진행되고 중국의 구매력이 늘어나 한국의 대중국 수출이 활기를 띨 것이다. 이에 따라 대중국 수출비중이 높은 LCD, 자동차 부품, 석유화학산업, 전자기기, 기계, 철강산업의 매출이 늘 것이다.

창조 조직으로 기업을 잘게 쪼개라

〈월스트리트저널〉이 2009년 '가장 영향력 있는 경영대가 1위'로 선정한 개리 하멜(Gary Hamel) 런던비즈니스스쿨 교수는 "조직을 잘게 쪼개라(Break into smaller sub units)"고 조언한다.

그는 "구글이 시장가치 200억 달러의 회사로 발전한 것은 4~5명으로만 구성된 소규모 팀들이 유기적으로 움직여 이뤄낸 성과 덕분이다"라며 "몇 백 명의 직원이 한 팀에 있으면 창의성 없이 모두 똑같은 생각만 할 뿐"이라고 지적한다. 세계경제가 지식기반경제에서 창의성기반경제(Creativity-based Economy)로 가고 있기 때문에 창의성을 살릴 수 있는 조직으로 구조를 바꿔야 한다는 뜻이다.

그렇다면 창조형 지식, 혁신이 살아 숨 쉬는 이상적 조직을 어떻게 만들 것인가? 차별화된 제품과 서비스로 새로운 시장과 블루오션(Blue Ocean)[a]을 창출할 수 있는 조직의 비밀은 어디에 있을까?

지금 성공하고 있는 기업은 중앙조직이 아니라 하부 팀 조직이 자발적으로 창조적 지식을 찾아낼 수 있는 생태계를 만들고 있다. 2007년 다보스포럼은 창조 조직의 형태로 '알카에다경영'을 제안하기도 했다. 목표를 향해 일사분란하게 움직이고 목표가 달성된 후에는 즉시 해체되어 또 다른 목표를 향해 뛰는 범죄조직처럼 하부조직의 생명력이 살아 있어야 한다는 뜻이다.

알카에다는 하나의 이데올로기를 향해 모든 조직원이 하나의 생명체처럼 유기적으로 움직인다는 특징이 있다. 알카에다에는 중앙조직이 보이지 않는다. 행동하는 수평조직만 있을 뿐이다. 조직원들은 자신들이 추구하는 목표를 달성하기 위해 세계 각처에서 조용히 행동에 나선다. 리더는 목표를 설정할 뿐 조직원들이 하는 일에

---

a 블루오션(Blue Ocean)
존재하지 않거나 잘 알려지지 않아 경쟁자가 없는 유망한 시장. 이미 잘 알려져 있어 경쟁이 매우 치열한 시장은 레드오션(Red Ocean)이라고 한다.

일일이 참견하지 않는다. 한 팀에서 임무를 완수하지 못하면 다른 팀이 그 자리를 메우는 협력체제를 완벽하게 갖추고 있다.

9·11 테러를 일으킨 지 10년 만인 2011년 5월 오사마 빈 라덴 (Osama Bin Laden)이 사망했다. 그가 조직을 운영한 방식은 철저히 탈중앙집권적이었다. "미국을 테러하라"는 지시만 내렸을 뿐 방식에 대해서는 아무런 지침도 주지 않았다. 행동 지침을 정한 것은 행동대원들의 창조적인 발상이었다. 지침을 받은 하부조직은 전 세계 부의 상징이었던 WTC(세계무역센터)를 테러해야 전 세계를 경악시킬 것으로 판단했고 항공기로 자폭할 결정을 독자적으로 내렸다.

세계적인 디자인 그룹 아이데오의 최고경영자 팀 브라운(Tim Brown) 역시 창조적인 지식을 만들어내는 데는 '알카에다경영'이 가장 효과적이라고 강조한다. 중앙의 간섭 없이 조직원들이 자유롭게 지식을 공유하고, 의견을 나누는 과정에서 창조적인 지식을 찾아낼 수 있다는 것이다. '알카에다경영'은 조직의 목표만 제시될 뿐 목표 달성을 위한 로드맵은 조직원 모두가 의사결정자가 되어 창의적으로 만들어낸다.

오리 브라프먼(Ori Brafman)과 로드 벡스트롬(Rod A. Beckstrom) 은 《불가사리와 거미(The Starfish and the Spider)》(2006)에서 모든 조직이 하나의 생명체처럼 살아 움직이는 알카에다조직을 '불가사리조직'이라고 명명한다.

거미는 다리를 절단하고 머리를 자르면 죽지만 불가사리는 다르다. 다리를 절단하더라도 새로운 다리가 생겨날 뿐만 아니라 잘린 다리는 또 다른 불가사리로 성장한다. 알카에다도 마찬가지다. 세계 각국이 이들의 테러에 전쟁을 선포하고 소탕하려 해도 어디선가 다시 나타난다. 불가사리의 재생세포와 알카에다조직원들은 모두 중앙의 목표를 정확히 이해해 자의적·개별적으로 움직인다. 브라프먼과 벡스트롬은 "거미형 조직이 엄격한 계층제도, 핵심 인사가 명령하는 조직화된 리더십이라면, 불가사리형 조직은 엄격한 계급이나 틀에 박힌 비즈니스 권위가 없는, 즉 리더 없는 조직"이라고 말한다.

두 사람은 불가사리조직으로 21세기를 리모델링해야 한다고 말하며, 도요타가 불가사리 원칙으로 거미 같은 조직인 제너럴모터스(GM)와 포드를 무너뜨렸다고 분석한다. 과거 산업화 시대에는 '거미'와 같은 성향을 지닌 중앙집권적 조직이 매우 효율적이었다. 거미조직은 명확한 조직 체계를 가지고 있으며 책임자도 정해져 있는 데 반해 불가사리조직은 공통된 이데올로기를 기초로 결성되거나 단순한 커뮤니케이션 채널을 가지고 있다. 전통적인 조직 형태인 수직형 조직, 즉 톱다운 조직이 바로 거미조직이다. 하지만 조직의 유연성과 수평적 관계가 강조되는 21세기 사회에서는 '불가사리'와 같은 조직이 힘을 발휘한다.

불가사리조직이 넥스트 패러다임으로 떠오르며 전략과 경쟁의 원칙을 바꿔놓고 있다.

R&D가 C&D, C&C로 진화했다

전동칫솔은 어떻게 태어나게 됐을까? P&G가 스핀팝(Spin Pop)이라고 하는 회전 막대사탕의 기술을 활용해 개발했다. 치약시장에서 콜게이트(Colgate)와 힘겨운 싸움을 하고 있던 P&G는 전동칫솔을 개발하고 싶었지만 전자제품을 개발한 경험이 없어 고민하고 있었다. 이때 슈퍼마켓에 놓인 막대사탕을 기구에 꽂고 버튼을 누르면 사탕이 돌아가는 스핀팝이란 자동 사탕 회전 기술에 주목한다. P&G는 이 사탕을 발명한 사람에게서 스핀팝의 기술을 사들여 기존 제품값의 10분의 1에 불과한 히트상품을 탄생시켰다.

2004년에는 감자칩 위에 시사상식이 적힌 신상품 '프링글스 프린트'를 선보여 대박을 터트리기도 했다. P&G는 시장조사를 통해 유머나 시사상식이 적힌 감자칩이 유행할 것이라는 결론을 얻는다. 이에 따라 글자를 새긴 감자칩을 개발하기 위해 전 직원이 매달린다. 하지만 고온의 가루 반죽인 감자칩 위에 글을 선명하게 나타내기란 쉬운 일이 아니었다. 감자칩 자체가 고온다습해 글자가 번지기 일쑤였기 때문이다.

여러 차례 시행착오를 거듭한 끝에 식용색소를 음식물에 인쇄하는 기술을 사기로 했다. P&G는 인터넷에서 이탈리아 볼로냐의 한 대학교수가 식용잉크를 개발해 사용 중인 사실을 알게 됐다. 그리고 교수의 도움을 받아 2년 넘게 걸려야 할 제품 개발 기간을 1년으로 단축시킬 수 있었다.

외부 기술을 활용해 등장한 프링글스 프린트는 매년 두 자릿수 매출 성장률을 나타내는 '황금알을 낳는 거위'가 됐다. 기업이 가진 핵심역량과 회사 밖의 핵심역량을 연결해 혁신을 만들어내는 '연결과 개발(C&D)', '연결과 창조(C&C; Connect and Creation)'가 글로벌 혁신 전략으로 부상하고 있다.

P&G는 이미 2003년 기업혁신을 위한 핵심 전략으로 '열린 혁신'을 채택한다. 이때의 전략은 연구개발이 아닌 C&D 전략, 즉 외부 기술과 아이디어를 회사의 제품 개발로 연결시키는 '연결과 개발' 전략이다. 이는 최고경영자였던 앨런 래플리(Alan Lafley) P&G 회장이 혁신 전략으로 제시하면서 세계에 확산됐다. 내부 R&D 투자를 무한정 확대하는 것으로는 기업이 원하는 성장 목표를 달성하는 데 한계가 있다는 판단에서 C&D가 나온 것이다.

R&D는 회사가 제품 개발에 필요한 자원을 기업 스스로 총동원하지만, C&D는 핵심역량 강화에 필요한 투자만 하면 된다. 핵심역량과 관련되지 않은 기술은 외부에서 사오는 전략이다. 투자비용은 줄고 제품 개발 기간이 앞당겨져 회사 입장에선 일석이조다.

P&G는 이 같은 전략으로 신제품 중 50%는 사내 R&D 활동을 통해 개발하고, 나머지는 외부 지식 네트워크를 활용해 매년 신제품시장을 선도하고 있다. P&G의 사내 연구 인력은 7,500명이지만 C&D 전략으로 외부 글로벌 연구기관에 150만 명의 인원을 자사의 연구원처럼 활용하고 있다.

항공기 제조회사 보잉은 자사의 핵심역량은 생산이 아니라 시스템 통합과 디자인이라는 것을 깨닫게 됐다. 이에 연구개발 자원을 시스템 통합 기술과 디자인에 집중하고 대부분의 부품을 아웃소싱해 전체적으로 이익을 향상시킬 수 있었다.

C&D 전략은 이제 C&C 전략으로 확산되고 있다. C&C는 '연결&창조'의 뜻으로 기업, 즉 내가 가진 핵심역량을 상대의 핵심역량과 연결해 지금까지 없던 새로운 것을 창조해내는 뜻이다. 융합을 통해 제품 및 서비스의 새로운 미래를 찾아야 한다는 의미다.

C&C와 C&D의 전략은 기업이 혼자의 힘으로 개발할 때 걸리는 시간보다 50% 이상 개발시간을 줄일 수 있다.

'N=1 시대'가 열렸다

"모든 사람들은 검은색을 좋아한다."

이것은 미국 포드자동차의 경영전략을 대변하는 말이다. 동시에 과거 제조업의 상징이었던 포드의 유명한 T-모델이기도 하다.

헨리 포드(Henry Ford)는 1908년 T-모델을 개발해 대량생산 시대를 열었다. '단일 모델'로 소비자 공략에 성공한 것이다. 소비자를 단일한 집합체로 인식하고 '모든 사람들은 검은색을 좋아한다'는 원칙에 따라 검은색 자동차로 성공을 거뒀다.

그러나 포드는 다양한 신모델을 개발해달라는 제안이 들어왔지만 이를 거부하고 소비자의 요구에도 주의를 기울이지 않았다. 이 결과 한때 60%에 달했던 시장점유율은 떨어지기 시작했고, 도요타 등 경쟁사에 1위 기업 자리도 양보해야 했다.

21세기의 기업은 다양해지는 소비자의 요구에 맞춰 소비자의 개별 요구를 만족시키는 데 초점을 맞추고 있다. 과거 100년 동안 하나의 특성만을 지닌 소비자 집단을 대상으로 대량생산 시대를 열었던 기업들이 소비자 집단을 점차 세분화해 공략하고 있는 것이다.

프라할라드(C.K. Prahalad) 미시간대 경영대학원 석좌교수와 크리슈난(M.S. Krishnan) 교수는 《새로운 혁신의 시대(The New Age of Innovation)》(2009)에서 'N=1(고객 수=1명)'을 제1의 혁신원칙으로 제시했다.

기업이 혁신에 성공하려면 소비자 개개인에게 맞는 고유한 가치와 경험을 제공할 수 있어야 한다는 것이다. 한마디로 21세기는 기업과 고객이 함께 가치를 창출하는 시대라는 게 이들의 결론이다.

고객은 만능이 아니다

고객이 원하는 대로 제품을 만들고 신제품을 내놓으면 기업은 영원히 잘나갈 수 있을까?

이 같은 질문에 단호하게 '아니다!'라고 답하는 세계적 경제학자
가 있다. 바로 경영학계의 아인슈타인으로 불리는 클레이튼 크리스
텐슨(Clayton M. Christensen) 하버드대 비즈니스스쿨의 석좌교수다.

그는 자신의 저서《혁신기업의 딜레마(The Innovator's Dilemma)》
(2009)에서 '다수결의 오류'가 있다는 점을 강조하고 있다. 대부분
의 사람들이 원하는 바가 꼭 옳은 방향은 아니라는 뜻이다. 크리스
텐슨 교수는 "투자자와 고객들의 목소리에 귀 기울여 다수가 원하
는 대로만 회사를 경영할 경우 결국 초우량 기업들마저 선두자리를
빼앗길 수 있다"고 경고하며 "남들이 가지 않는 길을 개척하는, 파
괴적 혁신(Disruptive Innovation)을 추구하라"고 조언한다.

기존의 많은 기업들은 모두 존속적 혁신(Sustaining Innovation)에
주력해왔다. 존속적 혁신이란 철저히 기존 고객의 요구에 맞춰 그
들을 만족시키고 감동시키는 기업경영전략을 말한다.

시어스로벅(Sears, Roebuck and Company)은 90년대 이전까지 미국 최대 통신 · 소매판매 회사로 군림하던 초우량 기업의 본보기였다. 이 회사가 만들어낸 공급망 관리, 매장 브랜드, 카탈로그 판매, 신용카드 판매와 같은 혁신적인 아이디어는 경영의 바이블 그 자체였다. 한때 미국 소매 업체 총매출의 2% 이상을 차지하는 등 수십년 동안 선망받는 시장의 리더였다.

그러나 현재, 시장의 뉴 패러다임이 된 할인매장의 등장을 간과한 결과 경쟁력을 잃고 추락하고 있다. 월마트, 케이마트와 같은 할인점들이 세상을 바꿔놓을 파괴적 혁신을 몰고 오고 있었지만 시어스는 기존 시장을 지키기 위해 혈안이 됐다. 충성고객이 원하는 제품과 서비스를 개발해내는 데에만 더 공격적인 투자를 단행했다.

급기야 1992년과 1995년에는 기존의 유통 사업에 더욱 집중하기 위해 대형 보험사 올스테이트(The Allstate Corporation) 등 금융 자회사들을 처분했다. 이는 신용카드 판매 분야에서 이룩했던 선도적 지위마저 비자(Visa)와 마스터카드(MastarCard)에 내주는 결과를 낳았다. 결과는 참담했다. 기존 고객들은 돌아오지 않았고 새로운 할인점시장으로 떠났다.

파괴적 혁신이 넥스트 패러다임을 만들어내고 있다. 흔들릴 것 같지 않던 시장은 파괴적 혁신 앞에 속수무책이 되는 세상이다.

 Sears Failure Exposed by Retail Expert

융합하면 커진다

기업의 협력 모델은 업종과 영역을 초월한다. 대표적인 것이 IT와 디자인 업체의 결합이다. 삼성전자는 2009년 휴대전화와 LCD TV의 디자인을 이탈리아 패션 브랜드인 아르마니에 맡겼다. LG전자는 명품 브랜드 프라다와 손잡은 휴대폰을 선보였다.

철강 업체인 포스코는 가전업체인 LG전자와 제휴해 고효율 모터를 공동으로 생산키로 했다. 포스코는 모터 개발의 핵심인 내마모성과 내열성이 뛰어난 소재 개발 기술을 제공하고 LG전자는 나머지 기술을 내놓는다.

이처럼 기업들이 협력을 강화하는 것은 경쟁을 통해 성장하는 데는 한계가 있음을 느끼고 있기 때문이다. 약육강식, 적자생존식 경쟁은 한쪽의 파멸을 부르기 때문이다.

기업에 이익이 된다면 새로운 관계를 만들기도 하고 적대관계의 기업에 구원을 요청하기도 한다. 심지어 경쟁사와의 '동침'은 예삿일이 되고 있다. 기업이 경쟁력을 높이는 데 있어 기업을 둘러싼 이해관계자들과 '협력적 네트워크'를 구축하지 않으면 생존하기 힘든 시대가 됐기 때문이다. 고객은 물론 경쟁사, 노조, 협력업체, 시민단체, 언론기관, 정부기관 등의 이해관계자와 유기적인 협력 네트워크를 구축하지 못하면 점점 생존하기 힘들어지고 있다.

중소기업들의 관계도 마찬가지다. 대기업, 중소기업, 노조와 기업, 노동자 간 협력이 상생의 미래를 만들어낸다. 협력이 새로운 경쟁력으로 떠오른 시대에 최고경영자는 누구와 손을 잡아야 최고의 기업경쟁력을 만들 수 있을지를 모색해야 한다. 글로벌 리더들은 불확실성 시대를 헤쳐 갈 파트너를 찾아 '협력의 경제학(Collabo-nomics: collaboration+economics)' 효과를 발휘하라고 조언한다.

지금 우리는 학문 간 통섭, 장르적 퓨전 등과 궤를 같이 하는 융합의 시대에 산다. 스마트폰은 어떻게 히트작이 됐을까? 스마트폰은 단순한 고성능 휴대전화기가 아니다. 기본적인 전화기의 기능에, 카메라, 녹음기, 전자수첩, MP3플레이어, TV 등의 기능을 모두 합쳐놓았다. 게다가 이메일 확인, 정보검색, 소셜네트워크 등을 통해 실시간으로 소통할 수 있도록 했다. 한마디로 융합(conver-gence)의 산물이다.

《티핑포인트》와 《블링크》의 저자 말콤 글래드웰(Malcolm Gladwell)은 융합능력을 '편집력(editing)'이라고 규정한다. 그는 "스티브 잡스의 위대함은 발명이 아닌 편집에 있었다"며 "이미 개발된 다양한 기능들을 통합하고 개량해 완벽한 제품을 만들어내는 데에서 뛰어난 경쟁력을 발휘했다"고 분석한다.

융합 열풍이 가장 거센 산업은 ICT(Information Communication Technology, 정보통신기술) 쪽이다. 통신은 그 자체로 생명력을 잃고 있다. 스마트폰이 문자, 음성, 화상 등의 통신서비스를 공짜로 가능하게 함에 따라 통신사들의 과제는 '탈(脫)통신'이 되었다.

이에 따라 통신과 이종(異種) 산업 간 융합, 통신과 솔루션의 융합, IT와 기업경영의 결합, IT와 금융의 결합 등의 '스마트 컨버전스'가 '이업종 융합' 시대를 재촉하고 있다. 하드웨어(HW)와 소프트웨어(SW), 네트워크서비스(NW)를 하나로 융합한 '트라이버전스(Trivergence)'가 새로운 산업의 패러다임으로 부상한 것이다.

기업과 개인 모두 융합이 가져다주는 혁신의 미래를 위해서 퓨전(fusion), 하이브리드(hybrid), 복합(complex), 디지로그(digilog, 아날로그와 디지털의 통합) 등의 전략을 서둘러 강구해야 할 때다.

박스 밖에서 생각하라

《빅 씽크 전략(Big Think Strategy)》(2007)의 저자이자 '체험 마케팅'이란 용어의 창시자인 번트 H. 슈미트(Bernd H. Schmitt) 컬럼비아대 교수는 "기업들은 이제 트로이 목마 하나로 오랜 전쟁을 단숨에 끝낸 오디세우스처럼 시장을 단숨에 뒤집는 창조적이고 대담한 아이디어로 승부하라"고 강조한다.

그는 "한국 기업은 조직 내 고정관념인 박스 안에서 나와 박스 밖에서 생각하는(Think outside the box) 발상의 전환이 필요하다"며 "창의성, 혁신, 오감(五感)을 모두 갖춘 상품을 내놔야 글로벌 기업이 될 수 있다"고 조언한다. 이를 위해 고객의 체험, 감성을 활용해 제품 구매로 연결하는 '체험 마케팅(Experiential Marketing)' 전략을 짤 것을 제안한다.

66

"한국 기업은 조직 내 고정관념인
박스 안에서 나와 박스 밖에서 생각하는
발상의 전환이 필요하다. 창의성, 혁신,
오감을 모두 갖춘 상품을 내놔야
글로벌 기업이 될 수 있다

99

번트 H. 슈미트

　고정관념을 깨는 발상의 전환, 체험, 오감, 혁신, 감성 등을 중요
한 전략의 키워드로 제시한다. 이 가운데 핵심은 '큰 생각'이다. 슈
미트 교수가 말하는 큰 생각이란 《블랙 스완》의 저자 나심 니콜라
스의 조언과 일맥상통한다. 데이터, 분석자료, 통계는 주로 과거를
밝혀주는 수단에 불과하기 때문에 그들 자료를 토대로 미래의 전략
을 만들지 말라는 이야기다. 과거 자료는 단지 참고 수단에 불과할
뿐 미래에 대한 해결책을 제시해주지 못한다는 것이다.

　따라서 시장을 뒤흔들 '큰 생각'을 해보라고 조언한다. 큰 생각의
첫 번째 전략은 '서로 어울리지 않는 것 결합하기'다. 즉 서로 다른
이종 산업끼리 융합해 더 큰 부를 창출해내는 것이다.

　두 번째는 '비동종업계 벤치마킹하기'다. 동종업계가 아니라 다른
업계에서 나타나고 있는 뛰어난 성과를 벤치마킹해 새로운 것을 탄
생시키는 일이다.

세 번째는 기업과 조직 내에서 신성시되는 관행이나 고정관념을 깨는 것이다. 슈미트 교수는 이를 '성우(聖牛) 죽이기'라고 말한다. 성우는 힌두교에서 신성시되는 소를 일컫는 말로, 기업이나 조직 내에서 절대로 반대할 수 없는 통념과 관행, 경영 신조의 의미로도 쓰인다. 즉 사내에 자리 잡고 있는 고정관념을 깨는 시도가 '큰 생각'을 가능케 한다고 조언한다.

네 번째 전략은 '시간의 틀에서 벗어나기'이다. 현재의 시간에 얽매이지 말고 과거 또는 미래의 세계와 연결해 지금까지와 전혀 다른 새로운 시나리오를 써보는 일이다. 마지막 '큰 생각'은 '전략 해체하기'다. 현재의 전략을 극한 상황까지 밀어붙여 새로운 돌파구를 찾아보는 방법이다.

 Big Think Strategy: On Burping Crickets

 SCHMITT on "Killing the Sacred Cows"

기업을 미래 패러다임으로 바꿔라

현대 기업들은 끊임없이 도전과 압박을 받고 있다. 소비자의 요구가 다양할 뿐만 아니라 신흥기업이 부상하고 기술이 변화하는 속도가 빠르기 때문이다. 게다가 2008년 미국에서 시작된 금융위기에 이어 2009년 10월 유럽 재정위기와 같은 외부 충격에도 노출되어 있다. 변화하는 환경 속에서 살아남기 위한 기업들의 대응책은 무엇일까?

존 챔버스(John Chambers) 시스코(Cisco) 회장은 "변화를 거부하는 기업의 평균수명은 15년에 불과하다"며 "기업들은 비즈니스 방식을 근본적으로 바꾸는 노력을 멈추지 말아야 한다"고 경고한다.

130년 역사를 자랑하는 아날로그 필름의 대명사, 이스트만 코닥은 2012년 1월 미국 법인과 미국 내 자회사를 대상으로 미국 법원에 파산보호(챕터11ᵃ)를 신청했다. 이에 따라 코닥은 법원의 감독 아래 채무상환을 일시적으로 연기하고 기업회생절차를 밟게 됐다.

1880년에 창업한 코닥은 1934년 35mm 필름을 개발해 필름카메라의 세계표준을 만들고, 1975년 세계 최초로 디지털카메라를 개발한 '20세기 혁신의 선구자'였다. 아날로그 필름의 대명사가 된 코닥은 디지털카메라를 세계 최초로 개발했지만 공교롭게도 디지털 기업으로 변신하지 못해 파국을 맞았다.

디지털 세상이 도래할 것이라는 패러다임의 변화를 먼저 읽었지만 '모험심'이 부족했다. 디지털카메라를 내놓으면 당시 잘나가던

---

a 챕터11

파산상태의 기업들을 대상으로 당장 빚을 갚을 수 없어도 파산을 막아주면 회생한 뒤 빚을 갚겠다며 법원에 신청하는 파산보호신청. 한국의 법정관리에 해당한다.

필름 사업이 위축될 것이라는 걱정 때문에 최첨단 카메라 기술을 방치한 것이다. 이른바 새로운 시장이 기존 시장을 잠식하는 카니벌라이제이션(Cannibalization)을 우려했던 것이다. 1981년 코닥의 사내 보고서는 디지털카메라가 불러올 시장 충격을 정확히 예견했다. 하지만 '무사 안일'에 익숙했던 경영층은 이를 외면했다. 패러다임 변화가 바꿔놓을 먼 미래를 외면한 채 눈앞의 이익에만 급급했기 때문이다.

반면에 IBM은 패러다임이 바꿔놓을 미래를 철저히 준비했다. 가장 잘나가던 컴퓨터 사업을 과감히 버리는 '변신'을 시도했다. PC 사업부, 하드 드라이브와 프린터 등 하드웨어 사업을 줄줄이 매각한 것이다.

1993년 CEO가 된 거스너(Louis V. Gerstner)는 "이제 PC는 잊어라. IBM은 앞으로 인터넷에 집중해야 하며 비즈니스맨들의 편한 친구가 돼야 한다"며 기업을 SW, IT컨설팅 기업으로 바꿔버렸다. '지금'이 아니라 '미래'의 패러다임에 맞춰 기업을 재탄생시킨 것이다.

뉴욕증권거래소(NYSE) 유로넥스트 최고경영자 던칸 니더라우어(Duncan L. Niederauer)는 "반드시 유럽 재정위기와 같은 위기로부터 살아남기 위해 개혁을 진행해야 하는 게 아니라 기술의 지속적이고 갑작스런 변화, 수백만 명에 달하는 신흥시장 소비자의 등장, 패러다임의 전환 때문"이라고 말한다.

 Kodak goes bankrupt amid digital world of film

 IBM 향후 5년간의 5가지 변화

기업은 'R=G 시대'를 열라

고객 수가 수만 명, 수억 명에 달한다면 어떻게 개개인의 욕구를 모두 만족시킬 수 있단 말인가.

　이것에 대한 해답을 인도의 인터넷 과외서비스기업 튜터비스타 (www.tutorvista.com)가 제공하고 있다. 튜터비스타는 'N=1'이라는 맞춤식 교육으로 기존 교육시장에 도전장을 냈다. 학생 스스로 시간표를 짜고 수강과목을 선택하도록 했다. 수업 분량이나 수준도 자신에 맞게 조정하고 강사도 마음대로 선택할 수 있다. 강사들은 간단한 테스트를 통해 학생의 수준을 평가하고 학생의 요구에 따라 개별적인 방식으로 강의 계획표를 짠다. 수업의 중심에 학생(고객)이 있는 것이다.

　더 놀랄 만한 사실은 기업의 핵심자원인 강사를 전 세계에서 아웃소싱(outsourcing)한다는 사실이다. 전 세계에서 해당 과목을 가장 잘 가르칠 수 있는 교사를 뽑아 파트타임으로 고용한다. 이것이 프라할라드와 크리슈난이 제시하는 'R=G(자원=글로벌)'라는 제2의 혁신원칙이다.

기업이 보유하고 있는 기술과 자원만으로 고객의 다양한 요구를 충족시킬 수 없다. '글로벌 생태계'를 통해 기업에 필요한 자원을 찾아내고 이를 활용할 수 있어야 한다. 이제는 자원을 '소유'하는 방식이 아니라 자원에 대한 '접근성', 나아가 '활용성'이 경쟁력을 만들어주기 때문이다.

현재 튜터비스타는 전 세계에 흩어져 있는 가장 유능한 교사(자원)를 인터넷 네트워크로 연결해 활용한다. 60~100시간의 특별훈련 과정을 거쳐 맞춤식 원격 강의를 탄생시킨다. 한 달 수강료 99.99달러만 내면 전 과목을 시간제한 없이 수강할 수 있도록 했다.

결과는 놀라웠다. 유료회원이 1만 명을 넘어섰고, 전 세계 무대에서 600여 명의 강사들이 뛰고 있다. 이른바 튜터비스타는 세계를 무대로 무한한 자원에 접근할 수 있는 시스템, 즉 R=G의 혁신원칙을 통해 N=1의 혁신을 이끌어내고 있다.

기업이 혁신하는 방식이 바뀌고 있다. 이런 점에서 기업들은 '정보기술을 비즈니스 혁신에 어떻게 접목할 것인가', '개별 고객의 요구를 충족시키기 위해 N=1의 맞춤형 서비스를 어떻게 제공할 것인가', '어떤 R=G 전략으로 회사 밖 자원을 활용해, 어떻게 기업 내 자원 부족 문제를 해결할 것인가'를 고민해야 한다. 기업의 글로벌화가 'R=G', 'N=1'의 넥스트 패러다임을 낳고 있다.

미래에도 통하는 백만장자들의 6가지 습관

21세기 백만장자들은 어떻게 부자가 됐을까? 이들에겐 어떤 특징이 있고 어떤 요소들이 그들을 부자로 만들었을까? 야후의 여성 웹진 〈샤인(Shine)〉이 포브스 선정 '2009년 올해의 부자 400명을 대상으로 설문을 했다. 그 결과 백만장자들에게는 6가지 공통된 습관이 있는 것으로 조사됐다.

1. 실수에서 배워라(Learn from your mistakes)

실수가 발생했을 때 우리는 그 실수에 대해 지나치게 골몰한다. 하지만 백만장자들은 교훈을 얻는 데 초점을 맞춘다. 같은 실수를 되풀이하지 않기 위해서다. 백만장자들은 모두 사업이나 업무 등 삶에서 큰 시련을 겪은 경험이 있었다. 중요한 것은 실패 경험을 통해 교훈을 얻었고 이를 활용해 삶을 정상궤도로 돌려놨다는 점이다.

에디슨은 무려 1,000번의 실패를 거듭한 끝에 백열전구라는 결과물을 내놓을 수 있었다. 어느 신문기자가 에디슨에게 "1,000번이나 실패하는 동안 포기하고 싶은 생각이 들지는 않았습니까?"라고 물었다. 그러자 에디슨은 정색을 하면서 "실패라니요. 나는 절대로 실패한 적이 없습니다. 단지 전구를 만들 수 없는 1,000가지 방법을 발견했을 뿐입니다"라고 답했다. 에디슨은 끊임없는 실패를 통해 다시 실패하지 않는 방법을 터득했던 것이다.

2. 가치 있는 것을 찾아라(Look for value)

돈을 쓸 때 당신은 어떤 기준을 갖고 있는가. 백만장자들은 가치 있는 곳에 돈을 쓰는 지혜가 있다. 무언가를 살 때 반드시 가격을 비교하고 구입한다. 그렇다고 싼 것을 구입한다는 뜻이 아니다. 가격보다는 물건의 가치에 주목해 장기적인 관점에서 가치가 높은 쪽에 투자한다.

주식재벌 워렌 버핏은 가치 투자의 대명사로 통한다. 그는 "주식 투자는 종잇조각이나 복권을 사는 것이 아니다. 지분을 구입해 동업하는 것이다"라며 "이해하지 못하는 사업에 투자하지 말고, 장기적으로 안정적인 수익이 보장되는 가치 있는 기업에 투자하라"고 조언한다.

3. 나만의 틈새시장을 찾아라(Find your niche)

누구나 할 수 있는 것을 해서는 잭팟을 터뜨릴 수 없다. 돈을 많이 버는 대부분의 사람들은 자신만의 틈새, 즉 잘할 수 있는 분야를 찾아내 이를 확고히 한 사람들이다. 수요는 있지만 공급이 부족한 틈새시장을 찾아내 승부를 내야 한다.

틈새를 찾을 때는 자신의 능력과 재능을 잘 살릴 수 있는 분야를 선택하는 게 좋다. 화장품기업을 창업한 에스티 로더는 미용에 대한 남다른 재능을 발휘해 미국 화장품시장의 50%를 장악했다.

4. 돈을 잘 관리하라(Be in control of your money)

당신은 자신의 돈 흐름을 얼마나 잘 알고 있는가. 백만장자들은 자신의 지출 습관, 부채, 재정 상황을 잘 파악하고 있다. 백만장자들은 돈 관리를 남에게 맡기지 않는다. 스스로 돈을 지배하고 있는 것이다. 세세한 부분은 전문가에게 맡기더라도 최소한 자신의 돈이 어디에서 나와서 어디로 흐르는지 명확히 알고 있다. 돈에 대해 공부하고 개인 재정을 스스로 책임지며 재산을 증식한다.

5. 불필요한 경비를 줄여라(Avoid frivolous fees)

재산 증식의 기본은 번 돈보다 적게 지출하는 것이다. 조금씩이라도 매달 쌓이는 돈이 있어야 재산이 는다. 그러기 위해서 자질구레하게 빠져나가는 돈을 줄여야 한다. 은행, 신용카드회사, 휴대전화회사의 정책을 정확히 이해해 불필요하게 돈이 빠져나가는 일을 막아야 한다. 불필요한 지출이 줄수록 주머니 속 돈의 양은 많아진다. 결국 재산 증식이란 티끌 모아 태산인 것이다.

6. 스스로를 믿어라(Believe in yourself)

미국 내 400대 부자 가운데 274명(68.5%)이 자수성가형 사업가로 나타났다. 그들의 성공비결은 스스로를 믿는 것이었다. 가정환경이나 운을 탓하는 것은 인생에 아무런 도움을 주지 못한다. 백만장자들은 자신에 대한 믿음이 강했다.

백만장자들은 남들이 안 된다고 비관할 때조차 스스로를 믿고 위험에 도전했으며 아이디어를 실행에 옮겼다. 원대한 포부와 영감을 갖고 땀 흘리며 열심히 일했다.

백만장자가 되는 것은 말처럼 쉽지 않다. 이들의 6가지 습관은 누구나 다 알고 있는 사실이다. 하지만 모두가 백만장자가 되지 못하는 것은 아는 것을 실천하는 '성실한 행동력'이 부족하기 때문이다.

경영의 구루 톰 피터스는 저서 《리틀 빅 씽》에서 "성공하는 사람들은 '토론'보다 '실천'에 앞장섰다"며 "기업이든 개인이든 성공의 첫 번째 조건은 '실행에 집중하는 것(A bias for action)"이라고 말한다.

 백만장자들의 6가지 습관

 The 400 Richest Americans 2009

Part 4

넥스트 패러다임
- 기술 세계와 사회 현장에선

01 새로운 표준의 탄생

새로운 표준 '뉴 노멀'시대를 준비하라

과거 음반 시대의 최고 상품은 축음기와 LP 음반이었다. 음악 애호
가들은 원하는 음악을 듣기 위해 다양한 레코드판을 수집했고 레코
드판은 곧 인기상품으로 떠올랐다. 뒤이어 카세트가 등장했다. 가
수들은 LP를 뒤로 하고 카세트테이프에 음악을 담아냈다. LP와 카
세트테이프는 이른바 아날로그 시대의 산물이다.

아날로그에 도전장을 낸 것은 디지털이다. 컴퓨터로 대표되는 디
지털은 비즈니스 모델에 획기적인 변화를 가져왔다. 이른바 패러다
임 변화였다. 디지털 방식의 CD가 탄생했고 미니디스크(MD), MP3
등으로 진화하며 음악산업은 대변혁을 맞았다.

패러다임이 변하게 되자 비즈니스 모델이 진화하게 됐다. 디지털
은 온라인 비즈니스를 탄생시켰고, 언제, 어디서든지 인터넷 접속

이 가능한 스마트기기를 출현시켰다.

공급자가 문자, 영상, 음성 등의 정보를 일방적으로 제공하던 (push) 웹 1.0 시대는, 인터넷이 참여, 공유, 개방의 플랫폼으로 발전하면서 웹 2.0 시대로 전환됐다. 웹 2.0은 사람들이 소통할 수 있는 플랫폼으로 인터넷을 바꿔놓았고 세상을 쌍방향의 수평 시대로 바꿔놓았다.

텔레비전이나 라디오, 신문처럼 일방적으로 정보를 제공하던 웹 1.0의 패턴은 UCC를 만들어내는 프로슈머(prosumer)[a]들이 사용자 (고객) 중심의 세상을 만들어냈다.

소셜 미디어의 폭발적인 성장과 함께 웹 3.0은 언제, 어디에서든지 온라인에 접속할 수 있는 유비쿼터스 시대, 초연결사회를 등장시켰다. 클라우드 컴퓨팅, 시멘틱 웹(Semantic Web)[b] 등의 새로운 패러다임이 출현했다.

이 같은 넥스트 패러다임이 탄생하게 되자 과거와 전혀 다른 표준(전형), 즉 '뉴 노멀'을 만들어낸다. 뉴 노멀은 미국의 벤처투자가인 로저 맥나미(Roger McNamee)가 제시한 개념이다.

---

a 프로슈머(prosumer)
생산자(producer)와 소비자(consumer)를 결합한 말로, 생산에 참여하는 소비자를 의미한다. 1980년 미래학자 앨빈 토플러가 《제3의 물결》에서 21세기에는 생산자와 소비자의 경계가 허물어질 것이라 예견하면서 처음 사용했다.

b 시멘틱 웹(Semantic Web)
컴퓨터가 정보자원의 뜻을 이해하고, 논리적 추론까지 할 수 있는 지능형 웹이다.

그는 "불확실성 시대에 성공하려면 '새로운 기준'의 도래를 적극 활용하는 지혜가 필요하다"며 "돈이 어디로 흘러갈지를 정확하게 짚어내 투자해야 부와 가치를 창출할 수 있다"고 말한다. 그는 저서 《뉴 노멀(New Normal)》(2005)에서 기술과 세계화를 '새로운 표준'으로 제시했다. 맥나미는 "거스를 수 없는 시대의 흐름을 적절하게 활용하는 기업이 막대한 부를 거머쥘 수 있다"라고 단언한다. 패러다임 변화를 기업경영에 영리하게 접목할 줄 아는 기업이 승리한다는 조언이다.

지금 우리는 기존의 상식이 허물어지고 질서가 뒤바뀌는 넥스트 패러다임의 대격변기에 있다. 따라서 과거 패러다임의 연속선상에서 미래를 내다봐서는 안 된다. 과거에 없던 새로운 것들이 지속적으로 출현해 새로운 질서를 만들어내고, 이러한 새로운 질서는 사람들의 생각과 의식, 문화마저 바꿔놓고 있기 때문이다.

새 표준을 지배하라

'뉴 노멀'을 먼저 지배한 기업이 TV 시장의 승자가 됐다. 60여 년 역사의 브라운관 TV를 안방에서 몰아낸 것은 평판디스플레이로 일컬어지는 PDP, LCD TV다. 디지털이라는 '뉴 노멀'을 접목해 고선명, 고화질 TV의 넥스트 패러다임을 탄생시켰다. 게다가 고가의 대형 화면, 홈시네마 시대를 열었다.

TV 업계는 또 다른 '표준'의 등장을 예고하고 있다. 이른바 스마트TV의 등장이다. 스마트TV는 운영체제(OS)를 탑재하고, 인터넷 상의 동영상이나 앱 등의 콘텐츠를 제공하는 TV를 말한다. 인터넷의 동영상, 정보 등 다양한 콘텐츠가 텔레비전이란 하드웨어와 결합된 형태로, 컴퓨터가 PC의 지능을 결합한다.

한국에서는 2013년에 아날로그 방송이 중단되고 디지털화가 시행된다. 이 시장을 놓고 애플과 구글이 스마트TV 시장에 뛰어들어 대전쟁을 시작했다. 소프트웨어를 앞세운 애플과 구글의 공격에 맞서 삼성전자와 LG전자, 소니 등 제조업체들도 '뉴 노멀' 시대의 생존전략을 다시 짜고 있다.

이처럼 세계경제를 지배한 '뉴 노멀'은 시대 상황과 패러다임 변화에 따라 항상 새롭게 등장해 과거 기준을 밀어낸다. 그렇다면 위기 뒤에 펼쳐질 세계경제의 '뉴 노멀'은 무엇일까? 신자유주의의 세계경제는 어떻게 바뀔 것인가? 어떤 '뉴 노멀'이 등장해 새로운 패러다임으로 자리 잡을 것인가?

세계 최대 채권투자회사 핌코는 2009년 〈중장기 전망 보고서〉에서 위기 뒤에 펼쳐질 세계경제의 '뉴 노멀'을 정부 규제 강화, 저소비, 저성장으로 손꼽았다.

모하메드 엘 에리언(Mohamed El Erian) 핌코 최고경영자는 "세계 금융위기로 세계경제의 표준, 즉 '뉴 노멀'이 바뀌고 있다"며 "높은 실업률과 세계적인 성장 둔화, 금융기업에 대한 정부의 간섭 등이

'뉴 노멀'로 등장할 것"이라고 전망했다. 케네스 로고프(Kenneth S. Rogoff) 하버드대 교수 또한 지구촌 성장의 '뉴 노멀'을 '저성장'으로 판단한다.

핌코에 따르면 위기 후 세계경제의 역동성은 선진국에서 신흥시장으로 이동한다. 그만큼 신흥시장에서 더 많은 먹을거리가 창출될 수 있다는 분석이다. 투자처도 당연히 미국 이외의 시장이 유망할 전망이다.

위기 후 정상으로 복귀하는 데는 많은 시간이 걸린다는 게 정설이다. 시장, 제도, 정책, 비즈니스 모델 등 다양한 분야에서 새롭게 형성될 '뉴 노멀'을 제대로 이해하고 대비하는 지혜가 필요하다.

 Smart TV - Samsung CES Press Conference 2012

 CES 2012 - The Future of Smart TV

'빅 스위치'가 진행되고 있다

디즈니(Disney)는 아날로그 시대를 대표하던 엔터테인먼트 분야의 선두주자였다. 하지만 1980년대에 컴퓨터 기술이 등장하자 픽사(Pixar)나 드림웍스(DreamWorks)에 밀리기 시작했다.

픽사와 드림웍스가 컴퓨터 기술을 활용해 넥스트 패러다임이 된 애니메이션의 황금시대를 열었기 때문이다. 이는 시장에 새로 등장한 기술을 활용해내는 능력이 얼마나 중요한지를 시사한다.

늦었지만 디즈니도 패러다임의 변화를 읽고 이 시장에 뛰어들어 대성공을 만들어냈다. 아날로그에서 디지털로 전환한 '빅 스위치(거대한 변환)'의 결과였다.

한국의 삼성전자와 LG전자는 수직계열화로 TV시장에서 일본의 소니를 앞설 수 있었다. 핵심 부품을 아웃소싱하는 일본 기업과 달리 삼성이나 LG는 패널 등 핵심 부품을 직접 생산해 속도와 비용이라는 두 측면에서 경쟁력을 확보할 수 있었기 때문이다. 삼성전자와 LG전자는 핵심 기술만 자체 기술이지 범용 기술은 아웃소싱에 의존한다. 한국의 두 가전 회사의 경쟁력은 일본 기업과 다른 수직계열화 중심의 '빅 스위치'에 있었던 것이다.

최근 시스템 개발 프로젝트 분야에서 성장한 일본 기업은 후지쯔, NTT데이터, 노무라연구소밖에 없다. 이들 기업의 특징은 IT 아웃소싱을 늘렸다는 점이다. 이들 기업의 성공 포인트도 평범한 기술을 외부에 맡기는 '빅 스위치'에 있었다.

세계적 IT 컨설턴트 니콜라스 카(Nicolas Carr) 전 〈하버드비즈니스 리뷰(HBR)〉 편집장은 저서 《빅 스위치(Big Switch)》(2008)에서 "디지털 시대의 경제 방정식이 다시 쓰이는 대전환이 일어나고 있다"며 "기업 경쟁력을 강화해줄 체제로 '빅 스위치'를 단행하라"고 조언한다.

그는 "지금은 기술을 전기처럼 활용하는 시대가 도래해 PC 시대가 종말을 고하고 있다"고 단언한다. 컴퓨터로 모든 업무가 이뤄지는 컴퓨터 시대에 왜 PC 시대가 끝났다는 말인가?

전 세계가 월드와이드웹으로 연결되면서 컴퓨터 없이 일할 수 있는 시대로 들어서고 있다는 것이다. 21세기는 이른바 넥스트 패러다임인 '클라우드 컴퓨팅 시대'가 됐다. 컴퓨터 하드웨어와 같은 서버의 도움 없이 모니터만 '클라우드 컴퓨팅' 시스템에 연결해 컴퓨터를 사용할 수 있는 시대가 된 것이다.

에릭 슈미트 구글 CEO는 이것을 '구름 속 컴퓨터(Cloud Computing)'라고 명명했다. 플러그에 전원을 꽂아 전기기기를 쓰듯 인터넷에 접속하면 구름 속처럼 보이지 않는 곳에 있는 메모리칩과 응용 소프트웨어, 데이터를 언제, 어디서나 불러내 쓰는 시대가 열렸다는 의미다. 기업들은 거액을 써가며 서버를 구축할 필요가 없게 됐다. '빅 스위치'가 일어나고 있는 것이다. 그래서 클라우드 컴퓨팅의 등장을 전력 공급에 비유하기도 한다. 전기가 각 가정에 공급되면서 '빅 스위치'가 일어난 것처럼 클라우드 컴퓨팅이 또 다른 세상의 대전환을 가져다줄 것이란 전망이다.

지금까지 기업들은 자체 서버를 구축하는 등 자체적인 IT 시스템을 보유하고 가동하는 것 외에는 선택의 여지가 없었다. 그러나 이제 인터넷이 유틸리티 컴퓨팅 '시설망'으로 변하고 있다. 이렇게 되면 거액을 투자해 IT 부서를 운영할 필요가 없다. 전기를 사서 쓰는 것처럼 컴퓨팅 서비스를 아웃소싱하는 게 더 저렴하다.

이렇게 되면 기업의 IT 전담 부서가 종말을 맞게 되고 '정보 보안'이 기업과 조직의 새로운 화두로 부상할 전망이다. 이로 인해 매우 민감한 데이터를 다루는 기관들은 앞으로도 자체적인 시스템 운영을 고수하게 된다.

전기의 등장은 전기기구에 대한 수요를 창출하며 세상을 완전히 바꿔놓았다. 라디오, 전화, 영화, 전구, TV, 세탁기, 냉장고, 에스컬레이터, 엘리베이터 등이 일상에서 구현되면서 빠른 속도로 실용화된 과거를 생각해보라. 문명이 바뀐 것은 기술의 일반화였다. 기술이 표준화되면서 특허권을 탄생시켰다. 이와 유사한 새로운 대변화가 '클라우드 컴퓨팅'으로 시작되고 있다.

'빅 스위치'가 일어나는 대전환기에는 시장에 어떠한 기술이 등장하는지, 어떤 기술을 활용할 때 자신은 물론 기업과 직원의 경쟁력을 극대화할 수 있을지를 고민해야 한다.

 IBM Cloud

 Google Faculty Summit 2009: Cloud Computing

Panel – The Perfect Storm (Google Atmosphere Session 4)

 Cloud Computing – How it all works

02 스마트 세상의 도래

세상이 스마트로 진화한다

영국 경제전문지 〈이코노미스트〉는 2010년 이후 가장 빈도 높게 사용되고 있는 형용사로 '스마트(smart, 영리한)'를 손꼽았다. 위기 이후 변화된 사회의 패러다임에 민첩하게 적응하려면 경제활동 참가자들이 더욱 창조적으로 생각하고 똑똑해져야 한다는 이유에서다.

〈이코노미스트〉는 각국 정부에서도 '스마트 국가'를 생존 키워드로 제시한다고 진단했다. 경제위기로 정부기구가 확대되고 역할이 커졌지만 정부가 쓸 수 있는 자원은 한정돼 있다. 변화에 적응하기 위해선 정부의 '영리한' 정책과 리더십이 매우 중요해진 것이다.

오바마 행정부는 '스마트 파워' 시대를 선언했다. 스마트 파워란 지난 1990년 이후 세계 유일의 슈퍼파워 대국의 원천이 된 하드파워(Hard Power, 군사력과 경제력)에 소프트 파워(Soft Power, 정치·외교·문화·교육·학문·예술 등의 문화적 영향력)를 결합한 국가경영전략을 말한다.

힐러리 클린턴(Hillary Rodham Clinton) 미국 국무장관은 '스마트 파워'를 미국 외교정책의 기본으로 선언했다. 힐러리는 "현대는 외교·경제·군사·정치·법률·문화 등 모든 수단 가운데 상황에 따라 최선의 수단을 구사하는 영리한 리더십이 요구된다"고 강조한다.

기업의 근무 트렌드도 바뀌고 있다. 삼성전자는 2009년 창립 40주년을 맞아 '워크 하드(Work Hard)' 대신에 '워크 스마트(Work Smart)'를 채택해 직원들의 창조성을 강조하고 있다.

워크 스마트는 무조건 열심히 일하는 게 아니라 반짝이는 아이디어가 샘솟도록 조직문화와 근무환경, 근무방법을 획기적으로 개선해 영리하게 일하는 것을 말한다. 국내 대표기업 삼성전자는 이를 위해 넥타이를 없앤 데 이어 복장과 출근시간까지 자율화했다. 게다가 출퇴근 시간을 자유롭게 조정할 수 있게 하고, 사업장을 마치 대학캠퍼스처럼 활기가 넘치게 바꾸기로 했다.

워크 스마트와 함께 '스마트 워크' 또한 기업들의 화두가 되고 있다. 스마트 워크란 영상회의 등 정보통신기술을 이용해 시간과 장소의 제약 없이 업무를 수행하는 유연한 근무 형태를 말한다.

자택에서 본사 정보통신망에 접속해 업무를 수행하는 재택근무, 자택 인근 원격사무실에 출근하는 스마트워크센터 근무, 스마트폰 등을 이용해 현장에서 업무를 수행하는 이동근무 등이 모두 스마트

워크에 속한다. 사회의 변화가 '스마트'화로 넥스트 패러다임을 바꿀 것을 요구하고 있다.

 Obama takes 'smart power' approach

 President Obama Announces Key State Department Appointments

 '스마트 워크' 물결 밀려온다

 Samsung – Work Smart, Think Hard, Build Trust

'빅 브라더'가 세상을 지배한다

영국의 소설가 조지 오웰(George Orwell)은 소설 《1984》에서 '빅 브라더(Big Brother)' 시대의 도래를 예견했다. 빅 브라더란 정보를 독점해 사회를 통제하는 거대 권력자를 의미한다. 소설에서 빅브라더는 텔레스크린을 통해 소설 속의 사회를 끊임없이 감시하고 개개 인들의 사생활을 침해한다.

조지 오웰의 예견대로 21세기 들어 '빅 브라더' 시대가 시작됐다. 세계 최대 인터넷 기업 구글이 자사 서비스를 이용하는 사용자들의 개인정보를 통합 관리하기 위해 구글 웹사이트, G메일, 유튜브, 구글플러스 등 60여 개 서비스의 개인정보를 하나로 통합했다.

이는 구글 전체 매출의 96%를 차지하는 광고 수입을 늘리기 위한 새로운 시도다. 전문가들은 이를 두고 구글이 온라인 시대의 빅 브라더로 군림하기 시작했다고 진단한다. 정보통신 뉴스 웹사이트 지디넷(ZDNet.com)의 래리 디그년은 "구글은 당신의 모니터 위에서 펼쳐지는 모든 것들을 통합하고 추적할 것이다"고 말한다.

전 세계 9억 명에 달하는 가입자의 개인정보는 페이스북이 가진 최대 자산이다. 페이스북 안에는 어린 시절부터 학교의 졸업, 결혼과 출산 등 한 사람의 일생이 모두 담겨 있다. 그와 교류하는 친구들, 그가 방문했던 곳, 그가 좋아하는 음식 등 온갖 정보를 뽑아낼 수 있다.

이용자가 아무 생각 없이 올리는 실시간 정보는 기업의 '맞춤형 광고'로 안성맞춤이 될 수 있다. 기업들은 빅 브라더들이 모아놓은 수많은 정보를 어떻게 활용할 것인지, 다양한 고객의 정보를 어떻게 확보해서 빅 브라더와 같은 정보 권력자가 될 것인지를 고민해야 한다.

빅 브라더의 횡포도 넥스트 패러다임을 만들어낼 전망이다.

'빅 브라더'를 활용해 진주를 캔다

웹 시대의 빅 브라더들이 개인정보를 활용해 진주를 캐는 데 앞장서고 있다. 아마존은 고객들이 구입했던 서적 구입 기록을 토대로 이용자가 관심 있을 만한 신간을 추천해준다. 서적을 구입하면 그 책을 구입한 고객이 "이 책도 구입했습니다"라고 친절하게 안내해준다. 구매자들이 인터넷을 활용하면서 남긴 정보를 매출 향상에 연결하고 있는 것이다.

네티즌들이 남긴 검색 기록, 유튜브에 대한 시청 기록, 캘린더에 남긴 일정 기록, 쇼핑몰에서의 쇼핑 기록, 목적지로의 이동정보 검색 등 다양한 개인기록이 돈으로 바뀌고 있다.

예를 들어, 운동 계획을 남긴 이용자에게는 피트니스와 관련된 광고를 내보내고, 모임 일정을 남긴 이용자에게는 모임 장소 추천 광고를 보낼 수도 있다.

이용자가 자신의 개인정보를 제공하지 않아도 인터넷은 정보 이용자의 행동 패턴을 분석해 맞춤형 정보를 제공해준다. 또한 정치인들은 한 개인이 SNS에 남긴 글을 토대로 개개인의 정치 성향까지 파악해 선거에 이용할 수 있는 것이다.

 Google is Big Brother

 Google New Privacy Policy Explained for Everyone

'소셜 큐레이션' 구독 시대가 열렸다

눈으로 하는 SNS, 핀터레스트(Pinterest)가 돌풍을 일으키고 있다. 핀터레스트는 문자보다 이미지 공유에 무게를 둔 새로운 개방형 SNS다. 예일대 출신 벤 실버만(Ben Silbermann)이 냉장고 등에 메모, 사진 등을 붙여두는 데서 아이디어를 얻어 2010년 3월에 선보였다.

핀터레스트는 핀(pin)과 관심(interest)를 합성한 말로 핀을 꽂아 사진 자료 등을 게시하는 '핀보드'를 틀로 피닝(핀보드에 사진 등 게시물을 올리는 것)과 리핀(다른 사용자의 핀보드 내용을 자신의 핀보드에 저장) 등을 통해 정보를 공유한다.

핀터레스트의 돌풍 비결은 '소셜 큐레이션(Social Curation)' 기능과 정보를 필터링(filtering)해주고, 비주얼 중심의 '보는 SNS'로 진화됐다는 점이다.

'소셜 큐레이션'이란 인터넷에서 다수 사용자가 자신의 취향대로 정보를 가공해 다른 사람과 공유한다는 뜻이다. 큐레이터가 다양한 그림을 주제별로 콘셉트를 만들어 갤러리에 전시하는 것처럼 핀터레스트 가입자는 사진이나 그림, 동영상을 모아 자신만의 갤러리 SNS를 만들어 여러 사람과 공유하는 것이다.

이 공유 방식에 매력이 있다. 해당 정보를 원하는 사람은 맞춤형으로 필요한 정보를 받아볼 수 있기 때문이다. 나와 취향이 비슷한 네티즌을 찾아내 이 정보를 구독할 수 있다.

트위터에서 마음에 드는 친구나 매체를 골라 구독하는 것도 소셜 큐레이션의 한 형태다. 동영상 전문 소셜 큐레이션 기업인 매그니파이닷넷의 스티븐 로젠바움(Steven Rosenbaum) 창업자는 "지금 시대에는 데이터 자체보다 그중에서 의미 있는 데이터를 골라내는 개인의 관점이 훨씬 귀중하다"고 말한다. 즉 해당 정보를 원하는 사람에게 맞춤형으로 필요한 정보를 제공하는 것은, 데이터의 홍수 속에서 살고 있는 대중에게 매력적인 방식이기 때문이다.

 The rise of Pinterest

 Pinterest Tutorial

스마트 세상이 미래를 바꾼다

온갖 제품이 '스마트 제품'으로 변신을 거듭하고 있다. 기존 제품에 컴퓨터 기능을 결합해 제품이 똑똑해지고 다기능을 갖게 된다는 의미다.

가전뿐 아니라 전통적인 제품들도 IT 기능과 결합되면서 '스마트 제품'으로 다시 태어나고 있다. 스마트폰, 스마트패드, 스마트TV, 스마트 패션, 스마트 워크에 이어 스마트 정치라는 개념까지 등장했다.

2012년 현재 '우리나라의 스마트폰 이용자 수는 2,600만 명을 넘어섰다. 이러한 추세는 전 세계적인 것이다. 이런 속도라면 정보화 시대의 대표였던 데스크톱과 노트북을 추월해 스마트폰, 태블릿PC, 스마트TV 등이 스마트 시대의 대표 기기가 날도 머지않았다. 스마트 디바이스의 확산은 SNS, 위치기반서비스(LBS; Location-based Service), 근접무선통신(NFC; Near Field Communication) 등 다양한 신기술과 결합해 신종 비즈니스까지 탄생시키고 있다.

무엇보다 통신업계에는 스마트폰 경쟁이 치열하다. 아이폰, 안드로이드폰, 구글폰 등이 스마트폰 시대를 주도하고 있다. 스마트폰은 인터넷 정보검색은 물론 그림 송·수신, 멀티 터치스크린, 동영상 녹화·편집·전송 등의 기능을 갖춘 '손 안의 휴대 컴퓨터'다. 이동 중 인터넷 통신, 팩스 전송도 가능하다.

전화와 컴퓨터를 융합해 영리한 제품을 만든 것이다. 이 같은 혁신은 시장을 만들어내고 기업의 부를 새롭게 창출하는 원동력이 되었다. 스마트폰으로 시작된 스마트 열풍은 생활가전제품들을 스마트폰으로 작동하거나 상태를 확인하는 스마트가전 시대를 열었다.

스마트폰 이전 시장의 패러다임은 음성통화와 문자메시지(SMS) 기능만 갖춘 피처폰이 대세였다. 하지만 스마트폰은 영상 시대를 열며 휴대폰의 패러다임을 바꿨다. 음악과 비디오, 텔레비전 감상은 물론 영상통화까지 가능하도록 했다. 운전 중 내비게이션 역할까지 하며 든든한 동반자 역할을 한다. 최근에는 전송속도를 앞세운 4세대(4G) 기술까지 가세해 스마트 전성시대를 누리고 있다.

학교도 스마트 스쿨 시대가 열릴 것이다. 학생은 직접 학교에 갈 필요가 없이 집에서 화상으로 수업을 하고 교과서 대신 태블릿PC로 학습 내용을 공유하게 된다.

스마트 워크가 넥스트 패러다임으로 자리 잡으면서 직장인도 사무실이 아닌 곳에서 원격근무를 하게 된다. 아침마다 바쁘게 출근할 필요 없이 원하는 시간에 근무를 하는 일은 이미 새로운 패러다임이 아니다.

양방향 스마트TV는 더욱 놀라운 넥스트 패러다임을 만들어낸다. 과거 텔레비전은 방송국에서 일방적으로 자신들이 제작한 프로그램을 내보내는 '바보상자'였다. 하지만 스마트TV는 인터넷과 텔레비전이 결합해 '쌍방향 프로그램'을 가능하도록 한다. 시청자는 원하는 콘텐츠를 원할 때마다 시간에 구애받지 않고 볼 수 있다.

페이스북과 유튜브, 트위터가 텔레비전 안에 들어갈 것으로 보인다. 기존의 공중파 방송이나 전문 콘텐츠 제작 업체들이 만든 뉴스, 영화, 다큐멘터리, 드라마뿐만 아니라 개인이 제작한 교육 및 비즈니스 정보, 게임까지 텔레비전으로 시청할 수 있게 된다.

스마트TV가 몇 년 안에 만들어낼 '소셜 파장'은 기존의 SNS를 통해 이뤄졌던 것보다 몇 배 큰 파괴력을 발휘할 전망이다.

자동차도 키와 리모컨이 사라진 스마트 카로 변할 전망이다. 스마트폰이 자동차 키 역할을 하기 때문이다. 속도계기판은 터치스크린으로 바뀌고 앞 차와의 간격, 차선 지키기 등을 컴퓨터가 자동으로 제어한다.

전력시장에는 이미 스마트 그리드(Smart Grid) 시대가 시작됐다. 기업들은 기존의 전력망에 정보기술을 접목해 에너지 효율성을 최적화하는 지능형 전력망을 만들어내고 있다. 스마트 그리드는 통신업계로 확산되고 있다. 전력을 디지털화해 초고속 인터넷망이나 이동통신망의 효용성을 높여 정보통신과 전력망의 융합을 앞당긴다.

상상으로만 존재했던 모든 것들이 현실로 바뀌는 패러다임 속에 우리는 살고 있다. 이른바 스마트는 세상을 바꿀 메가톤급 넥스트 패러다임인 것이다.

 스마트폰? 그게 뭔데!?

 KBS 감성다큐 미지수 – 스마트폰, 상상력이 세상을 바꾼다

 Smart Life with Google(구글과 함께하는 스마트 라이프)

 You are now living in the smart future

 Samsung Smart TV – Smart Hub

Smart Grid

스마트폰으로 세상이 모인다

'손 안의 컴퓨터'로 불리는 스마트폰이 모바일경제 시대를 연다. 스마트폰 하나로 은행 거래는 물론 결제, 홈쇼핑, 텔레비전 청취, 영화 보기, 메일 확인, 문자 전송, 주식거래까지 할 수 있다.

점심시간에 가방이나 지갑을 일일이 들고 나가는 대신 결제 기능이 있는 휴대폰만 있으면 된다. 스마트폰 안에 내장된 모바일 카드로 커피값을 계산하고, 어플리케이션을 통해 수시로 할인쿠폰을 제공받을 수도 있다. 모든 경제가 스마트폰을 든 '손 안'으로 들어오고 있다.

이 같은 '모바일경제'의 부상은 경제 패러다임까지 바꿔놓았다. 개인들의 현금 인출이 줄면서 은행 창구나 ATM을 이용하는 사람이 급감했다. 스마트폰 뱅킹이 그 역할을 대신하기 때문이다.

스마트폰을 이용해 내 몸에 맞는 옷을 입어보고 신발을 신어보고 안경을 써보고 화장까지 해볼 수 있는 증강현실(增強現實, Augmented Reality)이 가능할 전망이다. 또 사물검색 기능도 제공한다. 제품의 로고 등을 촬영하면 웹에서 검색결과를 알려주고 QR 코드[a]를 스캔하면 동영상은 물론 사진 및 제품 정보까지 제공받을 수 있다.

스마트폰이 모든 경제활동을 가능하게 하는 '종합 서비스플랫폼'으로 그 역할이 커지고 있다. 이로 인해 스마트폰은 정보습득, 업무 수행, 사회적 관계 형성, 여가활동 등을 돕는 스마트 라이프혁명을 주도하고 있다.

실시간 정보검색 및 소셜네트워크서비스의 활성화로 일 대 다수의 정보공유·메시지 전달이 가능해져 스마트폰 사용자들은 프로슈머로서 정치적·사회적 영향력이 갈수록 커지고 있다. 새로운 소비 트렌드는 물론 산업 트렌드, 시대 변화, 정치혁명까지 선도한다.

모바일쇼핑도 각광을 받고 있다. 이에 따라 기업들의 마케팅 전략도 모바일 중심으로 바뀌고 있다. 스마트폰이 생활에 흡수되면서 기업 비즈니스도 패러다임의 변화를 요구받고 있다.

제일기획은 〈스마터 라이프(Smarter Life) 보고서〉에서 스마트 시대의 소비자 공략법 6가지를 소개하고 있다.

---

a QR 코드(Quick Response Code)
흑백 격자무늬 패턴으로 정보를 나타내는 이차원 바코드를 말한다. 1990년대 중반 일본 도요타자동차의 자회사인 덴소웨이브에서 물류 관리를 위해 개발한 'Quick Response'에서 유래했다. 한글 1,700자 또는 숫자 8,000개 분량의 정보를 담을 수 있다. 라이선스 개방으로 누구든 무료로 사용할 수 있고, 이 코드를 인식하면 정보가 제공되는 홈페이지에 자동으로 연결되므로 홍보효과가 크다.

- 괴짜들의 반란을 일으켜라

- 고객 나이는 숫자에 불과하다

- 단골손님에 대한 기대를 버려라

- 소비자와의 소통도 '소셜 펀딩'을 하라

- 장인정신을 알려라

- 감각을 메시지로 활용하라

스마트 시대를 선도하려는 기업이 되려면 '괴짜 네티즌'들을 적극 활용해야 한다. 이들은 적극적이고 폭발적인 전파력을 발휘하기 때문에 기업의 미래를 바꿔놓을 수 있다.

레고(Lego)는 PC와 연결해 프로그래밍하는 '마인드스톰'이 해킹 당하자 프로그램 소스를 전부 공개했다. 그러자 괴짜 해커들은 이 소스를 활용해 계단 오르기, 물건 집기 등의 더욱 다양한 동작을 개발해 '마인드스톰'을 히트작으로 바꿔놓았다.

스마트 시대의 기업들은 고객의 나이를 타깃으로 삼아서는 안 된다. 스마트 시대의 고객은 나이 중심으로 소통하는 게 아니라 '공감대, 관심사' 중심으로 커뮤니케이션한다. 페이스북과 같은 SNS 친구들은 나이 중심으로 뭉치지 않는다. 이런 현상을 다보스포럼은 뜻과 생각이 같은 사람끼리 소통하는 '트라이벌리즘'이라고 했다.

스마트 시대에는 단골손님이 사라진다. 클라우드 컴퓨팅이 언제, 어디서든 자신에 대한 정보를 꺼내 볼 수 있는 환경을 제공하기 때문이다. 소비자들은 자신의 건강, 식사, 컨디션 등 다양한 정보를 실시간으로 관찰하면서 자신의 상황에 가장 적절한 소비를 결정하게 될 것이다.

예를 들어, IBM이 개발한 차세대 환자용 포털 '페이션트 임파워먼트 시스템(Patient Empowerment System)'은 병원 전자진료기록 시스템, 가정용 건강진단장치, 미국식품의약국의 경고, 환자의 개인 유전기록정보를 통계해서 제공한다. 이렇게 되면 환자는 단골 병원이 필요 없어진다.

스마트 시대의 기업은 '소셜펀딩(Social Funding)'에 익숙해져야 한다. 소셜펀딩이란 자금이 부족한 사람들이 자신의 아이디어나 프로젝트를 다른 사람들에게 소개한 뒤 투자를 받아 프로젝트에 성공하면 보답하는 새로운 형태의 후원이다. 기업들은 회사 밖에 존재하는 다양한 사람들의 아이디어를 받아들여 공동 프로젝트로 발전시키는 노력을 기울여야 한다.

스마트 시대엔 기업의 '진정성'이 큰 가치를 발휘한다. 브랜드 자체의 진정성이나 장인정신 등 브랜드의 '진심'을 소비자들에게 지속적으로 알려야 한다. 덴마크의 가전 명품 브랜드 '뱅앤올룹슨(Bang&Olufsen)'은 창립 80주년을 맞아 히스토리북을 만들었고, 샤넬은 도쿄 · 홍콩 등 세계 7대 도시에 '모바일 아트'를 전시해 브랜드의 장인정신과 진심을 고객들에게 선보였다.

남아프리카공화국의 대형 서점 워즈워스북스(Wordsworth Books)

는 3D 증강현실(AR) 기술을 적용한 전단지를 만들어 고객들을 사로잡는 데 성공했다. 이처럼 스마트 시대의 기업들은 오감을 자극하는 '감각적 메시지'로 승부해야 한다. 수많은 메시지가 쏟아지기 때문에 소비자들은 낡은 방식의 메시지에는 '불감증 현상'을 나타낸다. 3D, 4D, 증강현실, 가상현실 등 감각을 자극할 수 있는 기술들을 마케팅에 적극 활용해야 할 때다.

 How To Use A Smart Phone

 2011 한국인, 스마트폰을 말하다

 직장인 여성, 나만의 경쟁력 스마트폰

 대학생, 우리만의 스마트폰 라이프

 모바일맘, 우리아이 난 이렇게 키운다

 스마트폰을 이용한 모바일 지불결제(payOn 동영상)

 NFC 스마트폰 결제

03 소셜 빅뱅 세상

'소셜 분석'이 뜬다

독일 식칼업체 헹켈(Henkel)은 자사 식칼 판매량이 계속 떨어지자 고민에 빠졌다. SNS에 올라온 네티즌들의 의견을 분석해본 결과, 주부들이 칼에서 나는 냄새를 싫어한다는 사실을 알게 됐다. 이에 헹켈은 모든 제품의 향을 바꿨고 예전의 판매량을 회복할 수 있었다.

이처럼 트위터, 페이스북 등 SNS에서 수집되는 정보를 분석해 소비자의 마음을 읽어내는 기법인 '소셜 애널리틱스(Social Analytics, 소셜 분석)[a]'가 기업의 마케팅과 위기관리 수단으로 급부상하고

---

a 소셜 애널리틱스(Social Analytics)
SNS상에 올라온 대량 메시지를 신속하게 분석해내는 기술이다. 사람의 감정을 나타내는 단어가 나오면 앞뒤 문맥에 따라 긍정적 혹은 부정적 반응인지를 판단하고, 두 단어 이상을 조합해 소비자의 니즈를 파악해내는 '텍스트 분석' 기법을 활용한다.

있다.

전 세계적으로 하루 '트윗'되는 메시지는 250만 건에 달한다. 미국 MIT 슬론스쿨은 "모바일기기, 온라인 상거래, SNS 등에서 하루 250경 바이트 분량의 비정형 정보가 쏟아지는데, 이 가운데 상당수가 SNS에서 나온다"고 분석한다.

트위터와 페이스북 같은 SNS에는 개인들이 쏟아낸 수많은 정보가 흘러 다닌다. 이를 분석해내는 일을 '소셜 분석'이라고 한다. SNS를 통해 유통되는 수많은 정보를 통해 사회, 정치적 사안에 대한 여론 추이를 도출해낼 수 있다. 나아가 고객들의 현재 관심 분야에 대해서도 정확히 추적해낼 수 있다.

온라인 쇼핑몰인 아마존, 인터넷 포털인 구글은 현재 네티즌들의 검색 이력 등을 토대로 이용자들의 현재 관심사를 정확히 파악해내고 있다. 이용자가 점 찍어둔 상품이 무엇인지, 어떤 제품의 세일 정보를 보내주면 좋아할지를 찾아내 비즈니스에 활용한다. 정보기술이 고객의 오감을 찾아내는 '두뇌' 역할을 하고 있는 것이다.

롭 애시(Rob Ashe) IBM 비즈니스애널리틱스 총괄 사장은 "빅 데이터 시대에는 분석지능지수(AQ; Analysis Quotient)가 높은 기업만 생존할 수 있다"며 "소셜 분석은 경영자의 직관을 보완해줄 것이다"고 말한다.

소셜 분석이 넥스트 패러다임으로 떠오르면서 오라클, IBM, 시스코 등 글로벌 소프트웨어 업체들이 '소셜 분석' 서비스를 속속 내놓고 있다.

SAS는 SNS 분석 솔루션 '소셜 미디어 분석(Social Media Analytics)'을 서비스 중이고, IBM도 소셜 미디어 모니터링 서비스를 제공하고 있다. 페이스북은 2012년 미국 대선과 관련해 대통령 후보와 관련된 게시물과 코멘트, 링크 등을 수집해 유권자 성향을 진단해내는 소셜 분석 서비스에 뛰어들고 있다. 트위터도 지난 2011년 7월 백타입(Backtype)이라는 소셜 애널리틱스 업체를 인수해 '웹 애널리틱스' 서비스를 내놓았다. 기업뿐만 아니라 소셜 분석이 새로운 넥스트 패러다임이 되고 있다.

Ad: SAS® Social Media Analytics for Commercial Pharma

GDP를 대체하는 '행복지수'가 나온다

GDP를 논의하던 시대는 이제 끝났다. 사람들은 왜 일을 하고, 왜 성공하기 위해 몸부림치는가? 명예를 얻고 부를 창출해 행복을 실현하기 위해서다.

석학들은 GDP를 대체할 새로운 지표로 '국내총행복지수(GNH; Gross National Happiness)'를 제시하고 있다. GNH는 히말라야 산맥 동쪽 티베트와 인도의 접경지역에 자리 잡은 국가, '부탄'이 처음 만든 지표다. 1972년 당시 17세의 나이로 국왕이 된 지그메 싱계 왕추크(Jigme Singye Wangchuck)는 지속 가능한 경제 발전, 환경 보호, 문화진흥, 좋은 통치 등을 통해 국민의 행복 수준을 높이기 위해 GNH지수를 만들었다. 행복지수는 9가지 항목을 평가한다.

심리적 웰빙, 시간 활용, 공동체의 활력, 문화, 건강, 교육, 생태의 다양성, 생활수준, 통치

부탄에서 정책을 결정할 때 최고 기준으로 삼는 것은 "이 정책이 국민의 행복지수를 높이는 데 도움이 되느냐"이다. 이 나라에서는 교육과 의료가 무상으로 제공된다. 이 같은 정책의 결과로 인구 70만 명의 소국이지만 국민총행복지수 세계 1위에 선정되기도 했고, 국민 97%가 국가의 복지정책 등에 만족해한다.

OECD도 2007년 4월부터 국민총행복을 목적에 따라 4개 항목으로 나눠 각 국가의 GNH 정도를 측정하고 있다.

- 평균행복(Average Happiness)
- 행복수명(Happy Life Years)
- 행복불평등(Inequality of Happiness)
- 불평등조정행복(Inequality-Adjusted Happiness)

오바마 미국 대통령과 캐머런(David Cameron) 영국 총리도 새로운 국가지표 찾기를 주창하고 있다. 사르코지(Nicolas Sarkozy) 전 프랑스 대통령은 2008년 1월 노벨 경제학상 수상자인 조셉 스티글리츠(Joseph E. Stiglitz)에게 '행복GDP' 개발을 의뢰했다. 청와대도 2009년 '국민행복지수' 개발을 추진했었다. 2012년 1월, 다보스포럼 연차총회에서도 경제학의 한계를 뛰어넘는 수단으로 GDP 지표를 대체할 '국내총행복' 개념을 제안했다.

스티글리츠는 "사회의 일부인 시장의 성공을 경제·사회 전체의 성공으로 보는 건 'GDP 맹신주의'"라며 "경제규모보다 생활여건을 더 잘 반영하는 새로운 기준이 필요하다"고 강조한다. 성장과 물질적 척도로 사용되고 있는 국내총생산을 대신할 수 있는 새로운 지표, 즉 정신적 행복도(度)를 반영하는 지수에 대한 논란이 뜨겁다. 위기 이후 '고용 없는 성장'이 나타나자 GDP가 증가하는 것보다 국민 후생과 복지 증진이 중요하다는 쪽으로 무게 중심을 바꿔놓고 있기 때문이다.

현대사회의 경쟁과 성과주의는 개인의 행복을 더 중요한 가치로 만들고 있다. 그래서 넥스트 패러다임은 물질보다 정신, 결과보다 과정, 스트레스보다 행복이 더 중요하다는 '발상의 전환'을 요구한다. 국가와 기업, 사회의 지향점을 행복, 삶의 질, 상생, 즐거움 등 정신적 가치(spiritual value) 중심으로 할 것이냐, 아니면 결과, 물질, 성과, 경쟁, 경제력 등 비(非)정신적 가치에 초점을 맞출 것이냐, 그렇지 않으면 둘 사이의 균형을 추구할 것이냐에 대한 알맞은 넥스트 패러다임을 모색해야 한다.

 부탄의 GNH

구글이 지구상에서 가장 똑똑해졌다

2009년 2월, 구글은 미국 대서양 연안 중부지역에 독감이 확산될 것이라는 예측을 내놓았고, 이 예측은 적중했다. 구글이 '독감 확산 예보'를 내놓은 뒤, 2주가 지나서야 미국 질병통제예방센터(CDC; Centers for Disease Control and Prevention)가 예보를 내놓았다. 어떻게 인터넷 포털업체인 구글이 국가기관보다 더 빨리, 더 정확한 정보를 내놓을 수 있었을까?

구글은 독감 증상이 있는 사람들이 늘어나면 '기침, 발열, 몸살, 감기약' 등 관련 어휘를 검색하는 빈도가 늘어난다는 사실에 주목했다. 어휘 검색과 관련한 데이터를 토대로 독감 발병을 정확하게 파악해낼 수 있었던 것이다. 구글은 이 같은 데이터 분석력을 토대로 현재 독감예보 홈페이지(www.google.org/flutrends)를 운영하고 있다. 이곳에 가면 정부가 운영하는 보건기구나 대형 의료기관을 이용하는 것보다 더 빠르고 정확한 정보를 얻을 수 있다.

구글트렌드(www.google.com/trends)에 접속하면 특정 검색어가 일정 기간 동안 얼마나 입력되었는지 손쉽게 알 수 있다. 누구나 원하는 검색어와 기간, 지역 등을 설정해 자료를 열람할 수 있다. 할 배리언(Hal Varian) 미국 UC버클리대 교수는 "구글에서 검색된 단어의 빈도를 활용하면 경제 통계의 정확도를 높일 수 있다"며 데이터의 효용성을 높이 평가한다.

배리언 교수는 구글에서 '포드 경차'에 대한 검색이 줄어든 것을 보고 '포드 경차 판매량'이 감소할 것이라는 것을 정확히 예측해냈다. 나아가 미국, 영국, 호주, 인도에서 '홍콩'에 대한 검색 횟수가 줄어드는 것을 토대로 이들 국가 국민의 '홍콩 방문' 여행객 수가 줄어들 것이라는 예측을 해냈다.

인터넷과 SNS에 쌓이는 수많은 정보들이 소비자들의 행동 변화를 빠르게 파악하고 예측할 수 있는 '빅 데이터'가 되고 있다. 개인들이 만들어내는 파편화된 정보들을 종합하고 분석해보면 누가, 언제, 어디서, 무엇을 했는지 모두 알 수 있는 시대에 살고 있는 것이다. '빅 데이터'가 국민, 고객, 소비자, 유권자들의 생각을 읽는 넥스트 패러다임을 열고 있다.

Google I/O 2011: Large-scale Data Analysis Using the App Engine Pipeline API

Splunk CEO: We're the Google of Big Data

'빅 데이터' 사회가 열렸다

정보 흐름의 속도가 빨라지면서 엄청난 양의 다양한 정보가 온라인
과 모바일을 통해 유통되는 정보홍수 시대에 살고 있다. 각종 SNS,
실시간 센서 데이터, 지리 정보, 고객 정보, 멀티미디어 콘텐츠 정보
등 다양한 데이터가 정보의 양을 급팽창시키고 있다.

시장조사기관인 IDC(Internet Data Center, 인터넷데이터센터)에 따
르면 2011년 한 해 동안 새롭게 생산되거나 복제된 정보의 양이
1.8제타바이트(1조 8,000억 기가바이트)에 달한다. 2012년에는 전년
도보다 48% 가까이 증가한 2.7제타바이트(ZB)에 달할 것으로 전
망한다. 1ZB는 무려 1조 기가바이트(GB)로 64GB짜리 아이패드
1,357억 개에 빼곡히 데이터를 담을 수 있는 분량이다. 앞으로 이
같은 정보의 양은 기하급수적으로 증가할 전망이다.

이처럼 기존의 데이터베이스가 저장, 관리, 분석할 수 있는 범위
를 초과하는 거대한 규모의 정보 집합체, 말 그대로 방대한 양의 데
이터를 '빅 데이터(Big Data)'라고 하며 이러한 정보의 홍수 속에 사
는 현대사회를 '빅 데이터 사회(Big Data Society)'라고 말한다.

빅 데이터는 대용량의 데이터를 분석해 가치 있는 정보를 추출해
내고, 생성된 지식을 활용해 변화를 예측하고 능동적으로 대응하기
위한 데이터 활용 기술의 의미로 널리 사용되고 있다.

'빅 데이터 사회'에서 성공 여부는 빅 데이터 안에 숨어 있는 경
제적 가치를 정확히 분석해내고 찾아내는 능력에 달려 있다. 구글,

아마존, 넷플릭스(Netflix)와 같은 인터넷 기업들이 '빅 데이터'에 대한 예리한 분석능력을 토대로 급성장하고 있다.

예를 들면, 2008년 오바마 대통령의 당선을 지원했던 DB 매니저 루크 피터슨(Luke Peterson)은 1억 8,000만 명의 유권자들의 개별 성향을 분석해 선거에 활용했다. 1,300만 명의 이메일, 500만 명의 온라인 친구를 확보했고, 이들이 인터넷에 남긴 다양한 정보와 통계 자료, 신용 정보, 차량 정보, 소비기록 등의 데이터는 선거에서 유용한 역할을 했다.

루크 피터슨은 "당시 유권자들이 무엇을 원하는지, 데이터 분석과 통합 방법을 사용했다"며 "변화(change)라는 키워드를 찾아내 자원봉사 집단을 끌어낸 게 승리를 안겨줬다"고 분석한다. 2012년 재선에 도전하는 오바마 대통령은 '빅 데이터' 분석팀 드림캐처(Dreamcatcher)를 출범시켰다. 트위터 팔로어와 페이스북을 활용해 선거전략을 짜내고 있는 것이다.

아마존의 수석과학자(chief scientist)를 지낸 안드레아스 바이젠드 스탠퍼드대 교수는 '빅 데이터'를 '새로운 시대의 석유'로 보고 있다. 방대한 데이터로부터 의미 있는 경제적 결과를 도출해내면 막대한 부를 창출할 수 있기 때문이다.

 TEDxUofM - Jameson Toole "Big Data for Tomorrow"

'빅 데이터' 비즈니스가 뜬다

빅 데이터에 대한 분석력은 새로운 비즈니스를 만들어내고 있다. 바이오 인포매틱스(Bioinformatics)는 인간의 유전자가 갖고 있는 데이터를 분석해 질병을 예방하고 관리할 수 있는 빅 데이터 기술이다. 위치정보서비스와 연결되면 운전자들이 어떤 방향으로 움직이는지 이동패턴을 추적해 교통환경을 최적화할 수 있다.

아이폰의 음성명령 소프트웨어인 '시리(Siri)'도 '빅 데이터'를 활용한 기술이다. 시리에게 근처 이탈리아 레스토랑을 찾아달라고 하면 이 질문은 애플 본사의 메인 서버로 보내진다. 본사 컴퓨터는 인공지능 알고리즘으로 질문의 진의를 분석한 뒤 알맞은 대답을 아이폰으로 내보낸다. 아이폰은 대답을 받아 근처 식당을 검색해준다. 실시간으로 이뤄지는 이 서비스는 애플 서버에 질문이 많이 쌓일수록, 즉 데이터가 많아질수록 대답이 정교해진다. 기존의 데이터베이스를 활용하기 때문이다.

구글의 자동번역서비스도 빅 데이터 기술이다. 구글은 사람들이 미리 번역한 문서를 통계적으로 비교해 자동번역을 한다. 자동번역에 활용된 문서는 수십억 장에 달하게 되며 문서의 데이터가 많아질수록 '자동번역'이 내놓은 '번역 정확도'가 높아진다.

방대한 양의 고객 정보, 네티즌이 쏟아내는 콘텐츠가 돈이 되는 넥스트 패러다임을 탄생시키고 있다. 기업은 쌓아놓은 고객 정보를 어떻게 부의 창출로 연결할지, 데이터 분석에 눈을 떠야 할 때다.

트위터와 페이스북 등 소셜 미디어는 전통 미디어가 할 수 없었던 개인정보의 집대성을 가능하도록 해주고 있다. 그 데이터 안에는 기업과 조직에게 부를 안겨줄 적합한 '진주'가 숨어 있다.

아마존, 구글, 페이스북, 애플은 핵심 서비스를 무료·염가에 제공하고 방대한 데이터를 수집해내어 '빅 데이터 4대 천왕'으로 불린다. 월마트는 소셜 미디어에서 수집한 빅 데이터로 소비자들의 심리와 행동양식을 분석해 잘 팔릴 제품 등을 찾아내 비즈니스에 활용하고 있다.

기업들은 이제 빅 데이터가 갖고 있는 숨은 힘을 찾아내야 한다. 지난 100년간 지역별·시간별 날씨 정보를 분석해 정확히 날씨를 예측해낼 수 있어야 한다. 과거 수십 년 동안 축적된 환율과 유가 정보를 그 당시의 정치·경제적 상황과 연동해 분석해냄으로써 앞으로의 경제 상황을 예측해내야 한다.

마케터들은 소비자들의 기호, 트렌드 전망, 디자인 등을 정확히 분석해 히트상품을 만들어내야 한다. 과학자들은 환자들의 질병 원인을 분석해 질병의 예방법을 제시할 수 있어야 한다. 은행은 고객의 금융거래 패턴을 정확히 분석해 최적의 자산운용 포트폴리오를 제시하는 데 빅 데이터를 활용할 수 있어야 한다.

기업들은 나아가 개개인의 스케줄, 생활 리듬을 분석해 좀 더 풍요로운 삶을 만끽할 수 있는 가이드까지 해줄 수 있어야 한다.

Bioinformatics Insight

 iPhone 4S Comercial

 아이폰 4S Siri 격렬한 부부싸움

Next
Paradigm

Part 5

넥스트 패러다임
- 국제질서와 정치 현장에선

01 글로벌 지배구조의 대전환

글로벌 지배구조가 바뀐다

미국의 대표적인 싱크탱크 브루킹스연구소의 스트로브 탤벗(Strobe Talbott) 소장은 미국 몰락설을 일축한다. 그는 "2008년 발생한 미국발 금융위기는 미국의 몰락이 아니라 경제적인 측면에서 힘의 재편, 즉 재균형이 이뤄지는 정도"라고 설명한다.

하지만 다케나카 헤이조(竹中平蔵) 전 일본 총무대신은 "지구촌 리더십이 집단 지배구조로 바뀌게 될 것"이라고 예상한다. 그는 "미국과 서방 선진국 주도의 글로벌 리더십이 다수 국가의 의견을 조율하는 집단적 리더십 형태로 바뀌게 될 것이다"라고 전망한다.

주민 IMF 부총재는 "세계는 엄청난 변화를 겪고 있다"라며 "지구촌의 권력 메커니즘에 대한 새로운 시스템 구축, 글로벌 지배구조를 찾아내느냐가 우리 모두에게 주어진 공통과제"라고 강조한다.

클라우스 슈밥 다보스포럼 창립자도 "자본주의 시스템은 사회단결이라는 측면에서 결점이 있어 여러 가지 문제를 낳고 있다"라며 "위기 이후 자본주의 시스템을 개선할 수 있는 글로벌 리더십이 필요한 때"라고 지적한다.

펠리페 칼데론(Felipe Calderon) 멕시코 대통령은 "지금 우리 모두는 같은 배를 타고 있다"며 "새로운 금융 시스템과 정치 시스템을 찾아내야 한다"라고 강조한다.

마크 카니(Mark Carney) 캐나다 중앙은행 총재는 "유럽 위기로 글로벌 무역과 금융 시스템이 취약해짐으로써 세계경제성장을 매년 1%까지 갉아먹는 위협을 가할 수 있다"라며 "새로운 금융 시스템이 필요하다"라고 말한다. 조지 오스본(George Osborne) 영국 재무장관도 "그리스라는 유럽경제의 꼬리가 몸통을 흔드는 충격파를 던지고 있다"라며 "이 같은 위기에서 벗어나려면 지금까지와는 다른 새로운 글로벌 지배구조가 필요하다"고 강조한다.

새로운 지구촌 지배구조의 등장 : G8 ⇨ G20
신흥국가들의 역할 변화 : 룰 지킴이(rule obeyer) ⇨ 룰 제정자(rule setter)

지구촌 지배구조에 대한 논의가 본격화하면서 탄생한 것이 바로 G20의 등장이다. G7, G8이 지배해왔던 세계질서가 변하게 된 것이다. 국제통화기금, 세계은행, 국제연합(UN), 세계무역기구(WTO) 등 세계의 주요 의사결정 과정에서 배제됐던 국가들이 목소리를 높여가고 있다.

여기에는 G8 국가의 한계, 중견국가들의 높아지는 목소리, 막강 실세 중국의 부상, 일본을 제외한 아시아, 아프리카, 중남미에 대한 지역 대표성 부족 등이 큰 몫을 하고 있다.

이 때문에 그동안 서방 선진국들이 정해주는 질서와 표준이 지배했던 '지구촌 지배구조'에 어떤 변화가 일어날지 주목되고 있다. 그동안 룰 지킴이로 활동했던 비(非)G8 국가들이 어떻게 룰 제정자 역할을 할 수 있을지도 관심사다.

 세계의 씽크탱크 – 미국 워싱턴 브루킹스 연구소

G7을 G20이 대체할 것인가

1975년 11월, 지스카르 데스탱(Valery Giscard d'Estaing) 프랑스 대통령의 제안으로 미국, 영국, 프랑스, 독일, 이탈리아, 일본 등 6개국 정상회담이 개최됐다. G7은 두 번의 오일쇼크를 거치면서 인플레이션과 에너지 등 세계경제의 현안을 풀기 위해 만들어졌고, 2008년 글로벌 금융위기가 발생하자 G7은 G20 모임으로 확대됐다.

그렇다면 현재 세계경제에 가장 큰 영향을 미치고 있는 G20이 G7을 대체하는 대안이 될 수 있을까?

G20 정상회의에는 아프리카연합(AU) 의장국, 아프리카개발을 위한 새로운 파트너십(NEPAD; New Partnership for Africa's Development) 의장국, 동남아시아국가연합(ASEAN; Association of Southeast Asian Nations) 의장국, UN에서 G20 국가와 협력을 추진하는 3G(Global Governance Group) 의장국, 네덜란드, 스페인이 초청된다. 이렇게 해서 실제는 G30, 미니 유엔이라는 별명까지 생겼다. 또한 7개 국제기구인 UN, IMF, 세계은행(IBRD), OECD, WTO, 금융안정위원회(FSB; Financial Stability Forum), 국제노동기구(ILO; International Labour Organization)도 초청된다.

G20 정상회의는 세계 금융위기 이후 세계경제가 나아갈 길을 정하는 명실상부한 세계 최상위 경제 협의체가 됐다.

지구촌 지배구조

G7 ⇨ G8(UN, IMF, OECD, WTO 등 7개 국제기구) ⇨ G20(국제기구 개편, 국제표준 개선 목소리)

하지만 G7과 G20 사이에는 큰 차이가 있다.

G7은 냉전 시대에 자본주의를 사수하기 위한 선진국들의 모임이었다. 반(反)냉전에 대한 의견이 같았고 모임의 중심에는 항상 미국

이 있었기 때문에 글로벌 리더십을 발휘할 수 있었다.

미국의 압력에 의해 일본과 독일이 환율 절상을 결정한 플라자합의(Plaza Accord)[a]와 같은 작품도 G7에서 결정됐다. 회의에서 결정된 것은 IMF, 세계은행, WTO 등 국제기구회의에 그대로 반영되어 집행됐다.

하지만 G20는 국가별 경제력 차이와 상호 이해관계의 차이가 크고 주도적인 역할을 할 리더가 없는 상태여서 지배체제로서 많은 한계를 드러냈다. 지구촌 글로벌경제위기를 극복하기 위해 G20 국가가 상호 협력해야 한다는 기본 원칙에는 생각이 같았지만 방법론에 대한 입장은 서로 달랐기 때문이다.

예를 들어, 미국은 경기부양을 원했지만 일본, 유럽 등 일부 국가는 긴축을 원했다. 은행세 문제 역시 금융산업이 발달한 미국, 유럽과 그렇지 않은 신흥국인 캐나다, 호주 사이에 의견이 다르다.

선진국과 신흥국가 사이에 발생하는 무역역조현상, 즉 글로벌 불균형 해소에 대한 생각도 입장차가 크다. 선진국은 신흥국가 환율의 유연성(변동폭)을 높이고 평가절하(돈의 가치 하락)를 자제해 경상수지를 개선하는 가이드라인을 만들려고 했지만 합의 자체가 이

---

a **플라자합의(Plaza Accord)**
1985년 프랑스 · 독일 · 일본 · 미국 · 영국의 재무장관들이 뉴욕 플라자호텔에서 '달러화 강세' 시정을 결의한 조치로 이를 통해 미국은 경상적자를 크게 줄일 수 있었다.
달러 약세의 영향으로 미국 제조업체들은 가격 경쟁력을 확보해 1990년대 해외시장에서 승승장구했으며, 미국경제는 회복세를 찾아갔다. 반면 일본은 엔고로 인해 버블 붕괴 등 지금까지 그 후유증에 시달리고 있다.

뤄지지 않고 있다.

게다가 IMF의 지배구조 개혁, 국제결제은행(BIS) 바젤II(자기자본비율[a] 규제) 보완, 파생상품 규제, 국제회계기준의 집행 등에 대한 생각도 다르다. 이는 국가별로 처한 경제적, 정치적, 사회적 상황이 G7 시대와는 전혀 다른 다양성을 드러내기 때문이다.

이에 따라 G20이 글로벌 지배체제로 넥스트 패러다임을 열어가는 데에는 한계가 있을 것으로 예상된다.

팍스 시니카 시대가 열린다

세계 석학들은 유럽 재정위기 이후 세계가 어떻게 재편될지 전망할까? 2020년께 세상은 어떻게 바뀌어 있을까?

그들은 지구촌의 큰 변화를 중국과 아시아의 달라진 위상, 미국과 유럽의 안정화에서 찾고 있다. 팍스 브리태니카 시대, 팍스 아메리카나 시대를 이어 중국이 21세기의 주역으로 부상할 것이란 전망에 이견이 없다. 중국에 의해 세계질서와 세계표준이 만들어지는

---

a BIS 자기자본비율(自己資本構成比率)

국제결제은행(BIS)이 정한 은행의 위험자산(부실채권) 대비 자기자본비율. 1988년 7월 제정된 국제 기준에 따라 은행은 위험자산 대비 최소 8% 이상의 자기자본을 유지해야 한다. 위험자산은 은행에 돈을 빌려간 주체에 따라 위험가중치에 차이가 있다. 1997년 말부터는 시장리스크를 감안해 '신BIS 자기자본비율'을 만들어 적용하고 있다. 2008년부터 바젤II가 시행된 데 이어 2010년 12월 바젤III 확정안이 발표(2013년 시행 예정)됐다.

팍스 시니카 시대에 들어선 것이다.

도이체방크 대중화권의 수석 이코노미스트 마쥔(馬駿)은 "빠르면 오는 2020년 초 중국은 명목 국내총생산(名目國內總生産, Nominal GDP)[a]에서 미국을 앞질러 세계 1위 경제대국이 될 것"이라고 전망한다. 또 "그때가 되면 세계경제에서 신흥경제국들이 차지하는 비중이 약 70%로 크게 확대될 것"이라며 "급격히 성장하는 신흥경제국들이 중국경제성장을 강하게 떠받칠 것"이라고 설명한다.

중국 런민대학 진찬룽 국제관계학원 부원장도 2020년에 중 · 미 간 경제권력이 전환점을 맞게 될 것으로 전망한다. 그는 "2020년 안에 중국의 국력이 미국을 추월할 것이다"며 "이 같은 변화를 맞게 될 한국은 중 · 미 사이에서 매우 중요한 전략적 선택에 직면하게 될 것"이라고 말했다.

싱가포르 리콴유(李光耀) 공공정책대학원장 키쇼어 마부바니(Kishore Mahbubani)는 "그동안 세계화가 서구경제 주도로 이뤄진 서구화 모습이었다면 앞으로의 세계화는 아시아 국가가 주도하는 아시아나이제이션이 될 것"이라고 내다보고 있다. 다음으로 예상되는 변화는 G8을 대체할 G20의 부상이다.

컬럼비아대 교수이자 노벨상 수상자인 조셉 스티글리츠는 "세계

---

a **명목 국내총생산(Nominal GDP)**
GDP를 구하는 시점의 생산물에 해당연도의 가격을 곱해서 구한 GDP. 생산량 및 가격변동의 영향을 받으며 물가상승 시 명목 GDP는 증가한다. 경제규모나 산업구조를 파악하는 데 사용된다.

지배구조가 G8에서 G20으로 확대될 것"이라며 "아프리카 국가 등 빈곤국들의 목소리도 담을 수 있도록 G25~G30까지 문호를 확대해야 한다"고 강조한다.

G20 국가는 전 세계 GDP의 90% 이상을 생산해내는 막강한 경제력을 가졌다. 이는 향후 몇 년간 주도국 없는 다자주의가 세계경제를 이끈다는 점을 시사한다. 위기 후 펼쳐질 '경제권력'의 재편에 지금부터 대비해야 한다.

2025년, 미국이 몰락한다

미국의 역사학자 알프레드 맥코이(Alfred W. McCoy) 위스콘신-메디슨대학 교수는 "2025년 세계 유일의 초강대국 미국의 국력이 붕괴될 것이다"라고 예견하면서 미국이 몰락하게 될 원인으로 4가지를 제시하고 있다.

- 경제적 쇠퇴
- 군사적인 모험
- 오일 쇼크
- 제3차 세계대전

그는 미국이 아프간과 이라크 침공 등의 군사적 모험으로 이미

경제적 쇠퇴를 초래했다고 지적한다. 또한 제국의 몰락은 연속된 '징후'에 의한다며 2003년 부시 행정부의 분별없는 이라크 침공, 2008년 월스트리트의 금융위기 등이 몰락의 징후라고 진단한다.

그동안 제국들은 몰락의 징후가 발생한 이래 급속히 힘을 잃었다. 포르투갈은 1년, 구소련은 2년, 프랑스는 8년, 오스만투르크제국은 11년, 그리고 대영제국은 17년 만에 힘을 잃었다. 마찬가지로 미국은 2003년 이후 22년 만인 2025년에 종이호랑이가 될 것이라는 분석이다. 이렇게 되면 제2차 세계대전의 시작과 함께 세계 권력의 중심이 됐던 미국은 80년간의 '미국의 세기(American Century)'에서 물러나게 된다.

헤지펀드의 제왕 소로스는 "소비에트 체제가 붕괴한 것은 매우 특별한 사건이었으며, 지금 선진국에서도 비슷한 상황이 벌어지고 있다"면서 "그럼에도 많은 사람들이 어떤 일이 벌어지는지 잘 알지 못하고 있다"라고 진단한다.

노벨 경제학상 수상자인 조지프 스티글리츠는 〈파이낸셜타임스(FT)〉 기고문에서 "미국의 고소득층과 중간 소득층 간의 격차가 점점 벌어져 100년 만에 불평등 수준이 최고조에 이르렀다"며 "미국은 더이상 기회의 땅이 아니다"고 말한다.

Martin Sorrell - The End of The American Century

경제 리더십 실종 시대를 맞다

도하라운드(Doha Round)[a]에 대한 꿈은 결코 중단되지 않을 전망이다. 도하라운드는 전 세계적인 무역장벽을 없애기 위한 시도로, 153개 세계무역기구 회원국들이 2001년에 출범시켰다. 20개 무역 분야에 대한 규정을 수정하고 무역장벽을 낮추는 것을 내용으로 한다. 여러 쟁점 가운데 농업, 서비스, 지재권 분야에 대한 논쟁 끝에 교착사태에 빠진 뒤 2008년 글로벌 금융위기로 논의가 중단된 상태다.

파스칼 라미(Pascal Lamy) WTO 사무총장은 "다자간 무역 협상이 탄력을 받으려면 정치적 리더십이 필요하지만 기후 변화에 대한 이슈와 마찬가지로 정치적 에너지가 부족한 상태"라고 진단한다. 자유무역협정(FTA)과 같은 양자 협상이나 TPP(Trans-Pacific Partnership, 환태평양경제동반자협정)과 같은 지역협정에 에너지를 쏟고 있기 때문이다.

피터 서덜랜드(Peter D. Sutherland) 골드만삭스 인터내셔널 회장은 "전 세계 리더십을 가져야 할 미국이 자국 중심으로 경제블록을 형성하는 것은 미국이 글로벌 리더십을 잃었다는 것을 상징한다"라

---

a **도하라운드**(Doha Round, Doha Development Agenda)
DDA로도 불리며 2001년 11월 14일 도하에서 열린 세계무역기구 제4차 다자간 무역협상을 말한다. 회원국들은 도하에서 '각료선언문' 채택에 합의, 3년간 농업 · 서비스업 · 수산업 · 반덤핑 분야 개별협상을 진행해 2005년 1월 1일까지 공산품 · 농산품 · 서비스업 등 각 분야 시장 개방협상을 마칠 계획이었다.

며 "TPP는 매우 위험한 발상이다"라고 지적한다. 경제블록 형성과 보호주의가 확산될 경우 지역 간에 정치적 갈등이 커지고 국가 간에 무역전쟁도 격해질 수 있기 때문이다.

Interview with Peter Sutherland about the Doha Round

02 권력구조의 재편

'G0 시대'가 열렸다

G7 시대를 이어 G20가 지구촌의 새로운 리더십으로 부상할 것이란 예상이 지배적이었다. 그러나 그럴듯한 해결책을 내놓지 못하면서 G20가 지구촌에서 새로운 리더십을 발휘할 것인지에 대한 의구심이 높아지고 있다.

2008년 이후 떠들썩했던 G20에 대한 논의는 2012년 다보스포럼에서는 논의조차 없었다. 커다란 변화를 예견하고 있는 것이다.

폴 케네디(Paul M. Kennedy) 미국 예일대 석좌교수는 "세계가 앙시앙 레짐(Ancien Régime, 모순적이고 낡은 구체제)에서 벗어나야 함에도 구체적인 해결책을 찾지 못한 채 글로벌 리더십이 실종된 'G0(리더십 부재)'의 상황을 맞고 있다"라고 지적한다.

G0의 원인은 어디에 있을까?

우선 G20 국가를 주도할 슈퍼파워의 실종이다. 미국, 중국, 일본, 영국, 독일 등 어떤 나라도 앞장서길 꺼려한다. 두 번째로 국가별 시각차가 크기 때문이다. G20 회원국이 이해관계에 따라 서로 대립해 합의안을 도출하기가 어렵다. 유로존 해법 도출에 있어 미국, 일본 등 기존 선진국의 개입을 둘러싼 대립, 선진국과 신흥국 사이에 IMF 재정 확충과 신흥국 자본통제를 둘러싼 의견 상충, 그리고 신흥국 간에도 주요 의제에 대한 중견국과 신흥국들의 협력이 미약하다.

국제 금융위기의 주범이었던 거대 은행에 세금을 물리자는 국제적인 논의가 사실상 좌초됐다. 영국, 프랑스, 독일 등 유럽 진영이 은행세를 도입해야 한다고 주장했지만 개도국 진영이 반대했기 때문이다. 브라질과 인도, 멕시코 등 개도국들은 은행세가 금융위기와 상관없는 은행에도 피해를 줄 것이라며 선진국과 시각 차이를 분명히 했다.

국제 공조에도 국가별 경제회복 속도 차이로 인한 입장 차이가 뚜렷했다. 미국은 위축된 경제를 살리기 위해 추가 양적 완화를 추진해야 하지만 신흥국가들은 천문학적인 자금이 신흥시장에 흘러들어 환율 변동성을 높일 수 있음을 우려했다.

G20는 중국의 유연성 있는 환율정책을 요구했지만 중국은 이를 수용하지 않았다. 글로벌경제의 불균형을 해결하기 위해 '예시적 가이드라인'의 도입을 추진했지만 20개국 간의 입장 차이를 좁히

지는 못했다. 이로 인해 G20 국가의 경상수지 불균형은 확대되고 신흥국으로의 외환보유액과 자본유입을 증가시켜 글로벌 유동성의 쏠림현상을 심화시키고 있다.

IMF를 둘러싼 파워게임도 거세다. IMF 재원을 확충하면서 선진국 쿼터[a] 중 6%를 신흥국으로 이전하기로 합의했지만 미국, 일본, 캐나다 등 기존 선진국들은 이에 강하게 반대하고 있다. 글로벌 리더십이 실종되는 'G0' 상황은 국가별 이해관계에 차이가 있어 상당 기간 지속될 전망이다.

노벨 경제학상 수상자인 조셉 스티글리츠 컬럼비아대 교수는 "유럽 정치권이 네 탓 논쟁만 벌인 채 해법을 찾지 못하고 있다"며 "위기해결 능력에 대한 진정성이 부족하다"라고 지적한다. 이에 대한 원인으로 누리엘 루비니 뉴욕대 교수는 "현재 지구촌에 다양한 현안들을 효율적으로 해결할 리더십이 사라졌기 때문"이라며 "어느 국가도 희생하려 하지 않고 있어 G0 상황은 상당기간 불가피하다"라고 강조한다.

---

a **쿼터**(quota)
일반적으로 무역이나 외환거래에 있어서 총량 또는 총액을 분할해 배급하는 것을 의미한다. IMF의 경우에 쿼터는 출연자금에 대한 국가별 할당을 의미한다. 각국은 출자한 쿼터 한도 내에서 기금으로부터 차입할 수 가 있으며, 아울러 쿼터의 크기에 비례해 투표권을 행사하게 된다. 따라서 미국, 일본, 캐나다 등 기존 선진국들이 신흥국 쿼터 중 6%를 신흥국으로 이전하는 데 반대하는 것은, 신흥국에 쿼터를 빼앗기지 않기 위해서다.

 폴 케네디-이문열 "문명과 리더십을 논하다"

 '강대국의 흥망' 저자 폴 케네디 교수 단독 인터뷰

 G20 indicative guideline-G20 leaders meet for final day

 Joseph Stiglitz, Nobel Laureate for Economics | Journal Interview

스마트 파워가 문화 리더십을 만들다

미국의 외교정책 싱크탱크인 국제전략문제연구소(CSIS; Center for Strategic & International Studies)는 2007년 초 '스마트 파워 위원회'라는 야심 찬 프로젝트팀을 발족했다. 위원회의 목적은 '슈퍼파워'를 가진 미국의 지위를 지구촌에서 어떻게 지속시키느냐에 있었다.

미국은 군사력과 경제력을 토대로 한 '하드 파워 리더십'과 문화 리더십으로 일컬어지는 '소프트 파워 리더십'을 접목해 '스마트 파워'란 신개념을 만들어냈다.

이처럼 미국이 국가 외교정책의 패러다임을 문화 리더십 키우기로 전환할 만큼 문화는 21세기의 중요한 화두다. 덴마크의 세계적 미래학자 롤프 옌센은 1999년 펴낸 베스트셀러 《드림 소사이어티

(Dream Society)》에서 21세기를 문화 시대로 예견했다.

그는 "21세기는 '꿈'과 '감성'이 지배하는 꿈의 사회, 즉 드림 소
사이어티가 된다"며 《드림 소사이어티》에서는 이야기를 만들어
소비자의 감성을 잡아내는 문화 창조 기업이 부 창조의 주역이 될
수 있다"라고 강조했다. 드림 소사이어티는 1인당 국민소득 1만
5,000달러 시대에 시작돼 2만 달러 때부터 본격화된다는 게 그의
주장이다.

기업들도 마케팅 전략 방향을 디자인과 브랜드, 스토리텔링을 활
용한 '감성 사로잡기'로 급선회하고 있다. 21세기 소비자들은 물건
이 꼭 '필요'해서 사는 게 아니라 그냥 '좋아서' 구매하기 때문이다.

감성과 문화가 지배하는 드림 소사이어티는 한국보다 20년 앞서
일본에서 먼저 나타났다. 국민소득 2만 달러를 맞이한 1987년을
시작으로 일본에는 제품 및 서비스의 효율성과 기능, 품질을 뒤로

하고 풍요와 여유, 감성, 체험, 프리미엄 등을 중시하는 패러다임이 사회를 지배하기 시작한다.

여기에 맞춰 기업의 마케팅 전략도 급변했다. 브랜드 파워를 키우고 저가격 경쟁 대신 고가격, 고부가가치 제품을 통해 고객들의 높아진 눈높이를 겨냥했다. 제품 개발도 제품의 기능보다 디자인의 가치를 높이는 데 맞춰졌다. 일본의 마케팅 전략 변화는 소비자의 구매 결정에 이성과 합리성보다 감성·문화적 가치가 더 중요한 역할을 하게 됐음을 보여줬다.

월트디즈니, 나이키, 할리데이비슨, 애플 등 미국 주요 기업들도 문화 리더십으로 성공을 이끌어낸 대표기업이다. 리더십에도 문화가 파워를 발휘하는 넥스트 패러다임 시대가 됐다.

2013년 '퍼펙트 스톰[a]'이 기다리고 있다

"지구촌은 지금의 위기에서 탈출할 수 있을 것이다"라는 낙관론과 "그렇지 않다"라는 비관론이 맞서는 가운데 단시일 내의 회복은 불가능할 것이라는 전망이 우세다.

---

a 퍼펙트 스톰(Perfect Storm)
작은 폭풍도 또 다른 폭풍을 만나면 그 영향력이 폭발적으로 커지는 현상을 가리키는 자연과학 용어다. 2011년 6월, 누리엘루비니 뉴욕대 교수가 '2013년 미국, 중국, 유럽, 일본 등 경제 대국들의 악재가 한꺼번에 터져 세계경제 위기가 찾아올 것'이라고 경고하면서 유명해졌다.

마리오 드라기(Mario Draghi) 유럽중앙은행 총재, 볼프강 쇼이블레(Wolfgang Schauble) 독일 재무장관 등 유럽의 금융정책을 이끄는 수장들은 "2012년 현재 유로존(유로화 사용국) 위기가 모퉁이를 돌고 있다"라며 낙관론을 편다.

그렇지만 2008년 금융위기를 예측했던 루비니 교수의 생각은 다르다. 그는 "2013년 유로존에 최악의 상황이 올 수 있다"고 경고한다. 유로존이 최악의 상황, 즉 유로존이 붕괴되면서 미국의 재정 문제가 더욱 악화될 것이기 때문이다.

나아가 세계경제의 패권을 노리는 중국경제가 경착륙[a]하면서 세계경제는 또다시 충격에 빠질 것이고, 이렇게 되면 2020년까지 위

---

a 경착륙(hard landing)
경기가 갑자기 냉각되면서 주가가 폭락하고 실업자가 급증하는 사태가 일어나는 것을 말한다. 한편 이러한 부작용을 최소화하는 것을 연착륙(soft landing)이라고 한다.

기가 이어지면서 세계경제의 미래가 암울해진다.

데이비드 캐머런 영국 총리도 "현재의 EU 금융 시스템으로는 단일통화 체제를 성공적으로 지탱하기 어렵다"라며 유로존 붕괴 가능성에 무게를 두고 있다. JP모건 최고경영자인 제이미 다이먼(Jamie L. Dimon)도 "유로존 재정위기의 가장 중요한 문제는 그리스나 포르투갈 · 아일랜드가 아니라 스페인과 이탈리아의 재정위기"라며 "유럽 각국의 수장들이 하루 바삐 머리를 맞대 스페인과 이탈리아의 긴축과 성장 모두를 아우를 수 있는 정책을 수립하고 시행해야 한다"라고 강조한다.

유로존은 지구촌을 위협하는 최고의 악재다. 유로존이 몰고 올 넥스트 패러다임은 일단 '퍼펙트 스톰'이다. 위기가 재현되지 않더라도 위기를 대비하는 지혜가 요구된다.

Roubini: 'Perfect Storm' Threatens Global Economy

Inside Story - Deepening Eurozone crisis?
*Spain 'Epicenter' of Euro-Zone Crisis, Chaney Says

핵티비즘 시대가 도래했다

2011년 4월, 1억 명이 넘는 소니의 고객 개인정보가 유출됐으며 CIA와 FBI까지도 해킹 피해를 입는 초유의 사태가 발생했다. 북아프리카 · 아랍의 민주화를 지원하기 위해 튀니지와 이집트 정부의 웹사이트가 디도스(DDoS) 공격으로 마비되기도 했다.

이런 해킹의 배후에는 세계적인 해킹그룹 어나니머스(Anonymous)가 있었다. 3,000여 명으로 구성된 이 그룹은 전 세계 최고의 해커집단으로, 유명 해커인 조지 호츠(George Hotz)에게 법적 소송이 제기되자 보복성 차원에서 사이버 테러를 펼쳤다.

정부와 기업의 기밀문서를 폭로한 사이트 위키리크스(Wikileaks)의 설립자인 줄리안 어산지(Julian Assange) 편에 선 해킹집단도 어나니머스였다. 어나니머스는 거대 카드사인 마스터카드와 비자가 위키리크스에 대한 지불 결제를 중지하자, 이에 대응해 두 카드사의 홈페이지를 공격했다. 또한, 어산지의 계좌를 폐쇄한 스위스은행과 그를 기소한 스웨덴 검찰 웹사이트를 다운시키기도 했다.

어산지와 위키리크스를 지지하는 어나니머스는 전 세계적으로 수천 명의 해커들이 동참하고 있는 단체다. 이들은 해커들이 자신들의 정치적 목적을 달성하거나 압력을 행사하기 위해 정부나 기업, 단체 등의 인터넷 웹사이트를 해킹하는 사이버 공격행위를 뜻하는 '핵티비즘(hacktivism, 해커(hacker)와 정치 · 사회적 행동주의(activism)의 합성어)'이라는 신조어를 만들어냈다.

글로벌 리더들은 이러한 핵티비즘을 경고한다. 기존 시위와 달리 IT 인프라를 기본으로 펼치는 핵티비즘의 정치적·사회적 저항은 서버다운과 고객 정보 유출이라는 점에서 파급력이 크기 때문이다.

해킹의 특성은 공간과 국경을 초월해 해킹과 테러를 주도한 주체가 누구인지 알기 힘들다는 점이었다. 그런데 최근 어나니머스와 룰즈섹(LulzSec) 등은 자신의 정체를 밝히고 정치적 주장을 관철시키기도 한다.

"안녕, 우리는 룰즈섹이야. 사이버 세상에서 단조로움은 재미없다고 생각하는 즐거운 개인들이 모였지. 같이 노래해. '룰즈는 행복해, 모험을 향해 항해하자, 룰즈는 아무도 해치지 않아.'"

미국 연방정보국(FBI) 로버트 뮬러(Robert Mueller) 국장은 "핵티비즘은 정부를 대상으로 하는 해킹 공격이 아니라 기업이나 기관을 대상으로 하고 있다"라며 "사이버 공격이 실제 테러보다 더 많은 피해를 줄 수 있다"라고 경고한다. 그는 "우리는 해커들로 인해 데이터, 돈, 아이디어, 혁신을 잃어가고 있다"라며 "더 이상 우리의 것을 잃지 않으려면 핵티비즘 대응전략을 세워야 한다"라고 강조한다.

네트워크로 연결된 세상이 되면서 핵티비즘의 위협을 예방할 넥스트 패러다임은 사이버 보안이다.

We Are Legion: The Story of the Hacktivists

 Anonymous - Message to the American People

 Lulzsec Final Message

 Anonymous - Hackers World

 FBI: 'Sabu' Turns on LulzSec

그리스와 포르투갈, EU에서 이탈하다

EU의 미래가 어둡다. 유로존이 위기의 해법을 찾지 못한 데는 유럽 중앙은행의 무기력함, 특히 유동성 공급에 한계가 있기 때문이다. 유럽중앙은행은 3년 만기 무제한 대출로 시장 유동성을 늘리는 시도를 했다. 하지만 유럽 각국의 부채 규모가 너무 커서 국가 파산 문제를 해결하기는 역부족인 상태다.

재정위기를 겪고 있는 유럽 6개국은 신용등급까지 강등됐다. 국제신용평가사 무디스(Moody's Corporation)는 2012년 2월 스페인, 이탈리아, 포르투갈, 슬로바키아, 슬로베니아, 몰타의 국가 신용등급을 1~2단계 강등했다. 또 프랑스, 영국, 오스트리아의 국가등급은 '트리플 A'를 유지하되 향후 전망을 '안정적'에서 '부정적'으로 하향 조정했다.

가장 타격을 받은 국가는 유로존 내 경제규모가 4위인 스페인이다. 스페인 신용등급은 A1에서 A3로 두 단계 떨어졌다. 급기야 1,000억 유로 규모의 구제금융을 받은 스페인은 최소 4,000억 유로 이상의 전면적인 구제금융이 필요하다는 목소리가 높다.

이탈리아와 포르투갈은 각각 A2에서 A3로, Ba2에서 Ba3로 한 단계씩 등급이 내려갔다. 슬로바키아와 슬로베니아는 A1에서 A2로 한 단계 강등됐으며, 몰타도 A2에서 A3로 떨어졌다. 신용등급을 회복시키는 유일한 방법은 재정 건전화에 있어서 상당기간 요원한 과제가 될 전망이다.

마이클 스펜스(Michael Spence) 뉴욕대 교수는 유로존이 깨질 것이라고 예견한다. 그리스와 포르투갈의 유로존 이탈이 불가피한 상황이기 때문이다. 그는 "그리스와 포르투갈은 더 이상 성장 잠재력이 없기 때문에 유로존에서 이탈할 필요가 있다"라고 진단한다.

루비니 뉴욕대 교수도 그리스와 포르투갈의 유로존 탈퇴 가능성에 무게를 두고 있다. 그는 "2015~2018년 사이에 유로존이 깨질 가능성이 50%에 달한다"고 경고한다. 캐머런 영국 총리 또한 "유럽의 금융 시스템이 단일통화인 유로화 시스템을 지탱하는 데 필요한 필수요소들을 갖추지 못해 한계에 봉착했다"라고 진단한다.

모두 유로존의 붕괴가 불가피하다는 예언이다.

경제학자들은 이렇게 될 경우 유럽의 미래에 대해 두 가지 시나리오를 제시하고 있다. 그리스 등 일부 국가의 유로존 이탈로 발생할 '장기 불황'과 이로 인한 '유로존 해체'에 대한 가능성이다.

그리스와 포르투갈 등 유럽 국가들이 유로존을 탈퇴하게 되면 제2의 유럽 위기를 낳을 전망이다. 이로 인해 미국의 재정 문제가 또다시 심각한 문제로 부상하게 될 것이다. 나아가 인도, 브라질, 남아프리카공화국 등 신흥국가의 경제성장이 둔화의 늪에 빠지게 되고 중국까지 경착륙의 수렁에 빠질 가능성이 높다.

루비니 교수는 "그리스와 포르투갈이 유로존에서 이탈하게 되는 상황이 되면 유럽은 급진적인 개혁을 할 수밖에 없다"라며 "미국과 중국경제가 출렁이면서 세계경제가 지속적으로 흔들리게 될 것이다"라고 강조한다. 그리스는 2012년 6월에 실시된 2차 총선 결과로 '그리스의 유로존 이탈(그렉시트, Grexit)'이라는 최악의 상태를 막았다. 하지만 상황은 스페인으로 확산되면서 또 다른 불안감이 싹트고 있다. 스페인의 국채 수익률은 7%를 돌파했고, 이탈리아의 국채 수익률도 6%를 넘어섰다.

일부 국가의 유로존 탈퇴, 유로존 붕괴로 요약될 유로존 최악의 시나리오가 낳을 넥스트 패러다임을 단계적으로 준비해야 한다.

Next
Paradigm

Part 6

넥스트 패러다임
- 리스크에서 벗어나려면

01 인간을 위협하는 불가항력들

경제 불평등이 디스토피아를 태동시킨다

2007년 다보스포럼은 불확실성(uncertainty)이 기업과 사회의 최대 위협요소가 될 것이라고 예견했다.

당시 다보스포럼이 제시한 '힘의 이동 1.0' 지구촌 7대 리스크는 기후 변화, 미국경제 연착륙 문제, 문화 충돌, 핵무기 확산, 지적재산권 보호 문제, 펀드 자본주의 강화, 세계화에 대한 반감 등이었다. 다보스포럼의 예측대로 2008년 미국은 주택경기 버블이 붕괴되면서 글로벌 금융위기를 맞이했다. 5년이 지난 2012년 다보스포럼은 '디스토피아(dystopia, 암울한 미래)'를 '힘의 이동 2.0' 시대의 지구촌 핵심 리스크로 제시하고 있다.

• 지구촌 7대 불확실성 •

'힘의 이동 1.0' 리스크	'힘의 이동 2.0' 리스크
1. 안보를 위협할 기후 변화	1. 디스토피아[a] (경제 · 사회 불만)
2. 미국경제 연착륙 문제	2. 사회 안전망 부재
3. 서방과 중동 간 문화 충돌	3. 초연결사회의 반작용
4. 힘 잃는 핵확산금지조약	4. 글로벌 지배구조 실패
5. 지적재산권 보호 문제	5. 만성적 재정 불균형
6. 펀드 자본주의의 강화	6. 온실가스 배출
7. 세계화에 대한 반감	7. 치명적인 시스템 실패

특이한 사실은 그동안 제시됐던 지구촌 최대 리스크의 대부분이 풍수해와 같은 환경적 위험과 관련돼 있었지만 이번에는 사회 · 경제적 요인에 초점이 맞춰졌다는 것이다. 유토피아의 반대 개념인 디스토피아가 향후 10년의 키워드가 될 것이라고까지 경고했다.

향후 10년간 세계경제를 위협할 최대 요인으로 소득 양극화와 재정 불균형을 지목했다. 희망이 적어진 젊은 세대와 빚에 찌든 은퇴세대의 증가, 빈부격차의 확대로 전 세계에 불만과 분노가 증가

---

a **디스토피아**(dystopia)
이상향을 뜻하는 유토피아의 반대인 암울한 미래상을 말한다. 문학에서는 현대사회의 부정적인 모습을 허구로 그려냄으로써 현실을 날카롭게 비판하는 작품을 일컫는다. 모두가 행복한 사회가 '유토피아'라면 모두가 불행한 사회가 '디스토피아'다. 철학자인 제임스 밀(James Mill)이 처음 사용했다.

하고 있다는 설명이다. 사회 안전망의 불안도 문제다. 은퇴 후 안정된 삶과 질 높은 의료 서비스는 과거 정부와 기업의 책임으로 간주됐지만 이제는 점점 개인들의 몫이 되고 있다. 실제로도 가장 우려되는 리스크인 디스토피아가 태동하는 징후가 사회 · 경제 곳곳에 나타나고 있다.

새롭게 등장한 경제위기와 사회혼란이 세계화가 이룬 성과를 위협할 수도 있다. 새롭게 출현하는 기술, 기후 변화, 자원고갈, 상호의존형 금융 시스템 등은 정책, 규범, 제도의 취약성을 드러내고 있다. 기후 변화는 곡물 파동과 물 부족 문제를 야기할 전망이다. 세계은행은 "20세기 전쟁의 목적이 석유였다면 21세기는 물이 될 것이다"라고 전망한다.

초연결사회의 반작용(어두운 면)이 리스크로 부각될 수 있다는 점도 경고하고 있다. 현실세계와 마찬가지로 범죄와 테러, 전쟁이 가상세계에도 일어나고 있다. 모바일폰을 가진 지구촌 50억 명이 인터넷, 클라우드 기반 앱으로 연결돼 있어 사이버 위협에 노출돼 있다. 사이버 보안이 중요한 시대가 된 것이다. '힘의 이동 2.0' 시대에는 '파워'가 물리적 현실세계에서 인터넷의 가상세계로 이동했다.

이처럼 연결된 세상에서는 '아랍의 봄'과 같은 긍정적 효과를 낳기도 하지만 2011년 8월 런던에서 일어난 폭동 같은 부작용을 낳을 수도 있다.

다보스포럼은 분야별 5대 위험 요소로 다음을 꼽았다.

경제: 만성적인 재정 불균형

환경: 온실가스 배출 증가

지정학: 글로벌 지배구조 실패

사회: 유지 불가능한 인구의 증가

기술: (사이버 공격 등으로) 심각한 시스템 붕괴 등

  WEF-Global Risk 2012

 Global Risks 2012 - Lee Howell(Seeds of Dystopia)

 '아랍의 봄' 희망의 1년, 저항의 1년

   시사기획 KBS 중동 민주화 폭풍, 세계를 흔들다1-3

전염병이 인간의 미래를 결정한다

"2004년 8월, 태국 북부의 반 스리솜분이란 작은 마을에서 닭이 죽어나가기 시작했다. 육계와 투계 모두 주민들의 중요한 현금소득원이었다. 항상 닭과 함께 지내던 열한 살짜리 소녀 사군탈라가 복통과 열병에 쓰러졌다. 피를 토하며 폐렴 말기 증상을 보인 그는 어머니 프라니의 극진한 간호를 받았지만 끝내 숨졌다. 병원은 '뎅기열'로 사인을 진단했다. 장례식 뒤 프라니도 근육통과 피로를 호소했지만 병원은 슬픔과 탈진 때문이라고 위로했다. 프라니는 2주일 뒤 사망했다. 조류인플루엔자 바이러스 H5N1이 처음으로 인간 대 인간 감염을 일으킨 것이다."

— 마이크 데이비스(Mike Davis), 《조류독감(The Monster at Our Door)》(2008)

도시사회학자인 마이크 데이비스가 던지는 메시지다. 그는 조류독감이 단순한 생물학적 원인에서 비롯된 것이 아니라 사회질병이라고 주장한다.

사람들이 습지를 파괴하고 숲을 없앰으로써 철새도래지를 사라지게 만들어 야생조류들의 터전을 빼앗았기 때문이라는 분석이다. 이로 인해 야생조류에게만 존재하던 바이러스를 가축들에게 옮겨 조류인플루엔자 바이러스가 인간에까지 옮기게 됐다고 진단한다.

인간의 미래에 인플루엔자 바이러스가 어떤 영향을 미치게 될지는 예측 불허다. 바이러스가 돌연변이를 일으킬 가능성이 없고, 이로 인해 인간에게 전염되지 않는다고 아무도 장담하지 못하는 상황이다.

2002년 11월에 중국 남부 광둥성(廣東省)에서 발생한 사스(SARS)는 2003년 7월까지 유행해 8,096명의 감염자가 발생했고

774명의 목숨을 빼앗았다.

한국은 2010년 11월부터 5개월 동안 계속된 구제역이 발생해 소 15만 마리, 돼지 332만 마리, 염소·사슴 1만 마리 등 총 348만 마리를 땅에 묻는 최악의 살처분을 해야 했다. 이렇게 하는 데만 1조 8,000억 원 이상의 국고가 낭비됐다.

14세기에 전 유럽을 파멸로 몰아넣은 흑사병(Black Death, 페스트균에 의한 급성 감염병)과 같은 돌림병이 다시 21세기를 위협할 수 있다는 예언이 나오고 있다. 흑사병은 무려 2,500만 명의 생명을 앗아갔다.

세계보건기구에 따르면 에이즈, 조류독감, 사스와 같은 동물과 사람 사이에 상호 전파되는 병원체에 의해 발생되는 전염병인 인수공통감염병(人獸共通感染病, zoonosis)은, 최근 20년간 사람에게 발생한 신종 전염병의 60%를 차지할 정도로 급속히 전파되고 있다. 전염병의 강도는 갈수록 거세지고 있지만 원인과 처방책은 명확히 밝혀지지 않았다. 이런 상태라면 전염병이 인류의 넥스트 패러다임을 결정할 전망이다.

 SBS 스페셜 다큐: 최악의 시나리오 1부 – 잔혹한 상상, 바이러스의 습격

 지식채널ⓔ (154) 바이러스

자연재해가 사람을 공격한다

쓰나미를 동반한 대지진, 태풍, 가뭄, 지진, 화산폭발, 해일, 홍수, 우박 등 자연재해도 인간세상을 공격하고 있다. 화석연료를 사용해 나타나게 된 기상이변의 결과다.

아이티 대지진은 22만 2,570명의 목숨을 앗아갔다. 2010년 6월, 러시아는 최고 40℃가 넘는 살인 더위로 5만 5,630명이 목숨을 잃었다. 같은 해 4월 중국은 지진으로 2,968명, 5월 몬순 강우로 인한 홍수로 2,490명, 8월 폭우로 1,765명이 운명을 달리했다.

대지진과 쓰나미로 일본은 16조 9,000억 엔(약 226조 원)의 피해를 입었다. 동시에 시민을 방사선 공포 속으로 몰아넣었고 해당 지역의 산업설비는 모두 멈췄다.

태국은 2011년 8월부터 12월 사이에 발생한 홍수로 400억 달러의 재산 손실을 입었다. 2012년 3월에는 토네이도가 미국 중서부 8개 주를 강타해 50명의 목숨을 앗아갔다. 칠레는 2010년에 발생한 대지진으로 보험손해액만 85억 달러(9조 2,000억 원)에 달했다.

자연재해로 2010년 한 해 동안 전 세계가 입은 보험손해액만 380억 달러(41조여 원)에 달한 것으로 집계됐다. 자연재해는 보험 가입률이 높지 않기 때문에 실제 해당 국가의 경제 피해액은 보험 손해액보다 5~10배 정도 많은 것으로 추정된다.

유엔에 의하면 2011년 한 해 동안 발생한 전 세계 자연재해는 총 302건으로 사망자가 2만 9,782명에 달한다. AFP통신의 보도에 따르면 이로 인한 재산 피해만 3,660억 달러(약 418조 원)에 달하는 것으로 추산된다.

이제 자연재해의 파괴성은 인간이 예방할 수 있는 차원을 벗어나 전쟁보다 더 무서운 공포 대상이 되고 있다. 자연재해의 공격으로 부터 사람을 지켜내는 대비 또한 넥스트 패러다임의 과제이다.

 2011: A year of natural disasters

 Wave That Shook The World - tsunami documentary

 Tsunami in Japan

 World earthquakes 2011 Visualization map(2012-01-01)

 SBS 스페셜 다큐: 최악의 시나리오 2부 - 온난화의 마지막 페이지

핵충돌이 일어난다

"2036년 인도와 파키스탄 사이에 핵전쟁이 일어난다."

국제 안보 전문가인 권 다이어(Gwynne Dyer)는 저서 《기후대전(Climate Wars)》(2011)에서 이렇게 예언했다. 이 무시무시한 예언의 근거는 어디에 있는 것일까?

2036년 인도 대륙의 인구는 20억 명이 넘을 것이다. 지구 온난화로 인해 히말라야의 만년설이 다 녹아내리면서 인도와 파키스탄, 두 나라를 흐르는 인더스 수계가 바닥을 드러낸다. 전 국토가 인더스 강에 의존하는 사막 국가인 파키스탄은 인도에 공개적으로 강물의 절반을 내놓으라고 요구한다.

인도 정부의 거절로 결국 파키스탄은 인도에 강물을 내놓으라며 국경 지역에 핵무기를 배치한다. 인도가 선제공격으로 파키스탄 핵무기를 파괴하면서 전면적인 핵전쟁으로 번진다. 아그라의 타지마할은 흔적도 없이 사라지고, 커다란 버섯구름은 하늘을 가릴 것이다. 기후 변화가 초래할 물 부족으로 인한 생존의 문제로 핵전쟁이 일어나게 된다는 시나리오다.

권 다이어는 "기후 변화는 산업과 과학의 문제일 뿐만 아니라 국제정치와 군사 문제로까지 이어진다"라며 "사막화로 경작지가 줄면 식량대란이 일어나 전쟁이 벌어질 수 있다"라고 말한다.

상품 투자의 귀재 짐 로저스(Jim Rogers)는 "미래경제엔 농수산물의 가격 상승이 예상된다"라며 "농업에 투자하라"고 조언한다. 그는 특히 북한과 미얀마를 투자 유망지역으로 손꼽는다. 로저스는 "북한은 자원이 풍부해 남한의 경영능력, 자본과 결합할 때 발전 잠재력이 크다"라고 전망한다.

2020년까지 지구촌에 일어날 패러다임의 전환은 수많은 불확실성을 몰고 올 전망이다. 누리엘 루비니 교수는 거시경제와 금융, 재정, 국채, 은행 규제, 조세 등 여러 분야에 대한 미래정책이 충돌을 일으키며 '불확실성 시대'를 연출할 것으로 내다본다. 그는 "여기에 지정학적, 정치적, 정책적 불확실성이 결합해 미래를 예측하기 힘든 시대가 될 것이다"라며 "핵 프로그램을 둘러싸고 일어날 이란과 이스라엘, 미국의 충돌이 최대의 불확실성이다"라고 전망한다.

핵확산금지조약(NPT)에서 인정하는 핵무기보유국은 1945년에 세계 최초로 핵실험을 해 가장 먼저 핵보유국이 된 미국, 영국, 러시아, 프랑스, 중국 5개국이다. 이들 모두 유엔안보리 상임이사국으로 활동하고 있으며, 특히 1957년 IAEA(국제원자력기구)를 창설해 다른 핵무기보유국이 출현하는 것을 막고 있다.

하지만 인도와 파키스탄, 이스라엘 등이 사실상 핵보유국으로 인정되고 있고, 북한은 2006년 10월 스스로 핵실험에 성공했다고 발표했다. 이 밖에 이란, 사우디아라비아, 시리아, 미얀마 등이 핵무기 개발 국가로 추정된다.

루비니 교수는 "이란의 핵 문제가 발생하면 국제유가가 지금보다 50% 이상 비싼 배럴당 150달러 이상 올라 세계경제침체를 더욱 깊게 할 가능성이 높다"라고 전망한다. 반기문 유엔 사무총장은 "이란 핵 문제에 대한 해법은 대화를 통한 평화적 해결 외에 대안이 없다"라며 "이란 정부가 스스로 핵개발 프로그램이 정말 평화적 목적인지를 입증해야 할 것이다"라고 말한다.

쓰나미라는 초강력 자연재난은 안전의 대명사로 일컬어졌던 일본의 후쿠시마 원전에서 방사능 유출 사고를 일으켰다. 자연재해에 의해서든, 정치적인 충동에 의해서든 핵은 21세기를 위협할 최대 위험인자다. 따라서 핵이 가져올 대재앙에 대한 대비가 넥스트 패러다임이 풀어야 할 과제이기도 하다.

 [매경이 만난 사람] 상품투자의 귀재 짐 로저스 신년 특별 인터뷰

 OpusFirst – Jim Rogers: Agricultural Investors set for a Bright Future

 Jim Rogers Reveals an "Astonishing Opportunity"

 Myanmar – Travel – Jim Rogers World Adventure

 Davos Open Forum 2010 – A World without Nuclear Weapons: Utopia?

Nuclear Nightmare: Fallout from an India-Pakistan War

차이나 쇼크가 온다

중국은 경기에 대한 경착륙 없이 세계경제의 패권을 거머쥐게 될 것인가? 중국의 성장가도에 있어 최대 걸림돌은 '불평등'이다. 소득 불균형과 이로 인한 빈부격차가 확대될수록 사회가 불안해질 가능성이 높다.

배리 아이켄그린(Barry Eichengreen) UC버클리대 교수는 "중국이야말로 소득불평등이 심각한 나라"라며 "위안화가 절상되고 수입이 늘어나면서 내부적인 사회불안이 더욱 커져 차이나 쇼크를 초래할 수 있다"라고 경고한다. 이 때문에 위안화 절상에는 딜레마가 있다.

미국의 압력을 받아들여 위안화 가치를 높이는 절상을 단행하면 수출경쟁력이 떨어지는 반면 중국 내 수입품의 물가가 오른다. 중국 정부가 위안화 절상을 강력하게 저지하는 이유이기도 하다. 하지만 위안화는 미국의 압력, 중국경제의 체질 강화 등에 힘입어 절상의 길을 걷고 있다.

차이나 쇼크

쇼크 1 : 불평등(소득불균형, 빈부격차)

쇼크 2 : 성장률 정체(2013년 경제 경착륙)

쇼크 3 : 정치혼란(정파의 충돌, 개혁 갈등)

중국경제의 또 다른 복병은 GDP 성장률 정체에 따른 경착륙이다. 누리엘 루비니 미국 뉴욕대 교수는 중국경제가 2013년에 경착륙할 것으로 예견했다. 그는 "중국경제가 경착륙하게 되면 철광석, 석탄 등 국제 원자재 가격이 급락하게 돼 주요 원자재 생산국인 호주경제에 상당한 타격을 가져다줄 것이다"라며 "중국경제의 연착륙으로 선진국경제가 또 다른 경기침체를 겪을 가능성이 50% 이상은 된다"라고 말한다.

중국경제가 경착륙하게 되면 중국과의 교역량이 많은(대중국 무역의존도 25%) 한국경제는 2008년 글로벌 금융위기 때보다 더 심각한 실물경제의 충격을 받게 된다. 2010년도 기준 한국의 대중 수출은 1,168억 달러, 수입은 715억 달러로, 453억 달러 가량 흑자다. 중국경제가 경착륙하게 되면 중국 정부는 대외 수입을 줄이게 돼 한국경제는 심각한 타격을 입게 된다.

루비니 교수는 "중국의 경제성장 모델은 수출 의존도가 지나치게 높은 반면 내수는 빈약하기 때문에 지속될 수 없다"라는 입장이다.

프랑스 SG은행의 글로벌 전략가인 알버트 에드워즈(Albert Edwards)는 "2013년까지 중국경제의 경착륙이 예상된다"라며 "중국경제에 충격이 오면 세계경제에 고통과 실망을 안겨주는 마지막

해가 될 것이다"라고 강조한다.

그는 "서방경제의 침체로 중국의 무역 흑자가 3년 만에 절반으로 줄어든 점, 2008년 이후 과다한 재정 투입으로 위기가 닥치면 그에 대처할 여유가 없다는 점" 등을 중국경제의 경착륙 근거로 본다. 또한 경제 과열, 부동산시장의 거품, 맹목적인 고성장 추구, 고삐 풀린 대출, 거짓 성장스토리, 검은돈과 투자붐, 자본 배분의 왜곡, 과시성 소비 등의 부정적인 요소들을 거론하고 있다.

영국의 바클레이캐피탈(Barclays Capital)은 중국경제의 경착륙을 초래할 원인으로 '초고층빌딩의 저주'를 손꼽는다. 〈바클레이캐피탈 보고서〉는 "지난 140년간 초고층빌딩 건설은 경제위기를 불러오는 명확한 인과관계를 보이고 있다"라며 "2017년까지 건설 계획 중인 141개(전 세계 초고층건물 공사의 53%)의 마천루 건설은 경제 파탄을 예고하는 명확한 지표"라고 주장한다.

미국은 1930년대 뉴욕의 엠파이어스테이트빌딩 완공 시점에 대공황을 맞았고, 1970년대 중반 세계무역센터와 시카고의 시어스타워 완공 뒤 오일쇼크를 겪었다. 두바이는 2004년 세계에서 가장 높은 빌딩인 부르즈 할리파를 완공할 무렵 금융위기가 터져 2009년 11월에 결국 모라토리엄(moratorium)[a]을 선언했다.

---

a **모라토리엄**(moratorium)
국가가 채무불이행 상태에 빠지거나 채무불이행의 우려가 있는 경우에 채무의 지불을 일정 기간 유예하는 것을 말한다. 대외신인도가 떨어지고 대부분의 대외거래가 사실상 중단된다.

중국에서 가장 높은 빌딩으로 알려진 상하이환구금융센터도 2008년 완성 직후 '리먼 쇼크'를 당했다. 123층으로 세계에서 세 번째로 높은 건물로 예상되는 상하이센터가 완공되는 2014년에 중국의 부동산이 붕괴될 가능성이 높다는 예언도 쏟아지고 있다.

중국 지방정부의 부채도 또 다른 쟁점이다. 법률상 채권을 발행할 수 없는 지방정부는 지방정부 산하에 특수목적회사를 만들어 채권을 찍어냈다. 2011년 6월, 중국 심계서(審計署, 한국의 감사원에 해당)가 추정한 지방정부 부채는 모두 10조 7,000억 위안으로서 GDP의 20%에 근접한 규모다. 미국의 80%, 일본의 200%보다 크게 낮은 수준이지만 매년 13%씩 늘고 있어서 부동산시장이 급락하고 금융회사의 부실로 이어지면 경제충격으로 이어질 수 있다.

차이나 쇼크의 또 다른 원인은 정치적 갈등이다. 중국은 1949년 중화인민공화국을 창설한 이래 사회주의국가로 존속해왔다. 무계급 공산사회 건설이 궁극적인 목표며, 이를 위해 과도기적으로 공산당 일당 독재를 실시하고 있다. 따라서 중국 정치는 공산당 내부의 노선 간 권력투쟁이 잇따랐다.

갈등의 핵심은 공산주의 이데올로기 중심의 노선과 실용주의 노선 간의 대립에 있다. 공산주의 이데올로기 노선을 추구하는 측은 군중의 힘으로 평등과 계급투쟁을 통해 사회발전을 주도해야 한다는 입장이다. 관료주의화를 반대하고 이데올로기를 강조한다는 뜻에서 '홍(紅)의 노선'이라고 불린다.

이에 비해 실용주의 노선을 추구하는 측은 실용성, 효율성, 현대화, 과학기술 전문화, 생산성 증대 등을 추구한다. 전문성을 중시한다는 의미에서 '전(專)의 노선'이라고 불린다. 중국은 대외적으로 개혁개방정책을 펴고 있지만 개혁의 속도와 범위를 놓고 '홍과 전의 갈등'이 계속되고 있다.

이 같은 갈등이 분출된 대표적인 사건이 바로 1989년 6월에 발생한 톈안먼 사태다. 개혁 속도를 늦추려는 보수파가 무력으로 진압했지만 개방정책에 따른 부작용, 관료들의 부정부패에 대한 질타가 쏟아졌다. 톈안먼 사태에 대한 재평가와 개혁을 요구하는 시위는 지금까지 매년 벌어지고 있다.

특히 민주적 정치체제에 대한 요구가 거세지면서 최근 정치 갈등은 다양한 방향으로 전개되고 있다. 중국 좌파의 대표주자인 보시라이(薄熙來) 전 충칭(重慶)시 서기의 몰락이 그 단면을 드러내고 있다. 보시라이는 중앙무대 진입이 유력했지만 중국공산당 지도부는 보시라이의 도전을 단숨에 좌절시켰다. 이를 두고 좌파 지식인들은 좌와 우의 노선투쟁으로 각색하지만 지도부는 보시라이 개인의 도덕성 파탄과 부패로 몰아세웠다.

중국은 2011년 한국 수출의 24.1%를 차지한 최대 수출국이다. 한국경제는 지난 20년간 고도성장을 기록한 중국경제의 혜택을 누렸지만 '차이나 쇼크'로 안전과 평안이 흔들릴 가능성이 높다.

 Chinese Economic Challenge: Inequality and Saving

 Wealth Gap Rising Sharply in China

21세기 국가전쟁, 리밸런싱이 숙제다

위기 이후 지구촌의 숙제는 부의 재편이다.

미국경제가 금융을 통해 호황을 구가하는 사이 중국은 제조 강국이 됐다. 중국은 싼값의 제품을 미국에 대거 팔아 '서쪽에서 동쪽으로' 부의 이동을 촉발시켰다.

미국은 무역적자와 재정적자의 늪에 빠지는 쌍둥이 적자 문제에 직면했으나 금융파워로 이를 해결했다. 미국 국채를 중국에 팔아 중국으로 이동한 부를 다시 미국으로 이동시키는 데 매진했다. 하지만 미국 부동산 경기의 추락과 월스트리트의 금융 시스템 붕괴는 글로벌경제위기를 불러왔다.

이어 미국은 중국과의 사이에서 벌어진 무역 불균형을 놓고 리밸런싱을 요구하고 있다. 미국의 무역적자와 중국의 무역흑자 사이의 큰 차이를 어떻게 좁힐 것인지를 놓고 대논쟁을 제기하는 것이다.

논쟁의 핵심에는 위안화에 대한 공격이 숨어 있다. 위안화값이 너무 저평가돼 있어 미국의 무역적자가 심화되고 있다는 주장이다.

이에 따라 미국 정부와 의회는 중국을 '환율조작국'으로 지정해 위안화 가치 절상을 요구하고 있다.

이에 중국은 2012년 4월 16일, 위안화의 환율 변동 폭을 최대 2%까지 확대해 국제적 비난을 피하려는 행동을 취하고 있다. 특히 고환율 때문에 수출이 늘었다는 비난을 피하기 위해 수출을 줄이고 내수 비중을 늘리는 전략을 펴고 있다.

부상하는 리밸런싱

리밸런싱 1 : 미국 vs 중국(달러 vs 위안화 통화전쟁 촉발)

리밸런싱 2 : 선진국 vs 신흥국가(글로벌 규제 이해관계 충돌)

리밸런싱 3 : 남유럽 vs 북유럽(유로존 유지 갈등 촉발)

리밸런싱은 미국과 중국 간의 이슈만은 아니다. 선진국과 신흥개발국 사이에 발생하는 심각한 경제 불균형도 새로운 리밸런싱의 이슈가 되고 있다.

유로존 내의 리밸런싱도 중요한 과제다. 유럽 17개국이 유로화라는 단일통화를 사용한 이래 제조업 강국과 제조업 약소국 사이에 부의 이동이 빨라졌다.

경쟁력이 강한 서유럽 국가가 단일 화폐를 앞세워 남유럽 시장을 장악했기 때문이다. 이 결과 남유럽 국가의 제조업은 붕괴됐고 전체 산업에서 제조업의 비중은 크게 위축됐다. 제조업의 위축은 남유럽 국가의 경상수지 적자를 야기했고, 경상수지 적자는 정부 세수의 위축을 초래했다. 이어 정부는 국채를 발행해 부족한 국가 재정을 보강해야 했고 정부의 재정적자는 쌓여만 갔다.

유로존의 위기 이후 북유럽과 남유럽 간 리밸런싱도 다시 논란의 중심에 섰다. 하지만 단일통화가 국가별 경제력의 격차를 반영해주지 못해 국가의 부가 강대국으로 흘러들어가는 악순환을 되풀이하고 있다. 서로 다른 통화를 사용했다면 경제력 차이가 환율의 등락과 통화의 수요에 따라 조절될 수 있겠지만 유로화 단일화폐는 이같은 기능을 수행하지 못하고 있다.

 Recovery and Rebalancing: Views from the IMF-World Bank Annual Meetings

새로운 냉전 시대, 자원전쟁이 시작됐다

핵심 자원은 이제 기업 차원을 넘어 국제 역학관계를 좌우하고 있다. 석유를 중심으로 펼쳐졌던 20세기 자원전쟁이 이제 새로운 에너지원 확보로 확산되고 있다. 그 대상의 핵심에 희토류가 있고 탈(脫)석유에너지가 있다.

수력과 풍력, 원자력, 지력, 조력에 이르기까지 새로운 에너지원들이 미래 에너지의 연구대상이 되고 있다. 에너지원을 캐낼 수 있는 무대도 바다의 한가운데로 영역이 확대되고 있다.

첨단산업의 혈류 역할을 하는 것은 희토류ᵃ다. 희토류의 공급이 끊기면 첨단산업 공장은 '올 스톱' 상태에 들어간다. 희토류가 경쟁력인 시대인 것이다. 세계 희토류의 97%를 생산하는 중국은 희토류를 무기로 일본과 한국, 미국, 유럽 등 전 세계를 압박하고 있다.

희토류는 희귀성이 있기 때문에 가격도 2011년 한 해 동안 2배 이상 뛰었다. 가격 급등 현상은 희토류뿐만 아니라 철광석, 구리, 알루미늄, 니켈, 석탄에 이르기까지 전 광물에 이르고 있다. 이는 특이한 현상이라고 말할 수 있다. 세계경제가 위축돼 수요가 감소하는데도 가격은 뛰었기 때문이다. 전문가들은 수요 문제가 아니라 공급부족 현상 때문이라고 진단한다.

세계 3대 철광석회사 중 하나인 호주 리오틴토(Rio Tinto)의 톰 알바니스(Tom Albanese) 회장은 "희토류가 자원무기로 변하고 있다"라고 강조한다. 그는 "채산성이 맞지 않아 중국 이외의 지역에서는 희토류를 발굴하지 않았기 때문"이라며 "지난 15년 동안 세계 각국이 발굴 작업을 하지 않은 결과 중국이 희토류의 지배자가 됐다"라고 전망했다. 알바니스 회장은 "캘리포니아, 호주 등에서 희토류 생

---

a **희토류**
하이브리드 자동차, 스마트폰, 각종 전략무기 등 최첨단산업에 필수적으로 사용되는 17가지 희귀광물을 뜻한다. 이 원소들은 화학적 성질이 유사해 강제로 분리하기 어렵고 자연 상태에서 서로 섞여 있어 산출량이 매우 적은 것이 특징이다. 전 세계 희토류 매장량 중에 57.7%가 중국에 묻혀 있고, 중국은 전 세계 공급량의 63%, 생산량의 97%를 차지한다.

산이 늘어나고 있어 앞으로 희토류는 가격이 떨어질 것"이며 "광업 생산은 보통 15년 주기로 이뤄지는 만큼 희토류값은 지금이 가장 높다"라고 분석한다.

자원의 가격 상승은 매장량 부족 때문이 아니다. 이해관계자들의 갈등, 환경 이슈, 기술적, 정치적 문제들이 결합해 공급이 수요를 따라가지 못하는 데서 가격이 상승한다. 게다가 인프라 부족과 자원 국수주의로 인한 라이선스 문제가 겹치며 실질적으로 자원 개발이 위축되고 있는 실정이다.

노벨리스(Novelis)의 회장 필립 마턴스(Philip R. Martens)는 "몇 년 전만 해도 희토류 확보전의 지속가능성은 기업들의 입에 발린 말이었다"면서 "하지만 지금은 가장 큰 비즈니스 논점 중 하나"라고 강조한다. 기업은 원자재의 구입처와 생산된 제품의 사용처 모두를 고려해야 지속가능성을 높일 것이라고 덧붙이며, 마턴스 회장은 "외부의 압력 때문에 시작된 친환경 생산이 결국 기업의 효율성을 높이는 데 큰 역할을 했다"면서 "외부의 힘은 결코 사라지지 않으며 재사용과 재활용은 이제는 기업의 의무가 됐다"고 말한다.

중국과 미국의 희토류 확보전은 전쟁을 방불케 한다. 중국은 전세계 희토류 매장량의 3분의 1을 확보했다. 나아가 중국 정부는 2012년 4월 155개 희토류 관련 업체들을 묶어 '중국희토류산업협회'를 출범시켰다. 중국 정부가 직접 희토류 수출입을 통제하겠다는 구상이다. 미국은 이미 해외의 희토류 광산을 개발해 40년 이상의 사용량을 확보했다. 2002년 환경 문제로 채굴을 중단한 캘리포니아 사막지대의 희토류 광산도 다시 개발하기로 했다.

일본과 유럽 국가들도 희토류를 확보하기 위해 외교력을 총동원하고 있다. 일본은 인도 현지에 연간 소비량의 14%인 약 4,000톤의 희토류를 생산할 수 있는 공장을 설립하기로 했고, 2012년 8월부터 운영한다. 카자흐스탄, 베트남, 보츠와나, 잠비아, 모잠비크에도 정성을 쏟고 있다.

이미 자원전쟁이 시작됐다. 자원의 확보가 가져다줄 미래 국가권력의 변화, 넥스트 패러다임에 주목해야 한다. 희토류는 자동차, LCD패널, 스마트폰, 컴퓨터 등을 생산하는 산업경쟁력의 판도를 바꿔놓을 수도 있기 때문이다.

 China Creates Rare Earth Association to Control Industry

 위기의 시대 3부-에너지 패권전쟁

 총성 없는 전쟁 ⋯ 희토류 확보 치열

02 지구촌에서 일고 있는 분노를 잠재워야 한다

Occupy를 치유하라

2012년 1월, 세계경제포럼 연례총회가 열린 다보스 현장에는 이색 장면이 연출됐다. 상반신을 노출한 급진 여성단체 '피멘(Femen)' 소속 여성 3명이 '다보스는 깡패들의 잔치(Gangsters Party in Davos)'라는 피켓을 들고 시위를 벌였다.

포럼이 '가진 자'인 부자들만을 대변하고 있다며 가난한 사람들의 목소리를 들어달라는 요구였다. 이들은 "당신들 때문에 가난하다"라며 분노를 표출했다. '시장주의의 대변자'로 통하는 다보스포럼을 상대로 '다보스를 점령하라(Occupy Davos)'라는 시위가 일어난 것은 '경제적 불평등'에 대한 불만이 지구촌 전체로 확산돼 있다는 증거다.

이들의 주장은 '1%가 아닌 99%를 위한 정책'을 내놓으라는 것이다. 나아가 이들은 '그들이 당신의 인생을 결정하게 하지 말라'는 문구로 시민의 적극적인 참여를 촉구하고 있다. 글로벌 금융위기 이후 전 세계에 번진 '분노시위'를 우리는 어떻게 이해할 것인가?

문화인류학자인 클로테르 라파이유는 이 현상을 "정체성을 찾으려는 움직임"으로 해석한다. 월스트리트 시위 때, 시위대의 요구가 무엇인지 구체적인 내용이 나오지 않았지만 시위대는 갈수록 규모가 커졌다.

시위대 참가자들은 스스로가 1%를 위한 정책의 희생자라고 생각하고 시위대 대열에 합류하는 결정을 내린 것이다.

이에 대해 라파이유는 "사람들은 딱히 할 말이 없어도 다른 사람과 연결되기를 원하는 속성이 있다"라며 "정체성이 사라지는 시대에는 무언가에 소속되어 있다는 것이 일종의 안정감을 주는 것"이라고 분석한다.

동질감이라는 정체성을 느꼈기 때문에 시위대의 분노와 함성은 더욱 커질 수 있었던 것이다. '지배하라(Occupy)'가 요구하는 넥스트 패러다임의 질서를 바로 인식해야 한다.

마이클 샌델 하버드대 교수는 저서 《돈으로 살 수 없는 것들 (What Money Can't Buy)》(2012)에서 나름대로의 해법을 제시한다. 지난 30여 년간 전 세계는 '시장경제'의 논리를 앞세워 돈으로 모든 것을 살 수 있는 사회를 만들었다. 그는 이로 인해 '공공선'이라고 하는 소중한 가치를 외면했고 시민의 분노를 키웠다고 진단한다.

따라서 돈으로 살 수 없는 것들, 즉 시간, 가족의 사랑, 우정과 같은 공공 가치를 복원시켜야 시민의 가슴속에 자리 잡은 분노, 즉 '지배하라'의 배타적 분위기를 잠재울 수 있다고 조언한다.

 Femen topless protest video: 'Gangsta party in Davos'

 Raw Video: Davos Protesters Build Igloos

 OccupyWEF "OccupyWEF occupies the sky"

 OccupyWEF "protect the people"

'불평등 해법 모델'을 만들라

세계는 왜 불평등에 분노하는가? 조직은 물론 한 국가 내에서, 나아가 국가 간의 불평등과 양극화의 격차가 갈수록 커지고 있기 때문이다. 급증하는 실업 사태는 사회적 저항을 가속화하고 있다. 세계화가 가져다준 사회적 충격과 IT혁명이 가져다준 새로운 물결에 우리는 현명하게 대처해야 한다.

세계화는 기업들을 원가가 더 싼 곳으로 이동하게 만들었다. 수익성이 높은 곳으로 자금을 이동시켜 투기를 부추겼다. IMF는 전 세계적으로 해외 투자와 기술, 자본 이동이 소득격차를 심화시켰다고 분석한다.

세계화가 유행처럼 퍼지면서 전체적인 부는 증가했지만 대다수 국가에서 저소득 노동자들과 숙련 노동자들의 소득격차는 점점 더 벌어지게 되었다. 이는 빈부격차를 확대했고 사회문제로 이어졌다.

클라우스 슈밥 포럼 창립자는 "이제 세상은 주주(shareholder)가 아닌 이해관계자(stakeholder)의 관점에서 사회현상을 바라볼 것을 요구하고 있다"라고 말한다. 주인이 아닌 상대방의 관점에서 세상을 바라볼 필요가 있다는 이야기다. 개인의 이익만을 추구하는 것이 아니라 공동의 선, 모두의 이익을 동시에 추구할 수 있는 방법이 무엇인가를 고민할 필요가 있다는 지적이다.

그는 "지금의 자본주의는 사회통합이라는 대의가 빠졌다"라며 "따라서 자유시장 경제체제가 사회를 위해 봉사할 수 있도록 해야 한다"라고 강조한다. 현재의 자본주의를 재설계(reframing capital-ism)해야 한다는 주장이다.

《우리를 위한 경제학은 없다(The Cost of Inequality)》(2012)의 저자 스튜어트 랜슬리(Stewart Lansley)는 "과도한 불평등이 각국의 경제를 벼랑 끝으로 떠밀고 있고 경제회복까지 방해하고 있다"라고 말한다.

그렇다면 불평등과 분노를 완화시킬 방법은 없을까? 랜슬리는

'주주가치 높이기'를 버리고 대중과 기업 이익 사이의 균형을 추구하라고 조언한다. 노동자들에게 단체교섭권을 폭넓게 보장하고 엄격하게 개인과세를 부과하라고 주장한다. 무리한 수익을 좇는 자금에 대한 금융규제도 요구하고 있다. 결국 사회갈등의 원인이 되고 있는 양극화와 불평등 문제를 해소할 수 있는 모델을 시급하게 개발해야 한다는 지적이다.

이런 점에서 슈밥은 스스로 다음과 같은 질문을 해볼 것을 리더들에게 충고한다.

- 우리는 미래의 성장을 어떤 방식으로 이끌 것인가?
- 미래의 성장을 어떻게 지속가능하게 할 것인가?
- 환경을 위해 얼마나 많은 비용을 지불할 것인가?
- 어떻게 기업이 얻은 이익을 분배할 것인가?
- 가족과 지역사회가 진정한 구성원이 되는 방법은 무엇일까?

세상은 이제 좀 더 포괄적이고 통합적이면서 성장의 품질을 추구하는 방식으로 경제 발전을 이끌어나갈 것을 요구하고 있다. 또 사회적 불평등과 양극화를 축소할 수 있는 방향으로 자본주의의 운용 방식을 수정해나갈 것을 요구하고 있다.

Davos 2011 - Klaus Schwab Interview

장기 재정적자와 소득불균형을 해결하라

지구촌의 최대 관심사가 기후 변화 문제에서 장기 재정적자와 심각한 소득불균형 문제로 바뀌고 있다. 세계경제포럼은 〈2012 글로벌 리스크 보고서〉에서 전 세계가 직면한 경제위기와 사회혼란이 세계화에 부정적인 영향을 미칠 것이라고 예견한다.

이어 향후 10년간 전 세계가 직면하게 될 가장 큰 문제로 장기적인 재정적자와 심각한 소득불균형을 제시했다. 이 두 문제가 민족주의와 보호주의를 야기할 수 있기 때문이다.

특히 소득불균형은 사회 불만을 일으키는 주요 쟁점이다. 미국에서 촉발된 '월가를 점령하라(Occupy Wall Street)' 시위는 '분노사회'의 상징이 되고 있다. 자본주의의 불공정, 지나친 소득격차에 대한 반발이 시위로 나타난 것이다.

라구람 라잔(Raghuram G. Rajan) 시카고대 교수는 "소득격차는 자본주의 시스템의 결과이기도 하지만 글로벌 마켓의 출현, 이노베이션, 신기술 개발 등이 심화시켰다"라며 "자본주의가 옳은가, 그른가를 놓고 논쟁을 할 게 아니라 혁신과 창의성을 어떻게 확보할 것인가를 놓고 진짜 논쟁을 해야 한다"라고 강조한다.

 해외 전문가에 듣는다-라구람 라잔 시카고대 부스경영대학원 교수

'다양성 모델'을 만들라

다문화(multi-culture), 다민족(multi-ethnics), 다인종(multi-race), 다종교(multi-religion)

우리는 이처럼 '다양성'의 시대에 살고 있다. 전 세계 2억 명가량이 '이주민'으로 살고 있다. 이제 새로운 패러다임은 '서로 다름'을 인정하고 공존하는 '다양성 모델'을 만들어낼 것을 요구하고 있다.

다양성은 국가는 물론 개인의 정체성에까지 영향을 미친다. 이는 지구촌의 새로운 도전과제가 되고 있다. 예를 들어, 필리핀 어머니와 한국인 아버지 사이에 태어난 아이는 언어적, 인종적, 문화적으로 한국인 부모 사이에서 태어난 아이와 전혀 다른 정체성의 세계에 살고 있다.

한국인과 결혼을 한 다국적 사람들이 급증하면서 한국사회도 '단일민족'의 외국인 배타적인 사고에서 벗어나 다양성을 받아들이고 인정해야 한다는 목소리가 높다.

이는 한국만의 문제가 아니다. 세계화의 물결을 타고 지구촌 곳곳에서 서로 이질적인 현상들이 하나의 사회현상으로 공존하고 있다. 새로운 변화와 발전 모델은 이 같은 다양성을 고려하지 않으면 안 된다. 클라우스 슈밥은 "지역사회, 지구촌이 함께(togetherness)라는 더 큰 세계주의 정신을 배양해야 한다"라고 강조한다.

호주는 1978년 유색인종에 대한 이민 제한으로 일할 노동력이 부족해지자 백호주의정책(유색인종 이민제한)을 공식적으로는 철폐했다. 대신에 유색인종에 대한 개방적 이민정책을 채택해, 아시아와 중동 및 아프리카인으로 구성된 복합문화사회(Multi Culture Society)를 만들었다.

미국 정부는 흑백 간 사회적 불평등과 부적응을 해소하기 위해 1965년 소수자 우대정책(Affirmative Action)을 도입했다. 이 정책 덕분에 인종 간 불평등과 사회적 편견을 깰 수 있었고, 소수자들도 미국 정계에 진출할 수 있게 되어, 오바마가 미국 제44대 대통령에 당선됐다.

세계 인구 35명 중 1명이 이민자일 정도로 지구촌 지도가 바뀌고 있다. 다양성을 인정하고 이를 받아들일 '다양성 모델'을 개발하는 것도 넥스트 패러다임이다.

 지식채널ⓔ (067) 피부색

 사회공동체-다문화 포용 {행복을 채워주는 사람} KOBACO 한국방송광고공사

 다문화-한반도 속의 다문화를 품어 더 큰 하나를 만드는 한국인

기부와 나눔을 제도화하라

"우리가 받은 선물이 크나클수록 사회를 위해 더욱 값지게 써야 할
책임감을 느낀다."

300억 달러를 기부해 1994년 '빌&멜린다 게이츠' 재단을 설립한
빌 게이츠 부부는 재산의 절반을 기부하면서 '사회적 책임감'을 이
야기했다.

게이츠는 2010년 버크셔 해서웨이의 회장인 워렌 버핏과 재산의
50%를 기부하기로 약속하자는 '더 기빙 플레지(The Giving Pledge,
기부서약, http://givingpledge.org)' 운동을 시작했다. 죽을 때 재산의
절반 이상을 공익재단이나 단체에 기부하겠다고 공개적으로 약속
하는 것이다.

이 프로그램에 따라 래리 엘리슨 오라클 창업자, 블룸버그 창업
자 마이클 블룸버그, CNN 창업자 테드 터너, 페이스북 공동창업자
마크 주커버그 등 69명이 기부를 약속했다. 버핏은 전 재산의 85%
인 374억 달러를 빌&멜린다 게이츠 재단에 넘겼다.

"내 재산의 1% 이상을 나 자신을 위해 쓴다고 더 행복해지거나 삶의
질이 높아지는 것은 아니다. 오히려 재산의 99%를 나눔으로써 다른
이들의 건강과 복지에 커다란 혜택을 줄 수 있다."

버핏의 철학이 담긴 말이다. 버핏은 부자증세, 즉 부자들에게 세금을 더 걷어 미국의 정부 재정을 튼튼히 해야 한다는 내용의 '버핏세'를 주장하고 있다. 부자가 좀 더 사회에 공헌할 수 있도록 해야 한다는 의미에서다. 그래서 사람들은 그를 오마하에 사는 현인이란 의미에서 'Oracle of Omaha'이라고 부른다.

한국의 사회복지공동모금회는 2007년 12월 1억 원 이상 고액기부자 모임인 '아너 소사이어티(Honor Society)'를 출범시켰다. 이후 130여 명이 기부대열에 합류했다.

'기부와 나눔'은 '분노의 함성'을 잠재울 중요한 요소임에 틀림없다. 또 인색한 세상을 탓하기보다 여기에 참여할 제도를 만들어야 한다.

개인도 목표를 세워 개인이 벌어들인 소득이나 자신이 가진 재능을 사회를 위해 돌려줄 수 있도록 개인별 '기부와 나눔' 목표를 설정해야 한다. 국가는 개인과 기업이 당당하게 '기부와 나눔'의 행렬에 동참할 수 있도록 이를 제도화해 국민적인 참여를 이끌어내야 한다.

Next
Paradigm

Part 7

넥스트 패러다임
- 미래경영, 리더들의 제언

01 글로벌 리더들의 통찰력

10대 제언에 귀 기울여라

지난 2011년 10월에 매일경제신문이 주최한 '세계지식포럼'에서 글로벌 리더들은 10대 제언을 쏟아냈다. 2008년 이후 계속된 글로벌경제위기를 극복하고 호황의 시대로 나아가려면 다음의 10가지가 시급하다고 한목소리를 냈다.

① 글로벌 리더십을 복원하라

2008년 금융위기를 예측했던 누리엘 루비니 뉴욕대 교수는 "위기 이후 세계경제를 글로벌 리더십이 실종된 'G제로' 시대"라고 규정한다. 미국발 금융위기가 발생했을 때는 G20 국가들이 글로벌 공조를 통해 리더십을 발휘했지만 2011년 유럽사태가 확산되면서 새로운 위기가 엄습하자 자국의 이익만을 앞세우면서 지구촌에 리더십이 실종됐다는 지적이다. 그는 "안타깝게 국제 공조가 필요한 많은 영역에서 글로벌 리더십을 찾아볼 수 없다"고 꼬집는다.

루비니 교수는 "따라서 글로벌 리더십을 복원하는 것이 현재의 경제위기에서 탈출할 수 있는 해법"이라며 각국 지도자들에게 '글로벌 리더십 복원'을 주문한다. 위기에는 난제를 풀고 방향을 제시할 리더십의 복원이 중요한 역할을 하게 된다.

② 돈을 더 풀어 자신감을 찾아라

석학들은 각국의 정부가 그동안 경기 부양을 위해 노력해왔지만 이것만으로는 부족하다고 진단했다. 새로운 경제위기를 극복하려면 또 다른 경기 부양책이 필요하다는 지적이다. 오바마 행정부에서 백악관 국가경제위원장을 지낸 래리 서머스(Lawrence Summers) 하버드대 교수는 "경기 부양만이 유일한 위기 탈출의 해법"이라고 강조했다. 그는 "재정 지출 확대(사회적 생산기반 건설), 감세 정책(소비 증대), 기업 투자 촉진(고용 확대) 등 '새로운 성장전략'이 필요하다"고 조언했다. 그는 "특히 미국경제위기는 과도한 자신감에서 비롯됐지만 위기를 극복해내려면 더 큰 자신감이 필요하다"고 강조했다.

③ '정실자본주의'를 버려라

미국 공화당 부통령 후보로 나섰던 세라 페일린(Sarah Palin) 미국 알래스카 전 주지사는 "월스트리트의 금융위기는 정실자본주의 때문이고 이것이 미국을 망쳤다"고 진단한다.

그는 "미국 기업들이 그동안 연구개발을 통해 혁신에 주력하기보다 브로커에게 돈을 줘서 문제를 해결함으로써 혁신을 등한시했다"라며 "이것이 미국을 위기로 내몬 원인 중 하나였다"라고 지적한다.

그는 이어 미국이 추구했던 '대형화(big)' 전략이 바람직하지 못했다고 강조한다. 미국이 그동안 큰 기업, 큰 정부를 추구한 결과 위기가 닥치자 위기 대처능력을 잃었다는 분석이다. 그는 좋은 조직이란 효율적으로 작동하는 조직이라고 강조한다.

Sarah Palin "Crony Capitalism" Tea Party of America Indianola Iowa

RCP – Palin On "Crony Capitalist" Politicians: "I'm Not For Sale"

④ FTA가 재도약의 해법이다

한·미 FTA를 진두지휘했던 김현종 삼성전자 사장과 김종훈 새누리당 의원, 카렐 드 휴흐트(Karel De Gucht) EU 통상부 집행위원, 스트로브 탤벗(Strobe Talbott) 미국 브루킹스연구소 소장 등은 FTA가 위기에 처한 글로벌경제를 재도약시킬 해법이라고 입을 모은다. 특히 탤벗 소장은 "경제 동맹은 한·미 관계를 한 단계 높이는 새 지평을 열어줄 것"이라고 평가한다.

전 일본 총무상을 지낸 다케나카 헤이조는 "미국·유럽과 FTA를 체결한 한국의 경쟁력이 일본을 앞서게 됐다"고까지 평가한다.

중국과의 FTA까지 체결된다면 한국경제는 확실한 재도약의 길로 들어서게 될 전망이다. 1992년 미국·캐나다·멕시코가 체결한 북미자유무역협정의 경우 전체적으로 무역이 급증했다. 북미자유무역협정의 수출 비율은 발효 직후인 1995년 46%였으나 2003년에는 56.1%로 증가했다. 개도국인 멕시코의 경우 대미 수출이 1993년 400억 달러에서 2003년 1,390억 달러로 크게 증가했다.

⑤ 시장 만능주의를 추방하라

무엇이 시민을 분노하게 만들었나. 마이클 샌델 교수는 비시장 영역에까지 시장주의를 도입해 문제를 해결하려 했던 '시장 만능주의'가 실패해 시민을 분노하게 했다고 질타한다.

세계경제가 지난 30년간 교육, 법률, 보건, 환경 등 비시장적 가치의 영역까지 시장원리를 도입하는 오류를 범해 시장의 실패를 만들었다는 지적이다. 그는 "따라서 시장에 정의를 구현하려면 시장원리를 적용할 부분과 적용해선 안 될 부분을 구분해야 한다"라고 주장한다.

⑥ 아이들의 자유·창의성 교육에 힘써라

'타이거 맘' 열풍을 일으켰던 에이미 추아(Amy Chua) 예일대 교수는 동서양 교육의 장점을 채택해 균형 잡힌 아이 교육을 하라고 주문한다.

추아 교수는 한국의 타이거 맘들을 향해 "아이에게 좀 더 많은 자유를 제공해 다양한 선택 기회를 주고 창의적으로 자랄 수 있도록 도와야 하며, 나아가 아이들의 행복에 더 많은 신경을 써야 한다"라고 강조한다.

그는 "서양식 교육은 아이들에게 너무 많은 자유를 주기 때문에 문제"라며 "따라서 한국 엄마들은 엄격하고 규율 있게 아이를 지도하는 기존 가치를 유지하되, 아이들에게 자유를 주고 창의성을 키우는 서구의 교육방식을 본받아야 한다"라고 조언한다

⑦ 중국은 소비를 2배로 늘려라

2010년 노벨 경제학상 수상자인 크리스토퍼 피사리데스(Christopher Pissarides) 런던정경대 교수는 현재 미국이 세계경제회복을 위해 할 수 있는 일은 한계에 봉착했다고 진단한다. 그는 "따라서 글로벌경제가 빠른 속도로 회복되려면 중국의 소비가 현재 중국 국내총생산 대비 35% 수준에서 70~80% 수준으로 늘어나야 한다"라고 강조한다.

그는 또한 "유럽의 경제위기는 각국이 재정적으로 통합되지 않아 자국의 이익을 우선시했기 때문"이라고 말하며, "유로존이 붕괴하지는 않을 것"이라고 전망한다.

그는 미국의 위기는 정치 때문에 악화됐다며 위기에는 정치권과 행정부가 긴밀히 협력하는 것이 중요하다고 강조한다. 전통적으로 협조적이었던 미국 의회가 위기 이후 행정부와 적대적인 관계로 변해 사태수습을 어렵게 한다는 분석이다.

⑧ 대륙 간 성장협정을 맺자

고든 브라운 전 영국 총리는 글로벌경제가 새로운 번영의 시대를 열려면 지난 세기에 미국·유럽이 해왔던 생산과 투자, 소비 기능을 이제는 아시아 등 나머지 국가들이 맡아야 한다고 강조한다. 그는 "지난 150년간 미국·유럽 두 대륙이 전 세계 생산, 소비, 투자를 절반 이상 맡았던 것은 비정상적인 시대였다"며 "이젠 나머지 대륙이 이 일을 떠안아야 한다"고 강조한다.

그는 이를 위해 "미국과 유럽이 경기 부양과 구조조정에 나서고, 나머지 국가가 생산, 투자, 소비를 통해 글로벌 성장을 이끄는 '글로벌 성장 협정(Global Growth Pact)'을 맺어야 한다"라고 제안한다. 또 국제적인 공조(cooperation)만이 글로벌경제위기를 극복하는 유일한 해법이라고 강조한다.

 Dalian 2011 – Governing Global Growth: The New Context

 Davos Annual Meeting 2009 – Reviving Economic Growth

⑨ 상향식 '창조혁명이' 필요하다

석학들은 여전히 '창조성(creativity)'을 매우 중요한 우리 시대의 키워드로 간주한다. 한스 파울 뷔르크너(Hans Paul Buerkner) 보스턴 컨설팅그룹 회장은 "개인이 창조성과 혁신, 힘을 발휘하는 상향식 (bottom-up)사회로 변했는데, 사회는 여전히 하향식(top-down)으로 일을 처리한다"라며 이를 바꿔야 한다고 조언한다. 이어 "기업은 5% 성장이 아닌 '50% 성장식'으로 기대치를 높여라"라고 말한다.

데니스 낼리(Dennis Nally) 프라이스워터하우스쿠퍼스(PwC; PricewaterhouseCoopers) 회장도 "기존의 하향식 관리 시스템에서 전환해 조직 하단부에서 올라온 정보가 의사결정에 반영되는 상향식 시스템을 만들어 창조성이 꿈틀거리게 만들라"라고 조언한다.

Davos 2012 – Hans-Paul Büerkner

[Hello CEO] 데니스 낼리 프라이스 워터하우스 쿠퍼스(PwC) 회장

⑩ 열린 아시아 시대를 준비하라

마에하라 세이지(前原誠司) 일본 민주당 정책조사회장은 한 · 중 · 일이 앞장서서 '열린 아시아 시대'를 열어야 한다고 강조한다. 그는 "지역 안정과 경제 발전을 위해 한 · 중 · 일이 협력해 '열린 아시아'

를 위한 토대를 만들어야 한다"라며 "이를 위해 한 · 중 · 일 협력은
물론 한 · 일 FTA를 이른 시일 내에 체결해야 한다"라고 촉구한다.

그리고 현재의 비정상적인 초엔고 현상에 대한 입장도 분명히 밝
혔다. 그는 "초엔고로 인해 일본경제에 위기감이 커지고 있다"라며
"초엔고를 활용해 국외 자원과 기업을 인수하는 한편 수출 경쟁력
을 확보하기 위해서는 엔고현상을 차단해야 한다"고 강조한다.

 Video Highlight: Statesmen's Forum: Seiji Maehara, Minister

성공의 함정에서 빠져나와라

해당 산업의 새로운 패러다임을 만들어냈던 전설적인 기업 GM, 코
닥, 몬산토(Monsanto) 등의 몰락과 구글, 애플 등 기업의 새로운 승
자들의 부상은 어떻게 이루어졌을까? 세계 500대 기업 중 7년 만
에 사라진 기업의 수는 무려 30%에 달한 것으로 조사되고 있다
(2000년 기준). 기업들의 흥망은 왜 이처럼 쉽게 결정되는가?

조직이론의 대가 제임스 마치(James March) 교수는 '경영 패러다
임의 위기' 때문이라고 진단한다. 문화와 기술, 트렌드의 진화를 기
업들이 신속하게 반영하지 못한 채 과거의 경영 패러다임에 구속되
어 기업경영의 틀을 새로운 패러다임으로 전환하지 못해 발생하는

시대착오적 경영 때문이다.

이른바 '석세스 트랩(Success Trap, 성공의 덫)'이 기업을 위기로 내몰게 된다. 석세스 트랩이란 한 기업을 성공으로 이끌었던, 이미 증명된 성공 방정식에 집착하는 것을 말한다. 마치 교수는 "많은 기업들이 기존의 성공 방정식에 따라 잘되는 것만 추진한다면, 상황이 변해 그 방정식이 통하지 않는 급진적인 변화에 직면했을 때 그대로 무너지게 된다"라고 경고한다. 한마디로 과거의 성공요인이 기업을 망하게 하는 위기요인이 될 수도 있다는 경고다. 이는 개인은 물론 조직과 기업, 정부 모두에게 해당하는 말이다.

James G. MARCH, Emeritus Professor at Stanford

3Re로 미래를 디자인하라

2010년 전 세계 정치와 경제 분야 글로벌 리더들의 연례 모임인 다보스포럼은 '3Re'로 미래를 다시 디자인하라고 조언한다.

3Re는 세계의 미래를 다시 생각하고(Rethink), 다시 디자인하고(Redesign), 다시 건설하라(Rebuild)는 메시지다.

Videos : World Economic Forum Annual Meeting 2010

① Rethink(다시 생각하라)

어떤 관점에서 어떻게 생각하느냐에 따라 결과가 달라진다. 1991년 일본 아오모리현에 태풍이 강타했다. 가장 피해가 컸던 곳은 수확을 눈앞에 뒀던 사과 농가였다. 90%에 가까운 사과들이 땅에 떨어져 시장에 내다 팔 수 없게 됐다. 많은 농민들은 태풍을 원망하며 슬픔에 젖어 있었다. 그때 한 농부가 생각했다.

'태풍에도 떨어지지 않는 사과라! 떨어지지 않고 나무에 매달려 있는 나머지 10%의 사과로 고수익을 낼 수 있는 방법은 없을까?'

불현듯 일본의 대입 수험생들을 떠올렸고, 이에 태풍에도 떨어지지 않는 사과를 '합격사과'라는 브랜드를 달아 비싼 값에 팔기로 했다. 결과는 대성공이었다. 포럼은 이처럼 현재의 좋지 않은 상황을 개선하려면 전혀 다른 관점과 생각으로 접근해 새로운 해결책을 찾아내야 한다고 촉구한다.

 '아오모리의 사과'가 '세상을 바꾼 4번째 사과'인 이유는?

② Redesign(다시 디자인하라)

브라질의 리우데자네이루에서 남서쪽으로 약 800km 떨어진 쿠리치바는 특색 없는 평범한 도시다. 그럼에도 '꿈의 희망 도시'라는 명성을 얻고 있다. 〈타임〉은 '지구에서 환경적으로 가장 올바르게 사는 도시'라고 호평했고 로마클럽은 '희망의 도시'라고 명명했다. 이 같은 찬사의 비밀은 무엇일까?

필자는《명품도시의 탄생》(2009)에서 "도시의 100년 뒤 미래를 겨냥한 창조적 재디자인과 재설계에 그 비밀이 있었다"라며 "풍요로운 도시(豊), 융화로운 복지·글로벌도시(和), 품격의 도시(格), 풍·화·격의 3박자를 갖추기 위한 도시경영 철학으로 도시를 재무장했기 때문"이라고 분석했다.

쿠리치바는 1950~60년대 초까지만 해도 급속한 인구 증가와 도시환경 문제로 고통받던 환경파괴도시였다. 하지만 1962년에 건축가 자이메 레르네르(Jaime Lerner)가 시장에 당선되면서 도시 자체를 재설계해 '꿈의 생태도시'로 재건시켰다. 관료제의 낡은 관행을 벗어던지고 시민과의 토론을 통해 도시 자체를 다시 디자인한 것이다.

다보스포럼은 국가·개인·기업 그리고 조직 간의 바람직한 협력 체계와 구조를 재설계해 보다 나은 지구촌의 생존여건을 만들 것을 촉구한다.

Cities in Focus ǀ Curitiba, Brazil

③ Rebuild(신뢰와 자신감을 재건하라)

세상의 모든 일은 관계에서 시작된다. 끊어진 관계를 다시 연결하고 소원해진 관계를 끈끈하게 연결시키는 것이 개인과 조직의 미래를 밝게 한다.

다보스포럼은 이런 측면에서 위기 이후 가장 시급한 지구촌의 과제는 '신뢰(trust)와 자신감(confidence)'을 재건하는 일이라고 강조한다. 특히 잃어버린 자신감을 회복하는 일은 무엇보다 중요하다.

고객이 기업을 믿지 못하고 상사가 조직원들을 신뢰하지 못한다면 조직과 사회는 제대로 작동하기 힘들다. 글로벌경제위기로 지구촌의 모든 상황이 예전보다 나빠진 게 사실이다. 신뢰를 형성하고 자신감을 회복해야 바람직한 미래를 설계할 수 있다.

 Davos Annual Meeting 2008-Believing in the Future

 미국 Rebuilding confidence-How You Will Benefit From Health Insurance Reform

'지구촌 1순위' 일자리 창조 모델을 만들라

"2020년까지 지구촌은 극심한 저성장에 직면한다. 리더들은 어떻게 성장할 것인가를 고민하고 정부는 어떻게 일자리를 창출할 것인가를 연구하라."

지난 2012년 1월에 열린 다보스포럼 연차총회 폐막 때 글로벌 리더들이 한결같이 '청년 일자리' 창출을 과제로 제시했다.

비크람 판디트(Vikram Pandit) 씨티그룹 최고경영자는 "위기 이후 기업과 정부가 최우선으로 해야 할 일은 일자리를 창출하는 것이며 성장하는 방법을 찾아내는 것이다"라고 강조한다.

폴 폴먼(Paul Polman) 유니레버 CEO는 "세계 경제성장률이 점점 둔화되고 있으므로, 2억 명이 일터로 들어올 수 있도록 고민해야 한다"라고 말한다. 생산성은 여전히 지속가능한 진전을 이뤄내고 있지만 실업률이 치솟고 있기 때문이다.

저성장경제에서 2020년까지 어떻게 일자리를 창출할 것인가? 글로벌 리더들은 1인 기업 활성화(Self-employed 혹은 Micro-entrepreneurship)를 대안으로 제시한다. 일자리 창출을 1인 기업으로 전환해 개개인들의 창조적 역량을 높일 때 미래세계는 더욱 역동적인 사회로 변할 수 있다는 조언이다.

이를 위해 사회는 근본적으로 변하지 않으면 안 된다. 우선 교육

시스템을 바꿔야 한다. 과감하게 리스크를 거는 기업가 정신을 배양하고 양성평등이 이뤄지도록 해야 한다.

다음 10년간 수천만 명이 일자리시장에 들어올 예정이다. 게다가 기술이 발달돼 효율성이 더욱 향상되고, 생산성이 늘어난 일자리 창출은 힘들어질 전망이다. 따라서 개개인이 스스로 1인 기업을 만들어 더 큰 가치를 새로 만드는 데 참여할 수 있도록 해야 한다.

이는 산업 모델의 변화를 요구할 것이다. 그러므로 급진적인 변화의 충격을 완화하려면 젊은이들 스스로 일자리를 창출하는 능력을 갖도록 해야 한다.

2020년까지 저성장이 '뉴 노멀'이 될 지구촌은 일자리 창출을 넥스트 패러다임으로 요구할 것이다. 정치 지도자들도 '일자리 창출'을 넥스트 패러다임의 제1순위로 놓아야 할 것이다.

 Africa 2012 – Accelerating Job Creation

 The Small Business Consultancy – about us and the E=MC2 Programme

 TEDxWallStreet – Sergio Fernández de Córdova – Media as the New Currency

 Davos 2011 – Muhtar Kent, CEO, Coca-Cola

성공을 넘어 위대함을 창조하라

"위대한 장수기업을 세우겠다는 생각으로 비즈니스 모델을 개발하라."

세계적 석학 짐 콜린스는 "한때 미국에는 벤처 붐이 일면서 기업을 '빨리 만들어 넘기기' 열풍이 불었다"며 "이것은 잘못된 것"이라고 경고했다. 그는 '고귀한 것은 없을까? 영원한 것은 없을까? 지속적인 것은 없을까?'를 생각해서 디즈니, GE, HP, IBM, 월마트와 같은 장수기업의 비밀을 배우라고 말한다. 이들 기업의 공통점은 우리 사회에 고귀한 가치를 구현해주고 있다는 점이다.

위대한 장수기업의 본질은 비용삭감, 구조조정, 순이익에 있는 것이 아니라 돈 버는 것 이상의 중요한 가치를 기업을 통해 실현하는 데 있다. 따라서 짐 콜린스는 "우리는 세상에 무엇을 남기고 갈지 고민해야 하며 단순히 오래 유지되는 기업을 만드는 것을 넘어 지속할 가치가 있는 것을 이룩하기 위해 노력해야 한다"라고 말한다.

미래예측경영에 목숨 걸라

1968년 당시 세계 석유시장은 매우 안정돼 있었다. 유가 폭등이나 폭락과 같은 우려가 전혀 없었다. 수년간 안정적인 가격대를 유지해왔기 때문이다. 그런데 미국의 정유회사 로열더치셸(Royal Dutch

Shell)의 런던 지사에 근무하던 한 직원은 본사에 석유 위기가 올 수 있다는 내용의 보고서를 올렸다. 이에 대한 근거로 미국의 석유 비축량이 갈수록 줄고 있고 산유국들이 서방세계가 이스라엘을 지원하는 것에 반발해 정치적 결속을 강화할 것이라는 분석을 제시했다.

이 보고서를 접한 본사는 특별한 지시를 내렸다. 향후 석유값의 동향을 예측하는 시나리오를 만들라는 것이었다. 현 상태의 석유값이 얼마나 오래 유지될 것인지, 석유값이 폭락할 기미는 없는지, 아니면 폭락이 예상되는지 등 다양한 가상 시나리오가 만들어졌다. 동시에 시나리오에 맞춰 어떻게 기업경영전략을 세울 것인지에 대한 세부 대응 방안까지 수립됐다.

다양한 시나리오를 갖고 미래경영을 준비하던 로열더치셸은 결정적으로 석유수출국기구인 OPEC의 감산 움직임에 주목했다. 그리고 석유 감산이 가져올 최악의 유가 폭등 시나리오를 수립했다.

결국 로열더치셸의 예상대로 1973년 10월 중동전쟁의 발발과 함께 석유파동이 발생했다. 누구도 예상치 못했던 전 세계적인 에너지 위기가 발생하자 다른 정유회사들은 속수무책이었다. 하지만 오일쇼크를 예상했던 로열더치셸은 흔들림이 없었고, 위기가 끝나자 업계 최하위였던 로열더치셸은 업계 2위 자리에 올라 있었다.

이 같은 사례를 통해 우리는 미래예측이 얼마나 중요한지 깨달을 수 있다. 미래예측은 위기의 시대를 슬기롭게 돌파해내는 데 필요한 강력한 도구이다.

불가능한 목표를 설정하라

세계 최고의 항공서비스로 평가받는 말레이시아항공의 CEO인 이 드리스 잘라(Idris Jala)는 CEO의 리더십이 조직 혁신에 얼마나 큰 역할을 하는지 잘 보여준다.

그는 조직의 변화를 이끌어내기 위해서는 '협력적 기획'이 가장 중요하다고 강조한다. 2005년 잘라가 CEO로 임명됐을 때 회사에 는 4개월을 버틸 정도의 현금밖에 없었다. 그는 손익계산서를 철저 히 따져본 뒤 남들이 보기에 도무지 달성하기 힘들 것만 같은 회생 계획을 세우려 했다. 그리고 이 위기를 극복해낼 회생 계획을 직원 들 스스로 찾아보도록 했다.

회생 계획을 만들어내기 위해 직원들 스스로 회사의 수익 창출을 막는 노선, 즉 항로들의 문제점을 찾아내도록 했다. 스스로 문제점 들을 찾아내자 어떤 방식으로 이를 해결할 수 있는지에 대한 아이 디어까지 내놓게 됐다. 회사가 해결할 수 없는 문제도 직원이 스스 로 찾아내 해결함으로써 회생에 성공할 수 있었다.

어려운 경영 상황에서 기업이 회생 발판을 마련하는 것은 쉽지 않은 일이다. 맥킨지 조사에 따르면 기업혁신 프로그램의 성공 확 률은 40%도 안 된다. 맥킨지는 조직 혁신에 성공하려면 명확하고 도전적인 목표 설정이 가장 중요하다고 강조한다. 또한 문제점을 개선하는 정도의 '방어적 혁신'보다 성과를 높이고 성장을 이끌어 내는 공격적인 '점진적 혁신'이 조직의 변신에 훨씬 효과적이라고 말한다.

맥킨지는 조직 혁신을 디자인하는 데에는 다음의 네 가지 요소가 필수적이라고 말한다.

- 열망(잘 정의된 도전적 목표)
- 리더십(CEO의 현장 지휘)
- 프로세스(조직 혁신)
- 에너지(직원의 오너십)

맥킨지는 "21세기를 지휘하는 경영자는 회사가 직면하고 있는 현실을 직원에게 정확히 알리고 달성하기 힘든 '도전과제'를 설정해 조직을 이끌라"고 말한다.

 World Business: Interview with Idris Jala

 Webisode 5: Collective Leadership: Function Like a Football Team by DS Idris Jala

 "Meet Idris Jala" event ending performance by Dato' himself!

코드를 읽어야 한다

세계적 베스트셀러 《컬처 코드》의 저자, 클로테르 라파이유 ADW (Archetype Discoveries Worldwide) 회장은 문화를 제대로 읽어내는 기업이 성공한다고 말한다. 그가 말하는 컬처 코드란 사회구성원에 의해 학습되고 무의식적으로 공유되는 가치를 말한다. 이것은 기술, 경제, 사회조직, 정치, 종교, 언어 등 우리의 일상생활에 침투되어 있어 우리의 의식을 지배하고, 다음 세대로 고스란히 전달되는 속성이 있다.

라파이유는 사람들이 자신이 사는 곳의 환경에 적합한 삶의 방식을 선택해 살아남는 것처럼, 기업들도 사회가 요구하는 문화 코드를 찾아내야 성공할 수 있다고 강조한다. 이 가치는 자동차와 음식, 관계, 나라 등 다양한 대상에 포함되어 있어 21세기의 기업 활동에서 고려해야 할 필수불가결한 요소가 됐다. 해외 진출 기업이 현지화 전략을 펼 때 문화 코드를 이해하지 못한 채 성공하기는 힘들다는 지적이다.

노벨 생리·의학상 수상자 콘라트 로렌츠(Konrad Zacharias Lorenz)는 문화 코드를 읽는 데 있어 '각인'이라는 키워드를 처음으로 제시했다. 흔히 사람들이 이성적이고 합리적으로 행동한다고 생각하지만 그렇지 않다는 것이다. 예를 들어, 오리는 처음 눈에 띈 물체를 엄마로 알고 따르게 된다. 사람들도 마찬가지로 이 같은 각인이 있어 컬처 코드의 지배를 받는다.

컬처 코드의 예를 살펴보자. 미국인들이 왜 야구에 열광하는지를 이해하려면 미국인의 속성을 이해할 필요가 있다. 미국은 유럽 이민자들이 일군 나라로 이들에게 가장 중요한 것은 집(home)이다. 모든 것을 포기하고 신세계로 온 이들이 돌아갈 곳은 집밖에 없기 때문이다. 이 같은 속성 때문에 미국인들은 점수를 내기 위해 홈으로 돌아가야 하는 야구에 열광하게 된 것이다.

아름다움에 대한 생각도 나라마다 다르다. 프랑스 여인들은 화장을 하는 데 많은 시간이 걸리고 영국 여자들은 금세 끝난다. 왜일까? 프랑스인들은 화장한 얼굴을 그다지 좋게 받아들이지 않는다. 이 때문에 프랑스 여성은 화장을 안 한 것처럼 보이게 하기 위해 화장대 앞에 앉아 두 시간 이상 화장을 고치는 경향이 있다. 반면에 영국인들은 짙은 화장을 좋아한다. 여성은 당연히 짙은 화장으로 거리를 활보하게 된다.

라파이유는 이 같은 컬처 코드에 이어 '글로벌 코드'를 제시한다. 최근 저서 《글로벌 코드》에서 라파이유는 "기업들은 이제 지역 중심의 컬처 코드를 넘어 세계 어디서나 통하는 '글로벌 코드'를 찾아내 승부해야 한다"라고 말한다.

글로벌 코드란 전 세계에 공통적으로 통하는 공유가치로, 그는 이 글로벌 코드가 21세기 마케팅의 화두가 될 것이라고 단언한다. 전 세계가 하나의 문화경제권이 되면서 글로벌 소비자들이 생각하는 가치가 비슷해지고 있기 때문이다. 비행기의 1등석을 탈 때 소비자들은 무엇을 생각할까?

라파이유는 '최상의 서비스를 생각한다'가 정답이라고 말한다. 그런데 해당 항공사가 고객의 기대와는 전혀 다른 서비스를 제공한다면 이 기업은 '글로벌 코드'를 이해하지 못하고 있는 것이다. 그는 "기업이 서비스 질을 높이기 위해 무한정 비용을 투입하는 일은 어리석은 일이지만, 다른 기업들이 제공하는 서비스의 표준을 맞추는 최소한의 노력이 필요하다"라고 강조한다.

정부 역시 '글로벌 코드'에 대한 이해도를 높여야 한다. 글로벌 도시들의 경쟁이 심해지면서 다양한 혜택을 제공해 이민자들을 끌어들이고 있기 때문이다. 예를 들어, 싱가포르, 홍콩, 몬테카를로 등 일부 도시국가들은 글로벌 코드를 잘 읽어 '허브에 사는 사람들(허버, Huber)'이란 새로운 인류를 만들어내 성공했다. 깨끗하고 쾌적한 환경, 낮은 세금 등 다른 도시보다 더 나은 조건의 삶을 제시해 세계의 부유층들을 끌어들이는 데 성공했다. 라파이유는 따라서 정책을 만들어내는 정부나 정치인들조차 글로벌 코드를 제대로 이해해야 부자나라를 만들 수 있다고 말한다.

그가 말하는 국민이란 정부 예산에 기여하는 납세자와 기업들로, 이들은 더 큰 이익이 뒤따르는 곳으로 언제든지 이동할 가능성이 높다. 라파이유는 "도시국가들의 성공비결은 굉장히 간단하다"면서 "깨끗하고 규율이 있고 세금이 낮다는 단순한 원칙을 지켰기 때문이다"라고 말한다.

 Culture Code

 Why people around the world buy as they do

 컬처 코드 한국 사례 – 소셜 다이닝, 한국인의 밥에 대한 컬처 코드 '관계'에 주목하라

바닥으로의 질주를 차단하라

고든 브라운 전 영국 총리는 "위기 이전의 세계 각국은 '바닥으로의 질주(Race to the Bottom)'에 매달려 위기를 키웠다"며 "위기 이후 정교한 위기경보 시스템을 만들어야 한다"라고 강조한다.

세계화 추세 속에 국가 간 경쟁이 심화되면서 각종 기준과 규제를 비정상적으로 완화해 문제를 키웠다는 진단이다. 규제를 낮춰 비용을 줄이기 위한 시도는 좋지만 이로 인해 예상치 못했던 부작용을 초래했다고 지적한다. 이제 각국 정부는 금융 분야의 기준을 충족시켜, 고객들의 피해를 최소화해야 한다는 게 브라운 전 총리의 조언이다. 장기적인 관점에서 무역과 자본 흐름이 세계경제의 흐름을 방해하지 않도록 해야 한다는 것이다.

또한 투기적인 움직임에도 불구하고 시장이 올바른 방향으로 갈 수 있도록 영리한 규제를 만들어내야 한다고 지적한다. 브라운 전

총리는 "2008년 글로벌 금융위기 이전까지 우리는 금융 분야가 일으키는 위협을 알지 못했다"며 "이는 그동안 경고 시스템이 없었기 때문에 위기를 제어할 수 없었다"라고 진단한다.

위기 이전 상황을 생각해봐야 한다. 전 세계가 규제 완화를 경쟁적으로 추진하면서 무한한 규제 완화가 가져다줄 파괴적인 위험요소를 간파하지 못해 규제 완화를 택했다. 그러나 결국 그것이 부메랑이 되어 지금 우리가 겪고 있는 '글로벌 금융위기'라는 직격타가 된 것이다.

02 미래경영 성공해법

블랙 스완 시대의 생존법을 기억하라

나심 니콜라스 탈레브 교수는 "현대사회는 인터넷과 세계화라는 두 가지 요소 때문에 리스크가 어마어마하게 커졌다"라고 진단한다.

여러 변수가 서로 연결되어 있고 이로 인해 복잡성이 커졌기 때문에 블랙 스완과 같은 극단적인 상황이 발생할 가능성도 높아졌다고 보는 것이다.

탈레브 교수는 "따라서 역사적 사실이나 데이터 분석만 믿고 순진하게 행동해서는 안 된다"라면서 블랙 스완 시대에 살아남기 위한 생존법 4가지를 제시한다.

첫째, 과거 역사나 데이터를 통해 도출한 '모델'이나 '이론(theory)'을 믿기보다는 경험을 믿어야 한다는 것이다. 복잡한 현상을 압축적으로 설명하는 모델이나 이론만을 믿고 자만하는 것은 매우 위험하다는 지적이다. 잘못된 믿음은 파멸을 불러올 수 있기 때문이다.

코끼리 조직을 분석해보면 '경험'의 소중함을 쉽게 이해할 수 있다. 코끼리는 최고령 암컷에게 권위를 제공한다. 최고령 연장자가 갖고 있는 머릿속 경험과 직관을 매우 중시한다는 것이다.

탈레브 교수는 '무엇을 하라(Do)'보다 '하지 말라(Do not)'는 부정적 조언(negative advice)이 블랙 스완 시대의 두 번째 생존법이라고 강조한다. 예를 들어, '담배를 끊으라'라는 말 한마디가 의료 기술 관련 데이터보다 더 많은 생명을 구할 수 있다는 것이다. 탈레브 교수는 이처럼 단순 명쾌한 메시지일수록 효과를 발휘한다고 강조한다.

셋째는 리스크가 엄습해올 가능성에 철저히 대비하라는 것이다. 탈레브 교수는 "기업도 보험에 가입하지 않고 4달러를 버는 곳과 보험에 가입하고 2달러만 버는 곳을 비교해보면 후자가 훨씬 낫다"며 "기업경영을 위협할 다양한 리스크에 대비하는 유비무환 경영을 하라"고 말한다.

넷째로 필요한 생존법은 실수를 통해 배우고 실수를 피하는 것이라고 조언한다. 한꺼번에 대박을 터트리려는 전략보다는 실수를 피하고 줄이는 게 결과적으로 이득이라는 것이다.

21세기 창조경영 시대에는 트렌드부터 주도하라

20세기에 정립된 낡은 경영 관행을 뒤로하고 21세기형 창조경영 시대를 열려면 어떻게 해야 할 것인가? 글로벌 석학들은 《경영의 창조자들(Fast Company's Greatest Hits)》(2007)에서 디지털화, 세계화, 민주화의 3가지 커다란 트렌드를 읽을 필요가 있다고 조언한다.

첫째, 급격한 기술발전에 따라 컴퓨터 사용이 개인적이면서 동시에 사회적인 현상으로 확산되고 있다. 이러한 디지털화의 트렌드를 경영자들은 기업경영에 효율적으로 접목하는 지혜가 필요하다.

둘째, 전 세계가 하나의 시장이 되고 있다. 경영자들은 지구촌의 관점에서 생각을 하고 전 세계로부터 지식과 아이디어를 받아들이는 세계화 전략을 강구해야 한다.

셋째, 권력분산이 빨라지고 있다. 경영자들은 권력분산 시대에 맞춰 새롭게 재편되는 권력 민주화의 트렌드를 정확히 읽어낼 필요가 있다. 권력의 주체가 개인, 소비자로 이동하고 있기 때문이다.

 Old economic growth model a 'global suicide pact', warns UN chief

'글로벌 성장 협정'을 맺자

"지금 우리에겐 새로운 '글로벌 성장 협정'이 필요하다. 아시아가 소비를 통해 성장을 이끌고, 미국과 유럽이 경기부양과 구조조정에 나서면 전 세계는 다시 '성장의 선순환'을 탈 수 있다."

글로벌 금융위기를 푸는 해법에 대한 고든 브라운 전 총리의 진단이다. 그는 2008년 발생한 글로벌 금융위기를 세계화 이후 발생한 진정한 의미의 첫 번째 위기이자 제1차 산업혁명 이후 가장 중요한 대변혁의 시점이라고 진단한다.

위기 상황에서 가장 현명한 해법은 무엇일까? '협력(cooperation)'하는 것이다. 브라운 전 총리는 "인류는 새로운 역사의 장을 쓸지, 아니면 1930년대 대공황 때처럼 큰 상처만 남기는 보호주의로 후퇴할지 선택의 기로에 섰다"라며 "세계가 함께 생존하기 위한 최선책은 상호의존성, 즉 공조를 재인식하는 것"이라고 강조했다. 개별국가가 탈동조화와 보호주의에 빠져 각자의 이익을 추구해선 안 된다는 경고다.

이에 대한 해법이 '글로벌 성장 협정'이다. 지난 150년의 지구촌 역사를 보면 우리는 매우 기형적인 사회에서 살아왔다. 전 세계인구의 11%에 불과한 유럽과 미국, 두 대륙이 150년 넘게 세계경제의 생산, 소비, 투자를 절반 이상 떠맡아왔다. 이는 매우 기형적이며 나머지 신흥국가들이 반성해야 할 대목이다.

브라운 전 총리는 "따라서 늙은 대륙이 지친 몸을 달래는 동안 아시아 등 나머지 젊은 대륙이 세계경제를 이끄는 주축으로 등장해야 한다"라고 강조한다. 그는 이어 "앞으로 15년 내에 아시아가 세계경제를 이끄는 것을 목도하게 될 것이다"며 패러다임의 급속한 변화를 예견한다.

어떻게 '글로벌 성장 시스템'을 구축할 것인가? 고든 브라운 전 총리는 "균형 잡힌 '글로벌 성장 시스템'을 다시 구축하려면 '미국 · 유럽 대(對) 나머지 국가'의 역할을 재정립해야 한다고 역설한다.

아시아가 소비를 통해 성장을 이끌고, 미국과 유럽이 경기부양과 구조조정에 나서면 전 세계는 다시 '성장의 선순환'을 탈 수 있다는 진단이다. 또 유럽과 미국은 '신뉴딜정책'으로 불릴 만큼 강력한 경기부양책을 쓰는 동시에 강도 높은 금융시장 구조조정을 단행하면 세계가 다시 성장궤도로 올라설 수 있다고 진단한다.

 New World Order Emerging – Unelected Dictator Brown

 Gordon Brown: Wiring a web for global good

03 미래경영 핵심 키워드

기업 유연성을 키우는 '시나리오경영'

21세기 경영은 불확실성 그 자체다. 이 같은 경영환경에서는 비즈니스 업계의 환경 변화를 예측해 위기상황에 대비하거나 호황을 준비하는 '시나리오경영'이 기업의 유연성을 키우는 데 커다란 도움을 준다. 여러 가지 중 어떤 선택을 하느냐에 따라 기업의 운명이 달라지듯, 기업들은 앞으로 다가올 불확실한 경제 요인과 환경 변화에 대해 다양한 전략을 갖고 있어야 한다.

글로벌경제가 어느 정도의 속도로 살아날지, 고객의 소비 패턴이 어떻게 변할지, 업계 판도가 어떻게 바뀔지, 저탄소·녹색성장 시대는 진짜 도래하는지 등 기업과 조직은 다양한 각본을 갖고 있어야 한다.

나아가 기업과 조직 내에 우발적인 사태가 발생할 것에 대비한

컨틴전시 플랜(Contingency Plan, 비상경영계획)을 수립해야 한다. 전쟁이나 대규모 노사 분규, 유가 파동, 자연재해, 정책 변화, 환율 급변, CEO의 사망 등 돌발 사태는 기업경영을 위기로 내몰 수 있기 때문이다. 컨틴전시 플랜은 시나리오경영을 발전시킨 것으로 최악의 상황을 가정한 경영 시나리오다.

세계적 컨설팅회사인 맥킨지는 불확실성 속에서 승리하는 기업을 만들려면 반드시 '시나리오경영'을 하라고 조언한다. 현재의 경제 및 경영환경에 어떤 변화가 있을지를 예견하는 다양한 시나리오를 만들어 최적의 해법으로 대응하는 지혜를 발휘하라는 것이다.

'마케팅의 아버지'로 불리는 필립 코틀러(Philip Kotler)도《카오틱스(Chaotics)》(2009)에서 지속적인 생존과 성장을 이어가려면 위험을 미리 알아내는 조기경보 시스템과 최악과 최상을 가정한 시나리오를 구축해, 가장 현실성 있는 대응 시스템으로 위기에 탄력적으로 대응해야 한다고 강조한다.

시나리오경영이란 미래에 일어날 수 있는 경제 상황에 대해 가상의 시나리오를 만들어 불확실한 미래에 대비하는 경영전략이다. 제2차 세계대전 중 미국 공군이 적군의 행동을 예상해 작전 계획을 세우는 데 사용했던 군사기법 중 하나로 전쟁 후 군대의 참모들이 민간기업에서 활동하면서 기업경영에 활용되기 시작했다.

맥킨지는 최적의 '경영 시나리오'를 짜려면 소비자신뢰지수

(Consumer Confidence Index)[a]의 변화, 정부정책, 글로벌 자본시장의 변동성, 환율 변동성, 종교전쟁, 원자재 파동, 패러다임 변화 등 예측하기 힘든 다양한 변수들을 점검하는 시스템을 갖추라고 말한다. 이어서 위기 이후 다가올 경기 상승에 주목하라며 가치 창출을 극대화하려면 기다리지 말고 인수·합병과 전략적 투자를 먼저 결정하라고 권고한다.

가장 완벽한 투자 결정을 위해 100% 확신할 수 있는 바닥신호를 기다리는 것은 무모한 일이라는 지적이다. 그만큼 현명한 결정을 내리기란 쉬운 일이 아니다. 따라서 기업들은 쏟아지는 정보를 수집, 분석해내 대응 가능한 '경영 시스템'을 구축해야 한다.

스트레치 타깃

이탈리아의 국영 우편배달서비스기업 포스테이탈리아네의 성공 뒤에는 최고경영자 코라도 파세라가 있다. 1985년 당시 포스테이탈리아네는 연간 10억 달러의 손실을 내고 있는 불량회사였다.

무려 50년 이상 이익을 내지 못해 거의 재정붕괴 상태였고, 서비스에 대한 소비자의 불만도 높았다. CEO에 발탁된 파세라는 지체

---

a **소비자신뢰지수**(Consumer Confidence Index)
경기선행지수의 하나로 소비자들의 경제에 대한 인식정도를 나타낸다. 보통 지수가 100을 넘으면 소비자들이 경기를 낙관한다는 뜻이고 100 아래면 경기를 낙관하지 않는다는 뜻이다.

할 시간이 없었다. 그는 달성 가능한 '미션'을 제시하는 것으로 업무를 시작했다.

그가 비전으로 제시한 도전적 목표, 즉 스트레치 타깃(Stretch Target)은 첫째로 유럽 최고의 우체국이 되는 것, 둘째로 이탈리아 최대 금융서비스기업이 되는 것이었다.

스트레치 타깃은 점진적인 개선이 아니라 획기적인 도약을 위해 과감하게 설정된 목표를 말한다. 이 같은 목표를 달성하기 위해 파세라는 전 직원이 자신을 따를 수 있도록 혁신과제를 설정하는 모든 과정에 직접 참여해 프로젝트를 진두지휘했다. 이를 통해 서비스 품질과 운영 효율성 향상, 광고효과 극대화 등 구체적인 목표를 설정했다. 이어 전국의 우체국 창구를 순회하며 직원들에게 어떻게 목표를 달성할지를 설명했다. 혁신의 출발점을 현장에서 찾은 것이다.

이 같은 방식으로 파세라는 고객을 접하는 현장 직원들의 업무 방식을 2년 만에 완전히 바꿔놓았다. 고객을 접하는 물리적 환경을 고객 중심으로 전면 개선한 데 이어 컴퓨터 시스템도 혁신했다. 결국 우체국 창구에서 고객 대기시간이 50%까지 줄어들었고 운영 효율성이 높아져, 2001년 이후 이익을 내는 우량회사가 됐다.

맥락효과

전 세계에 '140자의 마법'을 일으킨 트위터의 창업자 비즈 스톤(Biz Stone)은 "미래로 다가갈수록 기업의 개방성이 중요해진다"라며 "기업 가치를 고객에게 어떻게 전달할지에 대해 전략을 집중시켜야 한다"라고 강조한다.

트위터의 성공은 제품의 가치, '개방형 소통'의 진면목을 고객이 제대로 알면서 즐길 수 있도록 하는 데서 비롯됐다는 분석이다. 익명의 다수를 대상으로 '개방형 의사소통'이란 기능을 개발해 이 서비스의 참된 가치를 소비자에게 제대로 전파함으로써 트위터혁명을 몰고 온 것이다.

기업들은 트위터처럼 스스로 창출하는 서비스나 제품의 가치에 대해 고객들이 정확히 알도록 지혜를 발휘해야 한다. 스톤은 "기업들이 창출해내는 서비스나 제품의 핵심가치에 대해 고객들이 정확히 알도록 했을 때, 그 가치에 고객들이 공감했을 때 기업의 제품이나 서비스는 팔리는 힘을 갖게 된다"라고 강조한다. 그는 "따라서 기업을 고객 참여형으로 만들어 고객들이 앞장서서 혁신적인 제품과 서비스의 가치를 세상에 알릴 수 있도록 지혜를 발휘해야 한다"라고 조언한다.

지브 카몬 인시아드대 교수는 "소비자 심리를 가장 잘 이해하는 기업이 성공하는 기업"이며 "그러려면 맥락효과(Context Effect)를 활용하는 지혜를 발휘하라"고 충고한다. 맥락효과란 인지적 착각

(Perceptual Limitation) 현상으로 사람들은 주어진 정보나 관념에 따라 행동하게 된다는 것이다.

애플이 내놓은 아이맥, 아이팟, 아이폰, 아이패드의 가치를 세상에 널리 알린 주역은 다름 아닌 고객과 언론기관이었다. 고객들은 인터넷 등에 제품의 혁신성과 다양한 어플을 알리는 데 앞장섰다.

경영의 신으로 추앙받는 잭 웰치 전 GE 회장은 "기업경영의 핵심은 최고경영자가 좋은 리더가 되는 데 있다"라며 "좋은 리더란 직원과 소통을 생활화하고 직원을 잘 설득하는 사람"이라고 정의한다. 기업이 사내 비밀을 숨기고 직원과 고객, 사회에 솔직하지 못하면 위기를 넘길 수 없고 사태를 키울 수밖에 없다는 것이다.

 Biz Stone on Twitter - Interview

 Comcast CEO: Twitter Changed Our Company

포지티브섬 게임

"위기 후 기업은 지금보다 독창성을 찾는 데 집중하라."

마이클 포터 하버드대 교수는 "남을 죽이고 내가 이겨 최고가 되는 제로섬(Zero-sum) 경쟁 시대는 끝났다"며 "모두가 승자가 되는 포지티브섬(Positive-sum) 경쟁으로 경영전략을 바꿔야 한다"라고 주장한다.

그리고 위기 이후 기업들에게 제로섬 게임이 아닌 포지티브섬 게임을 할 것을 주문했다. 기존의 경쟁이 상대를 죽이고 내가 이기는 제로섬 방식이었다면 앞으로의 경쟁 패러다임은 모두에게 유리한 포지티브섬이 돼야 한다는 진단이다. 제로섬 게임이란 내가 이익을 얻으면 상대가 손해를 봐 결국 전체의 합은 같다는 경쟁 이론이고, 포지티브섬 게임은 나와 상대방 모두 이익을 갖는 것을 말한다.

좋은 제품을 만들면 기업도 좋고 고객도 좋다. 혁신이 일어나면 국가 발전에도 도움을 준다. 포터 교수는 이런 측면에서 기업은 최고보다 독창성을 지향해야 한다고 조언했다. 누구도 모방할 수 없는 독특한 가치를 상호 간에 창출해 지속 가능한 성장을 이끌어야 한다는 것이다. 이제 CEO는 나도 이기고 너도 이기는 게임 전략을 고민해야 할 때다.

Harvard Business School's Michael Porter speaks with Edie Lush at Hub Davos

친환경 경영 패러다임 'C2C'

유니레버의 인도법인 힌드스탄 유니레버는 인도 진출 초기부터 현지인에게 맞는 생필품 개발(Pull 법칙)에 초점을 맞췄다. 가난한 인도 소비자들이 부담 없이 살 수 있도록 '저가 빨래비누'를 만들고 '샴푸'를 개발해 대히트를 기록했다.

이어 전기를 사용하지 않고, 각종 막과 필터만 이용해 작동할 수 있는 저렴한 정수기 '퓨어잇(Pureit)'을 개발했다. 수도 시설이 열악한 인도 사정에 맞춰 일반 정수기와는 다르게 물만 부어 정수가 되도록 한 것이다.

일본 다가와(田川) 산업이 개발한 건축자재 '라이믹스(Limix)'는 100% 자연 환원이 가능한 제품이다. 석회에 해초 등을 혼합해 만든 천연소재 '라이믹스'는 습도 조절, 냄새 제거, 항균성 등의 기능을 지닌 C2C 제품이다. 폐품으로 회수해 재사용할 수도 있다.

친환경 패러다임이 'C2C'로 진화하고 있다. C2C(Cradle to Cradle) 패러다임은 사용하고 난 제품이나 원료를 자연이나 산업자원으로 완전히 환원해 폐기물을 '0'으로 만드는 친환경 경영전략을 말한다.

기존의 재활용은 자원을 지속적으로 재활용해서 가치를 상실한 자원을 쓰레기로 만드는 '다운사이클링(Downcycling, 가치하향형 재활용)'이었다. 하지만 C2C 패러다임은 자원의 가치를 높여가는 '업사이클링(Upcycling, 가치상향형 재활용)'으로 쓰레기로 만들지 않고 자원을 재탄생시키기 위한 '요람(cradle)'으로 되돌리자는 개념이다.

한 번 사용한 자원을 자연이나 산업자원으로 완전히 환원해 자연에 유해한 폐기물을 원천적으로 만들지 않는 방식이다.

C2C 패러다임이 부상하면서 C2C 인증을 취득하는 기업도 증가하고 있다. 국제적 C2C 인증기관인 미국의 MBDC(McDonough Braungart Design Chemistry)와 파트너사인 EPEA(Environmental Protection and Encouragement Agency) 등에서 기업승인과 제품인증을 실시하고 있다. 원료의 유해성 유무, 재활용 소재 활용 여부, 친환경 에너지 사용 여부, 폐수 관리 정도, 사회적 책임 이행 정도에 따라 베이직, 실버, 골드, 플래티넘 등의 등급이 주어진다.

C2C 패러다임을 도입하려면 기업은 우선 생태계의 지속가능성을 염두에 두고 제품 기획 · 디자인 단계에서부터 폐기물 '제로' 전략을 세워야 한다. 제품에 사용되는 재료가 생물학적 영양분(biological nutrients)이나 기술적 영양분(technical nutrients)으로 환원될 수 있는지를 따지는 것이 가장 먼저 할 일이다.

생물학적 영양분이란 자연에서 생분해되어 다른 생명의 생존을 위한 자원이 되는 물질로, 자연에 무해하고 완전 분해할 수 있기 때문에 폐기물이 발생하지 않는다. 그 대신 안정적인 친환경 원료 확보가 관건이다. 기술적 영양분은 가치 저하 없이 반복적으로 다른 제품의 원부자재가 되는 물질로, 부품 재활용에 대한 체계적 관리, 활용성의 확장이 중요하다.

이 같은 전략은 생산과 소비 과정에서 환경에 해가 되는 쓰레기가 발생하지 않도록 함으로써 생태계의 지속가능성(sustainablility)을 높이는 성장 모델이다. 즉 자원 활용에 대한 가치를 높여 물질적 풍요를 누리면서도 자연에 악영향을 끼치지 않는 새로운 발전 모델을 지향하는 것이다.

 C2C 인증

 TED: William McDonough: The wisdom of designing Cradle to Cradle

그리노믹스

2008년 시작된 글로벌경제위기로 세계경제는 '친환경정책'에 대한 논의를 잠시 중단했다. 하지만 기후 변화가 지구에 재앙을 몰고 올 것이라는 위기론이 대두되자 세계의 정치 지도자들에게 새로운 경제질서를 만들어낼 것을 촉구하고 있다.

결국 미래경제는 '그린', 즉 친환경경영의 형태로 경영자들을 압박하게 될 것이다. 마리오 아마노(Mario Amano) 경제협력개발기구 사무부총장은 "녹색 뉴딜정책이 지구를 환경 재앙에서 구해내는 발판이 될 것"이라며 "정보기술과 환경, 에너지 기술을 결합해 새로운 성장 동력을 찾아내는 그리노믹스 비즈니스 모델을 만들라"고 조언한다. 그는 "세계가 저탄소 구조로 가려면 에너지산업구조의 변화, 소비 중심의 도시형 생활 패턴의 변화, 농업 · 토지 용도의 변화, 자금 조달 방법의 변화를 먼저 이끌어내야 한다"라고 강조한다. 특히 에너지산업구조의 대변화가 세상의 변혁을 이끌어낼 것으로 예상한다.

원 아시아

기업들은 향후 성장 동력을 어디에서 찾아야 할까? 글로벌 리더들은 한결같이 아시아, 특히 중국과 인도가 세계경제의 성장엔진이 될 것이라고 단언한다. 부시 전 대통령은 "세계의 중심이 대서양에서 태평양으로 이동하고 있다"라며 "세계경제의 미래는 '하나의 아시아', 즉 원 아시아(One Asia)를 만드는 데 달려 있다"라고 강조했다.

스티븐 로치(Stephen Roach) 모건스탠리 아시아 회장도 "미래 아시아의 지향점은 '하나의 통합경제'를 만드는 것"이라며 "아시아의 균형 성장과 경제적 통합 · 협력이 금융위기 이후 전 세계에 무한한 기회를 제공하게 될 것"이라고 전망했다.

이매지너–창조 디렉터

"기술전문가에게 특히 창의성을 키워줘라."

앤디 버드(Andy Bird) 월트디즈니 인터내셔널 회장은 "기술전문가들이 인문적 소양으로 다시 태어날 수 있어야 회사의 미래가 밝다"라며 "직원들을 이매지니어(Imagineer, imagine과 engineer의 결합어)로 육성하라"고 말한다. 이매지너, 즉 상상엔지니어는 엔지니어들이 머릿속으로만 생각하는 꿈을 현실로 재현할 수 있다.

'창조 디렉터'도 이와 같은 말이다. 페이스북의 이지별(Ji Lee) 크리에이티브 디렉터는 "창의성은 창의성을 배양하는 환경, 즉 사내 문화에서 나오게 된다"라며 "창조 디렉터를 육성해 지금까지 시도되지 않았던 독창적인 것들을 구현해내야 한다"라고 말한다.

 Disney's Imagineers Reveal 'Beauty & The Beast' Inspired Elements at the Be Our Guest Restaurant

참고문헌

프롤로그

- 토마스 쿤, 김명자 옮김, 《과학혁명의 구조(The Structure of Scientific Revolution)》, 까치, 2002.
- 나심 니콜라스 탈레브, 차익종 옮김, 《블랙 스완(The Black Swan)》, 동녘사이언스, 2008.

Part 1

- 최은수 외, 《다보스 리포트 힘의 이동》, 매일경제신문사(매경출판주식회사), 2007.
- 앨빈 토플러, 원창엽 옮김, 《제3의 물결(The Third Waves)》, 홍신문화사, 2006. 이규행 옮김, 《권력 이동(Power Shift)》, 한국경제신문사, 1990.
- 다니엘 핑크, 김명철 옮김, 《새로운 미래가 온다(A Whole New Mind)》, 한국경제신문사, 2012.
- Pat Kane, 《The Play Ethic》, Macmillan UK, 2004.
- 존 나이스비트 · 패트리셔 애버딘, 김홍기 옮김, 《메가트렌드 2000(Megatrands 2000)》, 한국경제신문사, 1997.
- 패트리셔 애버딘, 윤여중 옮김, 《메가트렌드 2010(Megatrends 2010)》, 청림출판, 2006.
- 마이클 샌델, 이창신 옮김, 《정의란 무엇인가(Justice)》, 김영사, 2010.
- 제러미 리프킨, 안진환 옮김, 《3차 산업혁명(The Third Industrial Revolution)》, 민음사, 2012.
- 칼 폴라니, 홍기빈 옮김, 《거대한 전환(The Great Transformation)》, 길, 2009.
- 국회 입법조사처, 〈튀니지 재스민혁명과 SNS 역할〉

Part 2

- Daniel Goleman, 《The New Leaders》, Little Brown P/B, 2003.
- 사회 및 경제조직 이론(The Theory of Social and Economic Organization), 막스베버, 1947
- 게리 하멜, 권영설 외 옮김, 《경영의 미래(The Future of Management)》, 세종서적, 2009.
- 돈 탭스코트, 윤미나 옮김, 《위키노믹스(Wikinomics)》, 21세기북스, 2009.
- 토마스 프리드먼, 김상철 외 옮김, 《세계는 평평하다(The World Is Flat)》, 창해, 2006.
- Thomas L. Friedman, 《The World is Flat 3.0》, Picador, 2007.

- 다니엘 핑크, 김명철 옮김, 《새로운 미래가 온다(A Whole New Mind)》, 한국경제신문사, 2012.
- 존 코터, 유영만 · 류현 옮김, 《위기감을 높여라(A Sense of Urgency)》, 김영사, 2009.
- C.K. 프라하라드, 유호현 옮김, 《저소득층 시장을 공략하라(The Fortune at the Bottom of the Pyramid)》, 럭스미디어, 2006.
- 데이비드 에번스 · 리처드 슈말렌지, 김태훈 옮김, 《카탈리스트 코드(Catalyst Code)》, 한스미디어, 2008.
- 데브 팻나이크, 주철범 옮김, 《와이어드(Wired to Care)》, 이상미디어, 2010.

Part 3

- 짐 오닐, 고영태 옮김, 《그로스 맵(The Growth Map)》, 알에이치코리아, 2012.
- 칼 폴라니, 홍기빈 옮김, 《거대한 전환(The Great Transformation)》, 길, 2009.
- 크리스 앤더슨, 정준희 옮김, 《프리(Free)》, 랜덤하우스코리아, 2009.
- 노나카 이쿠지로, 정선우 옮김, 《미덕의 경영(美德の經營)》, 에버리치홀딩스, 2009.
- 잭 트라우트, 이유재 옮김, 《리포지셔닝(Repositioning)》, McGRAW HILL, 2011.
- 톰 피터스, 최은수 외 옮김, 《리틀 빅 씽(The Little Big Things)》, 더난출판사, 2010.
- 오리 브라프먼 · 로드 벡스트롬, 김현숙 외 옮김, 《불가사리와 거미(The Starfish and the Spider)》, 리더스북, 2009.
- 폴 호켄, 정준형 옮김, 《비즈니스 생태학(The Ecology of Commerce)》, 에코리브르, 2004.
- 로버트 브루너, 최기철 옮김, 《애플과 삼성은 어떻게 디자인기업이 되었나(Do You Matter?)》, 미래의창, 2009.
- M.S. 크리슈난, 박세연 옮김, 《새로운 혁신의 시대(The New Age of Innovation)》, 비즈니스북스, 2009.
- 클레이튼 크리스텐슨, 이진원 옮김, 《혁신기업의 딜레마(The Innovator's Dilemma)》, 세종서적, 2009.
- 번트 H. 슈미트, 권영설 옮김, 《빅 씽크 전략(Big Think Strategy)》, 세종서적, 2008.
- 대니 밀러, 정범구 옮김, 《이카루스 패러독스(The Icarus Paradox)》, 이십일세기북스새날, 1995.
- 짐 콜린스, 김명철 옮김, 《위대한 기업은 다 어디로 갔을까(How the Mighty Fall)》, 김영사, 2010.
- 영국 바클레이캐피탈, 〈바클레이캐피탈 보고서〉.
- 한국은행, 〈글로벌 기축통화 논의 내용과 향후 전망〉.
- 세계경제포럼, 〈2009 녹색투자보고서〉.
- 삼성경제연구소, 〈새롭게 주목해야 할 중국 소비시장〉.

Part 4

- 로저 맥나미, 정경란 옮김, 《뉴 노멀(New Normal)》, 한언, 2005.
- 니콜라스 카, 임종기 옮김, 《빅 스위치(Big Switch)》, 동아시아, 2008.
- 조지 오웰, 《1984》, 이정아 옮김, 책만드는집, 2012.
- 제일기획, 〈스마터 라이프(Smarter Life) 보고서〉.

Part 5

- 롤프 옌센, 서정환 옮김, 《드림 소사이어티(The Dream Society)》, 리드리드출판, 2005.

Part 6

- 마이크 데이비스, 정병선 옮김, 《조류독감(The Monster at Our Door)》, 돌베개, 2008.
- 귄 다이어, 이창신 옮김, 《기후대전(Climate Wars)》, 김영사, 2011.
- 마이클 샌델, 안기순 옮김, 《돈으로 살 수 없는 것들(What Money Can't Buy)》, 와이즈베리, 2012.
- 스튜어트 랜슬리, 조윤정 옮김, 《우리를 위한 경제학은 없다(The Cost of Inequality)》, 비즈니스북스, 2012.
- 세계경제포럼, 〈2012 글로벌리스크 보고서〉.

Part 7

- 최은수, 《명품도시의 탄생》, 매일경제신문사, 2009.
- 클로테르 라파이유, 《컬처코드(The Culture Code)》, 김상철 옮김, 리더스북, 2007.
- 짐 콜린스 외, 박산호 옮김, 《경영의 창조자들(Fast Company's Greatest Hits)》, 토네이도, 2007.
- 필립 코틀러 외, 김명철 외 옮김, 《카오틱스(Chaotics)》, 비즈니스맵, 2009.

＊QR 코드에 이용된 웹사이트는 이미디어그룹 홈페이지(www.emebooks.net)와 유튜브채널(http://www.youtube.com/user/emediagroup1)에 자료 올립니다. 사이트 변동 등으로 인한 주소 오류가 있어서, 지속적으로 업데이트 관리하겠습니다.

넥스트 패러다임

ⓒ최은수, 2012

1판 1쇄 2012년 7월 11일
1판 3쇄 2012년 8월 20일

지은이 최은수
펴낸이 정미화
기획편집 정미화 김종필

경영총괄 yoo_gil_sang@naver.com
경영지원 이종원 장호현 장식권
콘텐츠마케팅 신정옥 양승현 조경란 송제승 권상란 이정아
콘텐츠사업 이지연 박세미 강호일 김기석
콘텐츠지원 EK티쳐
마케팅 (주)굿지앤 에드워드리
제작 출판iN

펴낸곳 (주)이미디어그룹
출판등록 제320-2012-000050호
주소 서울시 용산구 갈월동 59-6 국제빌딩 5층
전화 02-2038-3419
팩스 0505-320-1010
홈페이지 emebooks.net
전자우편 emediagroup@naver.com

ISBN 978-89-968973-0-9 13320